全民弱智

决定命运的政治智商

谢选民 著

Natural Rights Press, LLC

美国自然人出版社

版权所有页

书名：《全民弱智——决定命运的政治智商》
Naive Majority (Simplified Chinese Edition)
作者：谢选民 (Raymond Xie)
出版者：Natural Rights Press LLC
84 W BROADWAY STE 200
DERRY, NH 03038，United States
责任编辑：Gail Xiang
封面设计：Gail Xiang
初版时间：2025年8月
修订版时间：2025年10月（简体中文第 1.1 版）
印刷地点：美国印制 by Amazon Kindle Direct Publishing
联系方式：info@naturalrightspress.com

ISBN：979-8-9929224-0-0
本书由作者通过独立出版平台发行，内容仅代表作者个人立场，与出版平台无关。

全民弱智，无问西东，
党国不分，粉红成风。
多元平等，自由架空，
大爱无疆，亡国有功。

杀婴变性，极左癫狂，
地狱之路，鲜花怒放。
顺天者昌，逆天者亡，
决定命运，政治智商。

——《全民弱智》题记

序言

群众是愚昧的，精英是虚伪的，权力是腐败的，制度是脆弱的。现代人正坐在核武、病毒、贸易战与恐怖主义交织的火药桶上，而最大的风险，来自于普遍缺失的“政治智商”。

《全民弱智：决定命运的政治智商》正是为你而写。它既是一首现代人的悲歌，也是一部将颠覆你思维方式的政治文明启蒙之作。

这不是一本学术著作，而是写给每一个身处大时代中的普通人的政治自救指南。无论你是初入社会的年轻人，还是久经职场的专业人士，在这个政治与经济高度交织、百年未有之大变局中，每个人都必须具备一份敏锐的政治智商。

因为你所做的每一个决定——是否接种疫苗、何时投资房地产、是否“润”、应该将选票投给谁——都会直接影响你与家人的命运。

通往地狱的道路，总是铺满了善意的鲜花。 朋友们，无论你是在墙内还是墙外，你是否具备识别各种陷阱的政治嗅觉?

本书将与你深入探讨一系列华人极为切身的问题:

——华人如何在中美贸易战中自保?

——为什么华人政客往往专门“收割华人”?

——面对复杂的选举局势，华人应如何理性投票?

——四剂“良药”，治愈华人在美“种族歧视焦虑症”。

作为一名90年代来到北美的留学生，我并非政治学者。我的职业起点是通讯与网络领域的软件工程师，后来做了十几年产品经理，如今是一名数据科学家，可以说是一个典型的“理工男”。也正因为如此，我希望用你听得懂的平实语言，讲清那些与你命运息息相关、人生不可或缺的政治常识。

你是否还在相信“经济基础决定上层建筑”？马斯洛的“需求层次理论”？亨廷顿的“文明冲突论”？你是否还在膜拜那些专家和大师？——但万一他们大部分都是错的呢？

我始终相信：一个群体的愚昧，远比一个人的邪恶更可怕。

你真的了解美国历史吗？你明白古典自由主义和保守主义的关系吗？你知道宪政和民主的区别吗？你认识新保守主义和“华盛顿沼泽”之间的关系吗？你掌握伦理学和批判性思维的基本原则吗？

你需要一个有高度、有深度的思想格局。

本书以美国政治与历史为背景，围绕世界观、原则、知识与逻辑四个维度，系统构建出现代“政治智商”的完整思想架构。它注定将拓宽你的视野、训练你的批判性思维，帮助你看清真相，做出明智选择，成为家庭与自由的守护者。

当整个世界正在奔向悬崖，唯有选择反方向奔跑的人，才是真正有智慧的人。

在本书的写作过程中，我使用了人工智能工具 ChatGPT、Grok 和 Claude，作为资料检索、文字润色与校对的辅助工具。但本书的观点、立场与核心内容，始终是我个人独立思考与选择的结晶。书中的插图大多由 ChatGPT 协助绘制。

最后，我要深深感谢我的妻子 Gail。如果没有她全程参与本书的编辑、校对、插图制作，以及生活中的体贴陪伴和属灵上的代祷扶持，这本书根本不可能完成。同时，我也要感谢十几位试读的朋友们，他们花费大量时间认真阅读，提出了宝贵的建议，是我思想旅程中最忠实、最可贵的同行者。

目录

第三部分 政治智商的知识体系 185

第一部分

全民弱智的症状和病因

“一个群体的愚昧，远比一个人的邪恶更危险。”

——作者

（注：此警句改编自伯克、托克维尔等思想，
强调群体无知对社会稳定的威胁。）

第一章

什么是政治智商?

“在民主社会中，一个选民的无知，都会削弱所有人的安全。”

“The ignorance of one voter in a democracy impairs the security of all.”

——约翰·肯尼迪（John F. Kennedy）

美国肯尼迪总统的这句话道出了一个令人警醒的事实：在民主制度下，没有人是一座孤岛。一个人的错误判断，可能导致整个国家走入歧途；一个群体的盲从，甚至会让自由和秩序毁于一旦。民主并不自动等于智慧，它需要公民具备起码的认知能力与责任感。而这种能力，便是我们要讨论的“政治智商”。

本章将首先回顾学术界对政治智商的几种主要定义，探讨它在现实生活中的实际功用。最后，我们将尝试搭建一个清晰的框架，帮助你理解政治智商的基本结构与知识体系。

1-1
决定命运的政治智商

1948年冬天，北平的空气中弥漫着寒意和不安。国共内战的炮声虽已远去，城内的平静却带着诡异的沉重。北大校长胡适站在窗前，凝视着渐渐昏暗的街道，指间的香烟燃尽，袅袅青烟散去，他却浑然未觉。几天后，他将离开这座承载无数记忆的城市，踏上未知的旅途。

“思杜，你真的不跟我走吗？”他终于开口，声音里带着一丝疲惫。

他的儿子胡思杜，刚从美国留学归来，站在一旁，脸色苍白而坚定。

“爸爸，我已经决定了。你走吧，我留下。”

“你不明白。”胡适皱紧了眉头，焦急地看着儿子。

“你留在这里，他们不会放过你。你的名字，你的出身——都会成为罪状。”

胡思杜低下头，沉默片刻，缓缓说道：“我没有做过反共产党的事，我没事的。”

胡适的手微微颤抖，他想再说什么，却终究只是长叹一声。

9年后，1957年9月的一个夜晚，被打成右派的胡思杜，在北京的家中上吊自杀，年仅36岁。胡适在台湾得知消息后，悲痛欲绝，感叹未能履行父亲的责任。

这个故事的意义何在？重述这个故事，是因为我不希望我的孩子们重蹈胡思杜的覆辙。我写这本书，就是为了他们。在这个复杂而充满危险的时代，给孩子们最好的遗产是深厚的政治智商，远超于给孩子们最好的学校，最优渥的物质条件。

政治智商是什么？

它是一种对历史趋势的判断能力，一种对社会制度的警觉，一种预见未来风险的本能。

1933年，希特勒上台，德国犹太人仍然能过正常生活。但从1938年起，纳粹开始大规模逮捕犹太人，许多人被送往集中营。在1933到1938年的5年时间，德国犹太人可以逃难离开。历史上有近一半德国犹太人选择离开，他们躲过了后来的毒气室和焚尸炉。著名物理学家爱因斯坦就是其中之一。

如果你是当时的犹太人，面对着财产、亲友和故土，你会抓住1933到1938的五年窗口期逃离吗？

1946年，抗战刚结束，一个在南洋赚了钱的华人回到安徽老家。当时那里仍属国民政府管辖，他考虑买一块地养老。表面上看，这是个理所当然的决定，土地在中国传统文化中意味着安身立命。

然而，几年后土地改革开始。地主被镇压，财富被没收。假如这位华人真的买了土地，他的下场极可能是轻则劳改，重则公审枪决。

他是否拥有足够的政治智商，提前看到这场即将到来的风暴？

快进到今天

很多人以为，现代社会比以前更安全，但事实并非如此。我们来看另外一个故事。

2021年秋天的美国麻州，寒意渐浓。疫情未退，医院的命令却如阴影笼罩。艾米丽，一位怀孕的护士，站在窗前，凝望渐渐昏暗的天空，手指轻轻抚着隆起的腹部。她不愿接种 mRNA 新冠疫苗—

—孕妇数据不足，风险未知。可医院强制要求全员接种，10月10日是最后期限，她心乱如麻。

“艾米丽，你别打了，辞职吧！我可以养活你，你和儿子的健康最重要。”丈夫终于开口，声音带着焦急。

她转过身，脸色苍白却倔强，“我想要这份工作，孩子也许不会有事的。”

“你不明白！”丈夫皱眉，急切地看着她，“疫苗没保障，你看网上官方的疫苗受伤数据库，一万人都死了，你要签无责任书，孩子怎么办？我怎么办？你在冒险！”

艾米丽低头，沉默片刻，缓缓说道：“为我祷告吧。我相信会没事。”

丈夫想再劝，却只剩一声长叹。

接种新冠疫苗后第二天，艾米丽感到腹痛难忍，随即被送往急诊。医生告知，胎儿已无心跳——她即将出生的儿子流产了。病房里，她泪流满面，抚着空荡的腹部，低语：“我错了。”丈夫握着她的手，无言以对。这个决定，留下无尽悔恨。

这样的故事绝非个案。一位朋友告诉我，她的两位护士同事在接种疫苗后不幸发生了流产的悲剧。2021年，美国官方的疫苗不良反应数据库 VAERS（Vaccine Adverse Event Reporting System）持续公布相关案例，到了10月份，疑似疫苗相关死亡人数便已超过一万例。

现代医学无疑拯救了无数生命，但随着大型制药公司利润的飙升，政府监管机构的独立性遭到侵蚀，而媒体因依赖制药企业的广告收入，也逐渐沦为宣传工具。结果，疫苗从原本的公共健康工具，变成了政治与资本交织的战场。如今公众对疫苗的信任度已降至历史最低点。

此外，美国主流媒体对成千上万的疫苗相关死亡案例保持沉默，大型社交平台则大量删帖、控制言论。古时尚有“天高皇帝远”，而如今的技术手段使得统治者的监控无处不在。你的手机、社交媒体、搜索记录、银行账户，甚至日常对话，都可能被追踪、分析，不仅用于商业目的，还可用于精准压制你的言论，甚至控制你的银行账户。

在这样一个科技发达但监控横行、医疗进步但健康堪忧、信息发达但认知被操控、经济繁荣但危机四伏的时代，政治智商决定着你的生存能力。

这本书，不只是留给你自己，更是留给你的孩子。当世界再次陷入混乱，他们是否能敏锐察觉危险，并做出正确的抉择?

如果你在1933年的德国，你会不会在1938年之前离开?

如果你在1946年的安徽，你会不会买那块地?

如果你在今天的世界，你会不会犯同样的错误?

答案，就掌握在你的政治智商里。

1-2
政治智商的四种定义

你生活的大部分时间可能是在和平年代。然而，一个人的政治智商应该在和平时期就逐步形成，而非等到危机降临才开始思考。例如：你早晨醒来，喝了一杯水，送孩子去学校，然后开车去上班。这些看似普通的日常行为，其实都与政治息息相关。

你喝的水里含有多少化学物质？自1945年起，美国公共供水系统开始添加氟化物（fluoride），以降低蛀牙率。然而，近年来围绕饮用水氟化物的健康影响争议不断。美国国家毒理学研究项目（National Toxicology Program, NTP）在2024年的一份系统评估中指出，高水平的氟化物暴露与儿童智商降低存在关联，尤其是在饮用水氟化物浓度超过1.5毫克/升的地区。你是否知道自己每天饮用的水中氟化物的含量？你所居住的城镇官员是否对此进行过研究调查？

再比如，你有没有知情权去了解孩子在学校学些什么？为什么学校厕所的男女标志被更换了？这些问题的答案，通常隐藏在各州的法律里。而这些法律的制定，与你的选票息息相关。无论是日常生活，还是决定搬家或者移民他国，政治智商都在影响你的选择。

现在，让我们开启这段旅程。首先，我们需要了解学术界在这一领域的研究与知识积累。当然，这本书并非学术著作，而是一本面向大众的读物。因此，我们不会深究复杂的理论，而是用简明的方式介绍和总结核心内容。

政治智商（Political IQ，简称 PQ）可以简单理解为：在复杂的政治环境中，能够分析历史、解读政策、预测趋势，并做出明智决策的能力。它不仅仅是智商（IQ）或情商（EQ）的延伸，更是一种融合了原则、知识和逻辑的“超级能力”。

例如，你是否能看懂一项新法律背后的意图？你能否预测某项政策将如何影响你的生活？你是否能在选举中选择真正代表你价值观的候选人？

在本书的开篇，我们将介绍政治智商的四种核心定义，以帮助你建立一个清晰的认知框架。

政治智商的四种定义

虽然政治智商不像智商（IQ）或情商（EQ）那样广受研究和定义，但它在政治学、心理学和领导力研究领域已被多次提及和探讨。学术界对政治智商的定义仍处于百家争鸣的阶段，目前尚无严格的量化标准，而仅有一些政治知识的自测工具。以下是四种互相关联的政治智商类型：

1. 公民的政治智商（Civic Intelligence）
2. 集体的政治智商（Collective Political Intelligence）
3. 企业的政治智商（Business Political Intelligence）
4. 政客的政治智商（Strategic Political Intelligence）

公民的政治智商不同于政客赢得选举所需的政治智商。它指的是个体在日常生活中理解、分析和应对政治环境的能力，包括对公共政策、社会问题和政治制度的认知，以及通过投票、参与公共事务、批判性思维，甚至迁移避险来保护自身利益和履行公民责任。公民的政治智商是本书的核心主题。

集体的政治智商

在学术界，“集体政治智商”通常指的是群体、组织或社会如何通过协作、知识共享和多元化视角，做出比个体更明智的决策。

这个概念强调对话、民主审议，并利用技术工具（如互联网、开源平台）整合不同个体的智慧，以应对复杂的政治挑战。

然而，笔者在查阅大量美国学术文献与政策报告后发现，现实中的“集体政治智商”概念，早已被全球主义、环保主义等思潮深度影响。许多研究者将其目标默认设定为推动环境保护、社会正义等进步主义议题，而对普通民众最切身的就业、治安、物价、教育等现实问题关注甚少。正是这种脱离民众、停留在象牙塔中的理想主义，催生了大政府、高福利、高税收与高通胀等社会危机。

事实上，一个社会的“集体政治智商”直接决定了它的命运走向。在美国，政治理念的差异已将各州清晰划分为三类：蓝州（民主党主导）、红州（共和党主导）与摇摆州（两党轮流执政）。蓝州与红州在治理理念、政策路径乃至社会风貌上，几乎如同两个国家，展现出制度选择与政治智商的巨大分野。

蓝州普遍税收较高，以维持庞大的福利体系，同时在政府机构的选拔上更强调种族、性别和身份认同，而非单纯以能力为导向。许多重要职位，如市长、检察官等，往往优先由特定身份群体（例如非裔、LGBTQ+人士等）担任，而这并不一定是基于择优录用的原则，结果导致行政管理效率下降，类似于过去“工农兵学员”优先上岗的做法。

例如，洛丽·莱特富特（Lori Lightfoot）于2019年当选为芝加哥首位非裔女性市长，也是该市首位公开同性恋身份的市长。然而，在她的领导下，芝加哥的治安状况急剧恶化，谋杀案数量攀升至25年来最高点，整体暴力犯罪率上升了40%。这一治理失误无疑反映了芝加哥选民在政治选择上的集体判断失误。物极必反，在2023年2月28日的市长选举中，选民最终用选票否决了她的连任，使她成为40年来首位未能成功连任的芝加哥市长。

因此，一个社会或群体的集体政治智商，不仅关乎其政策方向，也直接影响其长远发展和治理成效。

企业的政治智商

第三是企业的政治智商。在全球商业环境中，政治决策和政策变化对企业的生存至关重要。缺乏政治智商的企业往往难以适应环境变化，最终不得不付出巨大代价。以下是两个案例。

近年来，由于高税收、严格监管、无控制的犯罪率，以及生活成本飙升，加州企业纷纷外迁。

根据加州公共政策研究所（PPIC）的数据，2018年至2023年，超过400家大型公司搬离加州，仅2021年就有74家企业将总部迁往其他州。其中，特斯拉（Tesla）于2021年将总部从加州帕洛阿尔托迁至德克萨斯州奥斯汀，理由是“加州监管过于繁重，商业环境不友好”。与此同时，甲骨文（Oracle）、惠普（HP）等科技巨头也纷纷搬迁至德州等低税收州。据加州企业迁移报告显示，德州成为加州企业的首选迁移地，占所有外迁企业的35%，因为德州不仅税收低，而且商业友好度更高。这种趋势表明，企业必须具有敏锐的政治智商，及时察觉政策变化，以便做出正确决策。

在国际上，中美贸易战、供应链重组、严格监管政策以及COVID-19清零政策的影响，导致外资企业调整在华布局。据日经新闻报道，2023年外国对华直接投资（FDI）降至约82.65亿美元，创下30年来最低水平，而2022年FDI为189.1亿美元，已显著下降。苹果公司（Apple）为减少对中国供应链依赖，已将部分 iPhone 生产线转移至印度和越南。据彭博社2023年报道，富士康（Foxconn）计划投资7亿美元在印度建厂，目标在未来几年将25%的 iPhone 生产转移至印度。同时，日本和韩国企业如索尼（Sony）和三星（Samsung）也在越南扩展工厂，降低对中国的依赖。这种趋势反映了企业的政治智商——未能及时预测和适应政策风险可能导致重大代价。这也给中国政府敲响了警钟：唯有坚持政策透明、保障法治与自由贸易原则，才能挽回国际社会的信任，稳住国家发展大局。

政治人物的政治智商

政治人物的政治智商，指的是一种兼具战略眼光与实战技巧的政治智慧。它体现为政治领袖或参政者在竞选、立法、执政等过程中，如何通过权力博弈、信息布局与策略思维，达成自身的政治目标。它不仅是个人魅力的体现，更是深谙政治规则的证明。

例如，英国前首相丘吉尔（Winston Churchill）在二战期间展现出极高的政治智商。面对德国纳粹的威胁，英国国内一度出现“绥靖主义”风潮，许多政客主张对希特勒妥协换取和平。但丘吉尔敏锐洞察到纳粹扩张的真实意图，坚决反对绥靖政策，并通过慷慨激昂的演讲唤醒了民众的危机意识。他不仅巧妙运用舆论，赢得了选民与议会的支持，还在关键时刻联合美国、苏联，组建反法西斯联盟。最终，英国不仅避免了全面沦陷，更成为二战胜利的重要力量。丘吉尔的远见、果断与舆论驾驭能力，正是政治智商的经典体现。

本书的主题

本书主要探讨的是公民的政治智商。它是我们普通公民理解、分析并有效应对政治环境的核心能力，融合了知识、原则以及对政治动态的敏锐洞察。理解政治体系是其关键，包括深入认识制度、法律和政策，同时具备预测政治后果和做出明智决策的能力。公民若缺乏这种智商，可能在复杂的政治漩涡中迷失方向，甚至成为他人操控的棋子。

目前，公民的政治智商作为一个独立研究领域，在学术界尚未形成统一的定义或系统的研究框架。然而，相关概念已见于政治素养、政治心理学及公民教育等领域的研究。这些探讨为我们理解公民如何在民主社会中发挥作用提供了重要启示。

1-3
公民政治智商的四个功用

作为一个普通公民，拥有良好的政治智商有何用处？仅仅是为了趋利避害、积福避祸吗？其实不然。政治智商的意义远不止于此，至少能帮助我们做到四件大事：看懂历史、预测未来、保护家人和承担公共责任。

看懂历史

还记得中学历史课上的枯燥时光吗？课本里密密麻麻地写满了朝代更替的故事：农民起义、宫廷斗争……历史仿佛是一个无尽的轮回，强者称王，败者为寇，似乎并无新意。即便是世界历史，一战、二战也仿佛逃不出类似的模式。那时候，我只是机械地背诵年号、朝代和人物，考试时照本宣科，却对这些事件背后的深层逻辑毫无兴趣。

如果当初老师能抛出几个简单却重要的问题，或许一切都会不同。比如：教科书上的历史记载真的可信吗？同一时期，还有哪些重要事件被有意无意地忽略了？课本总结的历史规律，真的是唯一合理的解释吗？标准化的教材和统一答案，常常把我们的思想框死，而教育真正的意义，恰恰是要培养批判性思维，去寻找真相与真理。

法国诗人夏尔·佩吉（Charles Péguy）曾说："历史就是任人打扮的小姑娘。"这句看似轻佻的话，却道出了历史学的残酷现实——历史的记载与解读，往往受到当权者的立场、观点与意识形态的深刻影响。比如，过去我们熟知的历史唯物主义，声称人类社会必然从奴隶社会走向封建社会、资本主义、社会主义，最终迈向共产主义。可如今，还有多少人真正相信这套理论？讽刺的是，它被另一种肤浅的“弱肉强食”历史观所取代，仿佛人类社会的全部逻辑，只是殊死搏斗的零和游戏。

但一个有高政治智商的人，绝不会用单一、僵化的理论来看待历史。他既不会盲目套用历史唯物主义那一套，也不会简单陷入丛林法则的犬儒主义。他懂得用多元视角理解世界，既承认人性的败坏与历史的黑暗，也能看到历史中的良知与英雄、道义与担当。他懂得总结历史规律，分辨善恶兴衰。比如，为什么残酷高压的秦政必然灭亡？为什么二战中，正义终究战胜邪恶？为什么制度、文化与信仰的差异，最终决定了国家与社会的不同命运？

只有真正理解历史规律与人性本质的人，才能在大众的盲目与时代的混乱中保持清醒，找到通往自由与希望的路。

预测未来

正如自然界遵循自然规律，人类社会也由一套可以被理解和验证的社会规律所掌控。政治智商，便是认识、理解并内化这些社会规律的智慧。顺应这些规律，社会繁荣昌盛；违背它们，则必然招致混乱与衰败。比如，市场经济鼓励自由竞争，激励个人努力工作，保护产权并维护社会诚信，这些原则共同推动了文明的进步。然而，任何试图强行扭曲这些规律的行为，最终都会变成对社会的诅咒，带来灾难性的后果。

我们将在本书的第二部分深入探讨这些原则，但在此，先通过一个现实案例——委内瑞拉的崩溃，来说明违背经济与社会规律的严重后果。

20世纪中叶，委内瑞拉曾是拉美最富裕的国家之一，坐拥世界最大已探明石油储量，经济繁荣，人民生活富足。然而，一系列违背经济规律的政策，将这个富裕的国家一步步推向深渊。

2007年，时任总统乌戈·查韦斯（Hugo Chávez）推行极端社会主义政策，大规模国有化电信、电力、食品生产等行业，声称政府接管一切，便能公平分配财富，让人民共同富裕。这些口号听起来美好，仿佛只要政府拥有经济控制权，就能消除贫困、保障民生。然而，稍具经济常识的人都知道，国有化往往带来效率低下、贪腐盛行和资源浪费。当市场自由消失，企业创新受限，生产力下降，供应链很快崩溃，整个经济体系陷入混乱。

2007年，委内瑞拉的通货膨胀率已达到18.7%。尽管部分人开始感到不安，但大多数民众仍然选择相信政府，认为“情况不会更糟”。我的一位同事却敏锐地察觉到危机的苗头，果断移民美国，因为她深知，当国家领导人无视经济规律，灾难只是时间问题。

事实证明她的判断是正确的。2016年，委内瑞拉的通胀率飙升至800%；2019年更是达到惊人的10,000,000%（一千万百分比）！纸币比厕纸还廉价，物资极度匮乏，超市货架空空如也，人们只能在街头抢购剩余的食品。曾经富饶的国家，如今陷入赤贫，社会治安全面崩溃，数百万委内瑞拉人被迫逃亡邻国，只为寻求生存机会。

这场灾难并非天灾，而是人祸。一个具备基本政治智商的人，在2007年查韦斯实施国有化政策时，就能识别其中的隐患，并未雨绸缪，为自己和家人找到出路。

保护家人

在现代社会，保护家人不仅意味着免受战火、疾病或自然灾害的威胁，更意味着在信息泛滥、利益交错的世界中，为他们筛选真相，做出理性且负责任的决定。我们所处的时代，信息看似唾手可得，然而真正的挑战在于如何分辨真伪，避免落入被操控的陷阱。

比如，超市里琳琅满目的食品包装上充斥着“无糖”、“有机”、“天然”的标签，仿佛只要选择这些产品，就能保证健康。然而，许多所谓的“健康食品”依然含有大量人工添加剂、种植过程中使用的农药残留，甚至隐藏的高果糖玉米糖浆，这些成分长期摄入可能会导致肥胖、糖尿病，甚至慢性炎症，危害程度不亚于吸烟。消费者以为自己在做出“健康的选择”，但实际上，许多食品企业只是换了一个营销话术，而监管机构对这些虚假宣传往往睁一只眼闭一只眼。

在我小时候，几乎从没见过自闭症的孩子。事实上，几十年前的美国，自闭症患者也极为少见。然而短短二三十年间，情况发生了惊人的变化。我们身边的自闭症儿童似乎越来越多，增长速度几乎呈指数级上升。据说，如今在美国，每36个孩子中就有一人被诊断为自闭症（数据来源：美国疾控中心 CDC 2023年报告）。这是怎么发生的？是疫苗中的铝、汞等添加剂，还是环境污染、饮食结构、生活方式，甚至医疗标准的变化？

这不再是遥远的公共话题，而是每个家庭、每位父母必须直面的现实。我们又该如何保护自己的孩子，远离这些看似扑面而来的健康风险？这是值得每一位父母认真思考的问题。

承担公共责任

政治智商的最高境界，是承担公共责任。历史上，德国民众的政治智商缺失，直接酿成了人类文明史上最惨痛的悲剧之一。

1933年，希特勒领导的纳粹党在议会选举中赢得43.9%的选票，合法当选德国总理。然而，仅仅几年后，他便摧毁了民主制度，发动第二次世界大战，最终导致约7000万人丧生。讽刺的是，当时的德国是一个深植基督教传统的国家，超过90%的人口信奉基督教（主要是路德宗和新教），教会在社会生活中具有重要影响力。然而，宗教信仰并未能阻止民众被极权主义蛊惑。

这背后，与路德宗传统对“两个国度”理论与“顺服掌权者”的强调不无关系。马丁·路德主张信徒专注于灵魂得救与个人敬虔，认为世俗政权是神所设立，应当顺服——这一思想在宗教改革后的德国根深蒂固。到了20世纪，这种“顺服权柄”的神学倾向，使许多德国基督徒将政治视为纯粹的属世事务，缺乏对政治谎言与制度邪恶的抵抗意识。

然而，也有例外。以潘霍华为代表的认信教会勇敢地发出了反抗声音，但他们在当时是少数。大多数教会选择了沉默或妥协，这成为了一个深刻的历史教训：单纯的宗教虔诚，如果缺乏政治智慧和道德勇气，必然无法抵御极权主义的控制。

另外，公共责任并非仅仅存在于重大危机里的抉择中，它渗透于我们日常生活的每一个决定。

两年前，我所在的小镇举行了一场公投，决定是否扩建当地图书馆。支持者认为，这是一项关乎文化与教育的长期投资，能够提升社区整体的学习氛围；反对者则担忧，三千万美元的预算将加重税收负担，并可能挤占道路维修等其他公共支出。

镇上共有两万名符合投票资格的居民，而日常镇议会的参会人数通常不超过500人。然而，在这次公投中，社区中心聚集了1000名居民，这已经远超平时的参与度。人们围绕这一议题展开了激烈讨论，现场气氛一度紧张。

最终，投票结果非常接近，这1000人的决定通过了三千万美元的预算。然而，值得深思的是，剩下的95%未投票的居民，最终也要共同承担这笔沉重的税收负担。这次公投不仅决定了图书馆的未来，也凸显了一个现实——公共事务的决策往往掌握在少数积极参与者手中，而沉默的大多数最终只能接受既定结果。

影响社区并非政客的专属权力，每个公民的参与都至关重要。政治智商的真正价值，不仅在于理解政治，更在于明白——公共责任不仅关乎个人利益，更是影响社会未来的抉择。在这个相互依存的世界里，每个人的选择，最终汇聚成我们共同的命运。

1-4
构建政治智商的基本框架

在我们做决策的过程中，无论是有意识还是无意识，我们的思维主要依赖于三个核心要素：信息、原则和逻辑。原则就像一套计算规则，甚至可以被看作是文明运行的“方程式”；信息则是输入的变量，而逻辑决定了我们如何运用这些规则来推导结论。当我们将信息代入原则，并运用逻辑进行推理，就会得出最终的判断。

以新冠疫苗为例

比如，在新冠疫情期间，美国社会对于是否强制接种新冠疫苗产生了严重分歧。

一部分人支持疫苗强制令，他们的思维路径可能如下：

信息来源：他们每天接收来自主流媒体、政府卫生部门、CDC的数据，看到疫苗在降低重症和死亡率方面的初步成效。

基本原则：在公共健康危机中，集体安全高于个人选择。

逻辑推演：既然疫苗能降低传播风险，那么不愿接种者就是“公共危险”。因此，政府有权推行疫苗护照、限制未接种者的出行自由或工作机会。

而另一部分反对强制令的人，则持有完全不同的认知框架：

信息来源：他们注意到疫苗受伤数据库有大量案例，独立医生、疫苗副作用受害者的发声被打压，以及各类关于药厂、媒体与政府监管机构之间利益勾结的事实。

基本原则：新冠疫苗是实验疫苗，有风险，政府无权强迫医疗行为。

逻辑推演：即便疫苗对多数人有效，也不能因此强迫每个人服从；另外，被打压的声音的可信度更高。

这两种看法，哪一方更有逻辑？你或许有自己的立场。但我们必须承认：信息来源不同、价值原则不同、推理方式不同，就会导向完全不同的结论。你无法用“情绪”打败对方，也无法用“立场”说服别人。因此，**要提升政治智商，我们必须掌握三大核心能力：信息的广度、原则的高度和逻辑的深度**。

图表 1：政治智商的三大核心能力

首先，信息的广度至关重要。你获取的信息是否全面？主流媒体是否隐瞒或扭曲了一些事实？你是否关注过那些冒着风险分享真相的人，而不是仅仅接受从中获利的媒体提供的信息？真正具备政治智商的人，必须能够主动获取多方信息，并进行独立思考，而不是被单一叙事所操控。

其次，原则的高度决定了你的视野是否足够开阔。你的原则是基于短期个人利益，还是建立在更深层次的世界观之上？你是否曾思考过，权力趋于腐败？一个医生的言论自由是最基本的自然权利，人的身体自主权不容侵犯，这些看似哲学化的问题，实际上决定了你的政治立场。只有当你的原则建立在更高层次的价值体系之上，你才能不被短期利益和情绪煽动所迷惑，从而看清事物的本质。

最后，逻辑的深度决定了你是否能够透过表象看清真相。批判性思维是政治智商的核心组成部分。权威需要被质疑，权力需要被监管。你是否会用批判性思维来看政府和主流媒体的宣传。你是否会思考，为什么在 Google 搜索的时候，那些对疫苗的负面影响的消息总是被过滤掉?

政治智商的培养并非凭空而来，而是有其清晰的方法论基础。在学术界，公民教育专家约翰・帕特里克（John J. Patrick）在其研究中指出，健康的民主社会必须建立在三大核心素养之上:

公民知识（了解制度与历史）、公民技能（具备参与和判断的能力）以及公民品格（具有责任感与公义感）。这三者恰恰对应了政治智商的结构——信息的掌握、判断的能力与原则的操守。

而在属灵层面，基督教护教学家拉维・撒迦利亚（Ravi Zacharias）则从“人如何明辨真理”的角度，提出认知必须建立在三个维度上：证据（Evidence）、理性（Reason）与经验（Experience）。这是在信仰、伦理与世界观判断中不可或缺的三重支柱。

他在《信仰的逻辑》中强调，信仰必须经得起理性和经验的检验，并认为，缺乏道德与永恒意义的政治判断无法长久维系自由与真理。

这两位学者——一位代表制度教育的理性之声，一位代表信仰护教的智慧见证——共同指出了一个事实：政治智商的提升，既要有知识结构的支撑，也要有价值根基的滋养；既要理性清晰，也要道德光照。

政治智商的框架

在本书提出的框架中，我在三大核心能力的基础上，进一步加入了世界观的维度。世界观是你认识世界的基石，它不仅塑造你的原则，也直接决定了你的政治智商是否具备准确性和稳定性。

如果把政治智商比作一列稳定行驶的火车，那么世界观就是这列火车赖以运行的地基，原则是指引方向的轨道，信息是提供动力的燃料，而逻辑就像司机，负责判断该走哪条轨道、使用哪个原则，从而带领整列火车稳健前行。

图表 2：政治智商的框架

世界观：政治智商的基石

世界观，就是政治智商的基石。它决定了你如何理解世界和人的起源、目的、意义，以及最终的归宿。

比如，人性本善还是本恶?

如果你相信人性本善，你的基石可能让你接受社会主义和计划经济，因为你相信只要合理管理，人们就会自动行善，社会就会变得公平。但如果你认为人性本恶，你的基石可能让你倾向于限制政府权力，支持自由市场，因为你相信只有竞争和制衡才能防止人性的贪婪和腐败失控。

原则：政治智商的轨道

原则就像铁路轨道，决定了火车前进的方向。

在政治判断中，原则是我们思考和决策的指南。如果遵循正确的原则，社会就能稳步发展；如果偏离原则，就容易陷入混乱和失败。

比如，自由市场经济已经被历史反复证明是一种行之有效的经济模式，而计划经济因为忽视市场规律，最终难以为继。里根政府推行自由市场政策，促进了美国经济的繁荣，而苏联的计划经济因为缺乏灵活性和市场机制，最终走向崩溃。这些历史经验告诉我们，原则不是空泛的理论，而是决定社会成败的方向标。

本书后面会提出现代政治文明的四大基本原则：个人权利、宪政共和、有限政府和市场经济。原则不仅帮助我们理解政治和社会，还指引我们的思考和行动，使我们的判断更加稳健、理性和可靠。

知识：政治智商的燃料

一列火车，它的轨道坚固，结构完善，但如果没有燃料，它仍然寸步难行，无法向前推进。信息和知识，就像政治智商的燃料，决定了我们能否真正运转，避免成为“政治文盲”。

如果你正在美国生活，却不了解《独立宣言》的历史背景，那么你可能无法真正理解美国立国的核心理念。如果你不熟悉美国宪法及其修正案，就可能不知道自己有哪些权利，甚至在关键时刻无法维护自己的自由。

如果你不了解州政府与联邦政府的关系，就容易被媒体误导，以为所有政策都是总统一人决定的。这些基本知识就像火车的燃料，储备越充足，你的思考能力就越强，政治判断就越清晰。

逻辑：政治智商的指挥司机

一列火车，即便轨道铺得再笔直，燃料再充足，如果缺少一位掌舵并指挥方向的司机，它依然无法前行。逻辑思维正是政治智商中的“指挥司机”，它通过理性推理，在纷繁的知识与信息之间辨别真伪、厘清结构，协调多个原则，将混乱转化为有力的判断与清晰的行动。

逻辑不仅帮助我们推理，更关键的是：**在原则冲突时做出抉择，在信息矛盾中辨别真伪**。例如，在纳粹统治下的德国，如果一位犹太人藏在你家中，而纳粹士兵上门搜查，你是坚持“诚实不撒谎”的原则，还是优先“保护无辜生命”的原则？这并不是一个简单的是非判断，而是对伦理优先顺序的权衡。我们将在第九章讨论伦理学时，详细分析这类问题。

同样，当面对互相矛盾的信息时，比如“疫苗是否有效”、“气候变化是真是假”这类现实争议，逻辑思维可以帮助我们判断：哪个信息来源更可靠？哪种论证更有依据？我们将在第十章介绍批判性思维，带你理解如何拆解观点、检验证据，从而在信息混乱的时代做出清晰、理性的判断。

最终，逻辑让我们的政治判断不至于流于情绪化、盲从，或本能反应，而是建立在可解释、可自洽的理性基础之上。

本书的框架

本书将沿着这个清晰的框架展开，以世界观、原则、知识和逻辑为四大支柱，让你在政治智商的道路上走得更远、更稳，不仅理解政治运作的核心规律，还能在现实生活中运用所学，做出更明智、更负责任的判断。

1-5
测测你的政治智商：十个认知挑战

下面这十个问题，是你政治智商的试金石。它们看似简单，却暗藏着当代社会最核心的政治错觉与思想陷阱。

这些问题，有的会颠覆你习以为常的“政治常识”，有的会挑战你内心早已默认的“标准答案”。它们的目的并不是让你简单答对，而是激发你重新思考。本书在附录中，将分享这十个问题背后的答案与解释。

1. 在提升“政治智商”的过程中，理解现代政治文明的目的至关重要。你认为，下面哪三样东西是现代文明中被视为神圣不可侵犯、政治制度存在的最终目的?

A. 国家、边境和主权

B. 政党、政府和人民

C. 宪法、民主和自由

D. 生命、自由和财产

2. 你觉得一个政府的主要目的应该是：

A. 让大多数人吃饱

B. 让少数人先富起来

C. 让每个人都可以批评政府

D. 保护国家不受外敌侵略

3. 以下哪一项，在20世纪造成的全球死亡人数最多？

A. 两次世界大战

B. 世界各地的共产主义实验

C. 堕胎所造成的未出生婴孩死亡

D. 重大传染病与病毒疫情

4. 一个刚落地美国的中国留学生是否受到美国宪法的保护？

A. 不会，只有美国公民才有宪法保护

B. 只在获得绿卡后才有宪法保障

C. 只在缴税以后才享有部分权利

D. 会，因为美国宪法保障的是人的自然权利

5. 一个移民宣誓成为美国公民、庄严承诺要誓死捍卫的，是什么？

A. 美国

B. 民主

C. 自由

D. 宪法

6. 以下哪两项指标，被认为是最能准确预测一个国家经济走向的早期信号？

A. 国内生产总值（GDP）和消费指数

B. 私有财产权指数和经济自由指数

C. 贫富悬殊指数和社会福利开支占比

D. 失业率和货币供应量M2

7. 要有效提升一个国家人民的道德水平，以下哪一项措施最为根本且具有持久影响？

A. 由国家提供全面的免费教育

B. 通过媒体宣传精神文明建设

C. 保障宪法所赋予的宗教自由

D. 严格的法律管制与高压监督

8. 很多人常说：“天下乌鸦一般黑，美国也腐败，中国也腐败，民主国家也打仗，专制国家也打仗，反正哪里都一样，别装了，谁上台都一样。” 这种观点是典型的犬儒主义（Cynicism）。下面哪一条对犬儒主义的评价最有道理？

A. 他们看清了现实，选择不参与任何阵营。

B. 他们认为所有政府都是败坏的，所以无需为任何制度辩护。

C. 他们缺乏原则判断，把人性堕落与制度优劣混为一谈。

D. 他们善于揭露阴谋，因此他们比普通人更有政治智商。

9. 哈马斯对以色列发动恐怖袭击后，美国多所大学爆发了支持巴勒斯坦的示威潮。美国左派与伊斯兰恐怖组织之间存在紧密关系。以下哪个原因最能合理解释这一现象？

A. 左派天生喜欢暴力，因此与恐怖组织天然合得来。

B. 两者在颠覆西方传统价值观的目的上，存在“敌人的敌人就是朋友”的策略性合作。

C. 伊斯兰恐怖组织制造的难民潮，成为美国左派争取募捐和政府援助的摇钱树。

D. 美国左派误把恐怖组织当作普通宗教团体支持。

10. 根据近代世界各国民主政治的历史经验，以下哪一项最根本地决定了一个民主社会能否成功建立并长期维持自由与文明?

A. 一群受过精英教育的领袖

B. 制度完善的三权分立体系

C. 左右平衡的两党竞争格局

D. 相信天赋人权的民情秩序

这十个样本题，涵盖了世界观、原则、宪法常识和逻辑四个层面的内容。如果你一时答不上来，或者发现自己没有清晰的答案，完全没关系。只要你耐心读完这本书，所有答案都藏在其中。

在书的附录，我也会附上这十个问题的解析与答案，帮助你系统梳理思路，查漏补缺。

但比“选A还是D”更重要的，是你是否愿意用这一整本书的阅读，重新搭建自己的政治世界观，锻炼那份可以在关键时刻决定命运的政治智商。

第二章

全民弱智的八个症状

“通往地狱的道路，总是铺满了善意的鲜花。”

"The road to hell is always paved with good intentions."

—— 英语谚语

这句英语谚语揭示了人类因误判人性本质而酿成的深重悲剧。现代社会表面上高举理想主义的旗帜，实则在不知不觉中滑向混乱与自毁的深渊。

正如诊断疾病是治愈的前提，要重建现代人的政治智商，首先必须明确“全民弱智病症”的表现。本章将从“对国家、政府、政党和人民的认知错位”这一关键点切入，揭示全民弱智背后更深层的结构性病灶。

这种错位并非源于恶意，而是出于长期以来对乌托邦的幻想、对制度的误解，以及对现代意识形态的盲从。而这一切，正是现代世界在“善意”掩盖下走向混乱的症结所在。

2-1
对国家、政府、政党和人民的认知错位

在现代社会，对“国家”、“政府”、“政党”与“人民”的认知错位，已成为“全民弱智”的首要症状。这种错位并非偶然，而是源于对政治基本概念的长期混淆与意识形态灌输，尤其体现在将国家神圣化、政府父母化、政党正义化，而忽视了人民主权和个体自由这一政治秩序的基石。

政治智慧的起点，在于清晰界定这四者的关系：人民才是政治共同体的真正主权者；政府只是人民授权的工具；国家是一种维持秩序的制度安排，其存在目的是保护人民的自然权利；政党则是政治理念的竞争平台，而不是忠诚的对象。

然而，现实却被彻底颠倒。现代“爱国主义”教育往往以“国家至上”为信条，灌输一种将个人价值、道德判断、甚至真理本身从属于“国家利益”的观念；而政府及政党也乐于利用这种错位，将自身包装成“人民的代表”，使反对声音自动被等同于“背叛国家”或“扰乱社会”。这不是现代政治文明的体现，而是政治常识的缺失、逻辑训练的贫乏与公民素养的滑坡所导致的全民弱智的现象。

让我们首先厘清“国家”、“政府”、“政党”和“人民”这四个核心概念，恢复它们在现代政治文明中的本来含义。

国家，不神圣

国家，并不神圣，因为它可以被独裁者拿来当作压迫人民的工具，也可以被恐怖分子利用，把老百姓当成人肉盾牌来挡子弹。

“国家”本身是一种制度性的主权组织，它依靠疆域、法律、军队和行政机构来实施统治与管理。但国家并不等于民族，不等于文化，更不等于正义。民族是一种血缘与历史的共同体，文化是一个社会代代积累的精神成果，而正义则是道德与法治所追求的最高理想。国家，仅仅是一种工具性的制度建构，是人为了保障自身权利而设计的政治装置。

把国家神圣化，就如同把锤子当作道德裁判——其结果不是崇高，而是暴力。历史反复证明：凡是将国家升格为神圣存在的社会，最终都以人的自由的灭绝为代价。

国家不神圣，人的生命才是神圣的；国家不是目的，人的自由才是目的。人的生命、自由与财产不是由国家“赋予”的，而是出自其天赋的自然权利（对于“自然权利”的内涵与界定，我们将在第五章中展开详细论述）。国家的正当性，恰恰在于它是否尊重、保护这些先于国家而存在的权利。这也是现代宪政与共和理念的基石。

比如，美国的入籍誓词，并不要求新公民效忠国家、政府或政党，而是明确宣誓效忠美国宪法。因为宪法才是美国政治制度的核心，它代表着自由、法治与人民主权这一整套原则。宪法不是统治工具，而是限制政府、保障人民权利的根本契约。

国家是一种制度性的建构，具体而言，指的是国家治理的体制安排，例如宪政、共和等原则。就全球而言，“共和国”是目前最为主流、最广泛被接受的国家制度形式。根据联合国的记录，截至2023年，全球193个主权国家中，至少有159个在其官方国名中采用了“共和国（Republic）”这一称号，如中华人民共和国、法兰西共和国、意大利共和国、哥伦比亚共和国、朝鲜民主主义人民共和国等。

“共和国”一词源自拉丁文 res publica，意为“公共事务”或“公共之事”。这一定义的核心在于，国家权力不是属于某一人、某一贵族家族或君主，而是属于全体公民。**简单来说，共和国的意思是权力属于人民**。在政治体制上，共和国是指一个没有君主的政体，通常通过宪法确立一套由民选代表行使权力的制度安排。其基本特征包括：权力来源于人民、政权受限于法律、公共事务通过代表制度而非世袭或个人独裁来处理。

古罗马共和国（约前509年 - 前27年）通常被认为是历史上第一个明确的共和国。古罗马在推翻君主制后，建立了一个以元老院和保民官为核心的治理体系，权力理论上来自公民（尽管仅限于男性贵族）。

当今世界持续时间最久、也是最早确立全民选举制度的共和国之一，是美利坚合众国。自1776年独立以来，美国将在2026年迎来建国250周年的里程碑。有意思的是，尽管美国事实上是一个典型的共和国，其国名中却并未使用“共和国”这一词汇。这是因为建国者在设计政治体制时，尤为强调州的主权与联邦的平衡。他们建立的是一个以宪法为基础的联邦共和国，联邦政府与各州政府并行、权力分立，旨在防止任何一方滥权。因此，“United States of America”（美利坚合众国）这一命名，反映了多主权单元结合而成的政治共同体，而不是偏向中央政府的“共和国”。

有趣的是，当我们在讨论现代政治文明时，往往最常提及的是“民主”这个词。但如果我们观察现实世界，就会发现一个令人意外的现象：在全球近200个主权国家中，将“民主”一词正式写入国名的国家寥寥无几，不超过五个。例如：刚果民主共和国和朝鲜民主主义人民共和国等。

这种现象并非偶然。原因在于，“民主”虽然是现代政治中的一项重要原则，但并不是政治文明的根基。**真正构成现代文明秩序核心的概念，不是“民主”，而是“共和”**。

共和（Republic）所强调的，是法治、权力制衡、少数权利保障与政府合法性来自人民授权，而不仅仅是多数人的意志。民主如果没有共和框架的约束，极易沦为暴民政治，最终通向专制。这一点我们将在后文5-2章《宪政共和是框架——保护少数人的权利》中详细展开。

政府，是受人民托付的公仆

在现代政治文明，尤其是共和制度的框架下，政府既不是父母，也不是恩人。政府是人民基于契约设立的行政代理，其存在的唯一正当性，来自人民的授权与宪法的许可。它的职责不是塑造公民的道德，也不是安排个人的人生，而是有限、被动地履行一项基本使命：保护人民的生命、自由与财产。

以美国为例，建国者深知人性堕落、权力易腐。他们既不相信人是天使，也不幻想政府会自我节制。因此，他们缔造了一套制度化的制衡机制，让政府必须服从法律、接受监督，并始终服务于人民利益。正如亚历山大·汉密尔顿在《联邦党人文集》中所言："人民不是为政府而生，政府是为人民而设。"托马斯·杰斐逊更直言不讳："当政府成为人民权利的破坏者时，人民有权将其推翻。"

这正是"共和国"（res publica）的本义：公共事务属于公民，政治权力必须受制于人民的意志，并始终在宪法所划定的边界内运作。人民不是被动的臣民，而是持续的监督者、评判者与雇主。

当一个政府高举"为人民服务"的旗帜，却拒绝接受人民的监督与质疑；当它以"国家利益"之名凌驾于个人自由与合法权利之上——那便意味着，它已经脱离了宪政共和的轨道，正悄然驶入通往专制的快车道。**共和国的精神，在于以民意与宪法共同限制权力**；而全民弱智的开端，则是把权力的滥用误认作善意的保护。

政党，是理念竞争的平台，不是忠诚的对象

在共和制度之下，政党应是表达政治立场、组织政治参与、推动公共辩论的重要平台。它们代表着不同的价值观、政策理念和社会愿景，理当在开放而有序的政治环境中，通过说服和辩论争取选民支持。政党本质上是人民自愿结社的一种形式，是自由社会中不可或缺的工具性机构，而绝非道德或历史的化身。

比如在美国，加入或离开一个政党只需在选民注册系统中更改党派归属，通常可在在线平台上完成，过程只需几分钟。在大多数州，这不需要党的领导批准，也无需缴纳党费。理论上，你可以随时更改党派，例如今天注册为民主党，明天转为共和党。

这样的设计是保障人民自由和选择的权利，**让政党忠于人民，而不是人民忠于政党**。在这种制度下，政党必须通过政策主张和执政表现来赢得选民的持续支持，而不能依靠行政手段绑架选民。选民的自由转换权利，实际上是对政党权力的一种制衡——当政党背离了选民的期望时，选民可以用脚投票，迫使政党回归服务人民的本质。

人民是主人，政府是仆人

在一切真正的政治文明中，人民才是国家的主人，政府不过是其受托的仆人。这不仅是一句政治口号，更是一项深植于现代宪政共和传统中的核心信念。正如保守主义政治哲学（在第五章会详细介绍）所强调的：政治的正当性来自人民的授权，而不是权力本身的扩张或任何意识形态的包装。

美国宪法的序言开宗明义，以三个铿锵有力的词揭示其政治信仰的核心——“We the People”（我们人民）。这不是修辞的装饰，而是制度的根基。它意味着一切主权归于人民，一切政府行为必须接受人民的授权与审查。在这一前提下，立法、行政与司法的权力

被精心设计为相互制衡、避免滥权的系统，为了保障每一个人的不可剥夺的自由权利。

同样地，孙中山提出的“三民主义”——民族、民权、民生——深受美国宪政思想的启发。“民权主义”直接体现了人民主权原则，主张通过代议制和五权宪法保障人民的自由与政治参与；“民族主义”旨在实现国家独立与民族自尊，反对帝国主义压迫，而非狭隘的排外；“民生主义”则聚焦于经济平等和民生保障，在自由与法治框架内追求社会正义。三者的核心一致指向：国家的正当性只能来源于人民的福祉与授权，而非反之。

因此，无论是中国早期的共和梦想，还是美国宪政制度的现实实践，都共同揭示出一个朴素而深刻的真理：政治文明的中心，不是国家，不是政党，更不是政府，而是每一个有理性、有自由意志、有责任感的人民个体。

当我们从正面确立这一原则，就能有一个清晰的政治判断标准：凡是强调人民是主人、政府须受限的体制，就是共和制度；而凡是以国家至上、党派正确、政府无错为出发点的体制，无论其包装如何动听，实质都背离了现代政治文明的根基。

当代人的认知错位

“国家利益高于一切”——这句口号在许多社会中几乎被当作普世真理，然而它本质上却是对政治概念的彻底颠倒。国家本应是受限的制度工具，而非具有道德意志的实体。将其神圣化，正是法西斯主义与极权主义得以起家的心理基础。

纳粹德国则将这种神圣化推向种族主义的极端。希特勒把国家与民族绑定，将“德意志民族的复兴”塑造成神圣使命，要求人民对国家的忠诚高于宗教、高于家庭、高于真理。焚书、清洗、集中营等暴行，都在“民族利益”、“国家荣光”的旗帜下展开。当国家被赋予道德的面具，恶便以善的名义行事，极权便获得了群众的欢呼。

这一现象并未随着极权的衰退而终结。在当代中国，所谓的“爱国小粉红”正是国家神圣化教育的产物。他们将国家等同于文化、情感甚至宗教对象，凡是批评国家者，皆视为“卖国贼”；凡是质疑政府者，皆被辱骂为“崇洋媚外”。他们不关心人民的自然权利，不关心政策是否合理，甚至不关心自己是否真正享有自由，而只在乎“国家有没有被冒犯”。这种非理性的国家崇拜，是极权主义赖以延续的群众基础。

国家的“强大”，往往意味着政府拥有更多的财政收入、更庞大的军队和更严密的监控能力。以苏联为例，冷战时期它是世界第二强国，核武库规模庞大、军事力量惊人，可普通百姓的生活却笼罩在恐惧之中：邻居随时可以举报你，秘密警察深夜登门带人走，物资短缺，思想与言论受到严厉管控。这种所谓的“强大”，不过是国家用铁拳牢牢控制住了人民。

对国家与政府角色的误解，并非共产主义国家所独有。在西方，由于人性的惰性与依赖倾向，许多民众对政府的依赖也越来越严重。现代福利国家的膨胀与“大政府”理念的盛行，进一步加剧了这种角色错位。从疾病、失业、教育、住房，到心理健康、社交障碍——几乎所有生活问题都被归咎为政府的责任。这种“福利依赖”不仅削弱了个人责任感，更瓦解了家庭、教会、社区等社会中间力量的功能，使公民逐渐沦为等待资源分配的被动消费者，而不是勇于参与治理、守护自由的积极个体。

接下来的内容，我们将从政府福利讲起，深入探讨在西方社会全民弱智的几大核心症状。

2-2
对政府福利的依赖

有一天，我太太去附近的中国超市买菜，推着购物车在货架间穿梭，挑了满满一车的食物，结账时大概要一百多美元。正巧这时，一辆小巴停在超市门口，一群老年人从老年活动中心下来，有说有笑，也来这里购物。

排队时，一位阿姨热情地跟我太太打招呼，笑着说："哎呀，好久不见！你今天买这么多啊？"

她瞥了一眼我太太的购物车，忽然拍了拍口袋，从包里掏出一张卡，说："别刷你的卡了，我替你付吧！"

我太太愣了一下，连忙摆手："不用不用，我自己来。"

阿姨小声说："没事儿，我这福利卡上每个月的钱用不完，反正也是白给的，不花白不花！"

我太太这才注意到，队伍里好几位老人都拎着满满的购物袋，结账时刷的全是政府福利卡。

最后，我太太还是自己付了钱。走出超市，她忍不住皱起眉头。我们马萨诸塞州有700万人口，却发放了260万张福利卡。我们这些上班族，真成了州民主党高福利政策的"冤大头"。

在美国养老的中国老年人大约有数十万，且人数还在持续增长。根据皮尤研究中心（Pew Research Center）的数据，华裔是美国增长最快的移民群体之一，其中65岁及以上的华人老年人数量在过去20年翻了一倍。

这些老年人中，不少人在国内已领取退休金，但在美国仍享受慷慨的福利。由于他们在美国没有工作记录，或工作年限不足，无法领取社会安全金（Social Security），却可以通过“低收入”身份申请联邦和州政府的各种福利，包括白卡（Medicaid）、粮食券（EBT）、住房补助（Section 8）、老年人现金补助（SSI）等。

一些老年人每月在国内领着数千甚至上万人民币的退休金，却在美国对政府申报“无收入”，从而获得全额福利。很多人利用制度漏洞，在中美两国同时领取政府补贴，过着比普通美国纳税人还舒适的生活。

这种对福利的依赖，并非华裔独有，而是人性中的通病——不劳而获的诱惑对任何人都难以抗拒。美国本地人亦是如此。以下我们以加利福尼亚州为例，进一步探讨这一现象。

加州的福利与腐败

加州的福利体系以慷慨著称，涵盖医疗补助（Medi-Cal）、食品券（CalFresh）、住房补贴等领域。根据加州预算与政策中心的数据，2023财年，加州社会福利支出超1,200亿美元，占州预算近三分之一。然而，高福利并未显著降低贫困率，反而让部分人依赖救济，丧失工作动力。

例如，疫情期间，加州失业救济金高达每周450美元，外加联邦补助，甚至超过许多低收入工作的薪资。根据美国劳工统计局数据，2022年加州劳动参与率仅62.4%。这表明，部分人选择不工作，依靠福利生活，尤其在低技能岗位工资与福利差距不大的情况下。这种“养懒人”现象不仅

图表 3：加州的福利养懒人。

加重财政负担，也为腐败提供土壤，福利项目的管理和分配常成为权钱交易的温床。

加州的吸毒问题在美国尤为严重。据美国国家药物滥用研究所（NIDA）数据，美国吸毒人数占全球约12%，而加州毒品消费尤甚。2021年，加州吸毒过量死亡人数达10,901人。青少年吸毒比例更令人担忧，18至25岁人群吸毒率高达39%，远超全国平均水平。

福利政策一定程度上被指为吸毒问题的“助推器”。加州的“无条件现金援助”和宽松审核机制，使部分福利资金被用于购买毒品，而非改善生活。例如，旧金山的“全民基本收入试点”每月向居民发放数百美元现金，却缺乏严格监管，导致部分资金流入毒品市场。此外，福利政策吸引大量无家可归者和吸毒者迁入加州，尤其在洛杉矶和旧金山，加剧社会问题。这些现象背后，往往伴随着腐败——地方官员和福利机构可能通过放松监管换取政治支持或个人利益。

加州政客利用福利“买选票”早已不是秘密。竞选期间，承诺扩大福利成为吸引低收入选民的惯用手段。以州长加文・纽森为例，他2019年上任后推动多项福利扩张计划，包括将Medi-Cal覆盖无证移民，预计每年耗资30亿美元。然而，他曾被曝接受太平洋燃气电力公司（PG&E）的政治献金，而该公司在野火危机中因管理不善饱受批评。这种权钱交易表明，福利政策不仅是民生考量，更是政治利益的交换。

此外，福利项目执行层面也腐败频发。2022年，洛杉矶市爆出福利资金挪用丑闻，多名官员被指控将数百万美元住房补贴挪作私用。这些案例显示，福利政策不仅是“买票”工具，也成为政客和利益集团分赃的渠道。

“为人民服务”是最恐怖的语言

1986年，美国总统罗纳德·里根在一次新闻发布会上说出了一句经典名言：

英语中最恐怖的九个单词是：“我是政府的人，我是来帮助你的。”

The nine most terrifying words in the English language are: “*I'm from the government, and I'm here to help.*”

这句话直指政府权力扩张的危险。直白一点，“为人民服务”可能是最恐怖的语言。这与我们接受的教育大相径庭，毕竟政府的职责本是管理国家、照顾民生。然而，里根的话揭示了一个深刻现实：政府常以“帮助人民”的名义扩张权力，高福利制度养懒人，最终往往导致低效和腐败。

政府的首要职责应是维护宪法赋予人民的自然权利。只要保障自由，人民就能通过工作养家糊口，履行自然人的责任，而不是依赖政府。

在一次著名演讲中，里根直言：“政府不是解决问题的方法，政府本身就是问题。”这句话道出了政府权力膨胀的本质危害。在美国，几乎所有政府深度干预的领域——无论是教育、医疗，还是福利救济——最终都容易演变为腐败滋生、思想控制的温床。至于这背后的根源与制度逻辑，我们将在第五章里的《有限政府是手段》一文中做系统分析与深入讨论。

2-3
对权威精英的迷信

在现代社会，“全民弱智”的另一个显著症状，就是对权威和精英的迷信。很多人深信：只要是专家说的、教授说的、政府科学顾问说的，那就一定对；只要是“权威机构”发布的报告，那就不容质疑。

他们天真地认为，受过高等教育的人自然“更懂科学”；精英阶层一定比普通人“更理性、更无私”；甚至在危机中，他们自动放弃自己的判断，把命运完全交给所谓“科学决策者”。

然而现实并非如此简单。精英也是人，在利益下也趋于堕落和腐败。科学研究也需要资金，而谁掌控资金，谁就有可能影响研究方向和结论。

一些本该独立的科研机构，早已与政治权力或财团资本深度捆绑。他们发布的“报告”，很多时候更像是“宣传产品”，用来引导舆论、塑造合法性，而非寻找真理。真正独立、敢于唱反调的科学家反而被边缘化，甚至被封杀。

新冠疫情就是一个活生生的案例。在这场公共卫生危机中，普通民众的盲目信任付出了惨痛代价。

疫情期间的科学欺骗：权威和精英如何滥用权力

新冠疫情爆发后，全球精英阶层——包括政府官员、公共卫生专家、科技巨头、主流媒体和跨国制药公司——联合推动了一场前所未有的“公共卫生欺骗”。他们不再依赖真实数据和科学事实，而是通过恐吓民众、操控舆论、打压异见，强行推行封锁政策、强制疫苗接种和极端防疫措施。这些政策导致全球经济衰退、社会自由受限，甚至危及民主制度本身。

回顾2020年，各国政府和专家一致宣称“疫苗是唯一出路”，任何质疑疫苗有效性或安全性的人都会被社交媒体封杀，被政府贴上“反科学”的标签。然而，后来的数据表明，疫苗并未达到政府宣传的“预防感染”效果。以色列、英国和美国的真实数据显示，接种率最高的国家仍然遭遇了大规模突破性感染，尤其是在 Delta 和 Omicron 变种传播期间。2021年12月，美国疾病控制与预防中心（CDC）被迫承认，疫苗无法完全阻止病毒传播，而只能降低重症风险。然而，这一关键信息在政策推动阶段从未被公开讨论。

更糟糕的是，新冠疫苗的副作用问题被系统性掩盖。根据美国疫苗不良事件报告系统（VAERS），截至2022年底，已有超过120万起新冠疫苗不良反应报告，其中包括超过3万例死亡病例，但这些数据被主流媒体忽视，甚至被刻意压制。

新冠疫苗不良事件报告系统数据

OpenVaers.com reports through April 25, 2025

1,663,522 总共	**38,615** 死亡	**220,701** 住院	**156,638** 急診
247,657 就医	**11,253** 过敏	**18,011** 麻痺	**5,185** 流产
22,531 心脏病发作	**29,150** 心肌炎/心包炎	**73,461** 永久残废	

图表 4：美国新冠疫苗的副作用

上图的新冠疫苗数据来自网站 OpenVAERS.com。OpenVAERS 是一个基于美国卫生与公众服务部（HHS）在 VAERS

（疫苗不良事件报告系统）系统中公开数据所建立的开放查询平台。VAERS 于 1990 年设立，是一项自愿性报告制度，据估计，实际报告的疫苗不良反应事件可能仅占真实情况的约 1%。

此外，制药公司如辉瑞（Pfizer）和莫德纳（Moderna）不仅未能公开完整的临床试验数据，还在多个国家与政府签署保密协议，确保其法律责任最小化。例如，辉瑞与欧盟的合同条款被曝光后，显示政府需承担疫苗副作用带来的所有法律责任，而公司则免于任何诉讼风险。

在这场“科学欺骗”中，我们看到的不是理性和科学，而是精英集团的滥权、隐瞒和操控。政府机构、制药公司和科技巨头相互勾结，利用精英的权威压制批评声音，制造社会恐慌，使民众被迫接受未经充分验证的医疗干预措施。

在2021年，脸书（Facebook）、推特（Twitter）和谷歌（Google）删除了数百万条质疑疫苗、封锁政策和口罩效用的帖子。许多医学专家，包括《大巴灵顿宣言》（Great Barrington Declaration）的作者——来自哈佛大学、斯坦福大学和牛津大学的科学家——因提出“精准防疫”方案而被边缘化。他们的研究虽然基于流行病学数据，却被科技巨头封锁，甚至被美国政府列入“虚假信息”黑名单。

为什么大部分人都迷信精英

大部分人都迷信精英。越是受教育程度高的地方，越是踊跃地去打疫苗。他们把主流专家的话奉为圭臬，把主流媒体视为“科学”的传声筒，在他们的世界观中，专家不会撒谎，政府不会骗人，“主流共识”就是科学真理。他们对人性持一种天真的态度，在他们的字典里，没有“邪恶”两个字。

这场“科学欺骗”清楚地表明，精英阶层的决策往往并非建立在真正的科学和理性判断之上，而是受政治利益、经济利益和意识形态偏见驱使。精英群体并不比普通人更理性、更公正，反而由于他们掌握更多资源、话语权和权力，他们的堕落往往会对社会造成更深远的影响。

而天真的普通百姓不相信人会为了权力而撒谎，不相信公司会为了利润掩盖副作用，不相信政府会操纵数据、打压异见。他们认为，掌握“专业知识”的人自然道德高尚，仿佛智商和良知是成正比的。其结果是，他们像羔羊一样走进屠宰场，对即将到来的碾压毫无察觉。

这正是“全民弱智”的症状之一——不是没读书，而是缺乏对人性堕落的警觉。这种“盲目信任”的后果，在新冠疫情中表现得淋漓尽致：很多人被逼着打了第三针、第四针，后来生病了却找不到原因，更没有人为他们负责。

一个健全的政治制度不能建立在对权威和精英的盲目信任之上，而必须设立强有力的制衡机制，以防止精英阶层滥用其影响力，误导社会走向专制和堕落。

2-4
对结果平等的向往

网上流传着这样一个虚拟故事：一位大学的经济学教授与学生们辩论奥巴马的经济政策。这个班的学生们坚信奥巴马的社会主义理念的优越性，认为在这种制度下，不会有人贫穷，也不会有人富有，社会将实现完全的平等。

教授听后说道："好，我们就在这个班里做一个关于奥巴马政策的实验。"他宣布，所有人的成绩将被平均分配，每个人都会得到相同的分数，这样就不会有人不及格，也不会有人得 A。

第一次考试后，成绩被平均，每个人都得了 B。那些努力学习的学生感到不满，而那些平时不怎么学习的学生却很高兴。到了第二次考试，那些本就不怎么学习的学生变得更加懒散，而那些原本努力学习的学生也觉得没必要再那么拼了，于是大家都降低了学习投入。

第二次考试的平均分变成了 D！这时，所有人都不再高兴了。到了第三次考试，平均分直接降到了 F（不及格）。随着考试的进行，成绩再也没有上升，反而是同学之间开始互相指责、抱怨、争吵，课堂变得充满怨气，没有人愿意再努力学习，因为他们看不到努力的意义。最终，全班集体挂科！教授最后总结以下四句话：

- **你无法通过剥夺富人的财富，让穷人变得富有。**
- **一个人不劳而获，必然意味着辛苦工作的人得不到应有的回报。**
- **政府不能给予任何人任何东西，除非它先从别人那里拿走。**
- **你无法通过"分配"财富来"增加"财富！**

结果平等：人人幻想的乌托邦

结果平等，其实是一种乌托邦式的幻想。它不是追求公平的结果，而是幻想一个人人拿一样工资、住一样房子、过一样生活的“完美世界”。这种思维根源于马克思主义的阶级斗争逻辑，认为社会的所有不平等都来源于“结构性的压迫”，通过政治手段消除差异，就能实现“真正的公平”。这听上去理想主义，但历史反复证明，这种幻想的代价是自由的消亡和暴力的泛滥。

马克思主义的危险就在于，它不满足于机会平等，而是要强行制造“结果平等”，不管个人的努力、才能和选择如何不同，一律要求在物质结果上“划一”。这就意味着，必须由国家或政党来没收财富、重新分配资源、定义“公平”。最终，就像苏联、古巴、朝鲜那样，权力集中在少数人手中，社会沦为压抑、荒谬和恐惧的地狱。历史上的每一次“共产主义实验”，从来没有造福人民，只是让少数掌权者获得极权。

而今天，美国人的一个“全民弱智”现象，就是对“结果平等”的盲目向往。他们常把“不平等”视为最大的不公，却忽略了：真正的不公，而在于剥夺人人机会的平等。结果平等听起来道德高尚，实际上却是一种懒人思维的集体自我安慰——它用“公平”的旗号掩盖了对自我责任的要求。

美国的平等革命——亚裔为什么成为受害者

以黑人问题为例，今天美国社会把黑人在教育程度低、贫穷、犯罪率高等现实问题，统统归咎于所谓的“系统性种族歧视”。尽管美国早已废除一切法律上的歧视制度，甚至通过“平权法案”给予黑人在大学录取、政府职位等方面的政策性倾斜，他们仍然执着地声称，“问题的根源在白人心里的白人至上”。这套说辞与中国“文革”时期的“斗私批修”如出一辙：就算你表面顺从，还得审查你心里有没有“私心一闪念”。

而亚裔是让美国左派最尴尬的群体——我们根本不符合他们的“受害者叙事”。如果真有“白人至上”，那么亚裔本应和黑人一样，被系统性地压制、边缘化；但事实恰恰相反，亚裔不仅没有特殊照顾，也几乎没有“身份政治”的特权，却靠着自身的努力，攀上了经济与教育的高峰。

根据美国人口普查局（U.S. Census Bureau）2023年发布的《Income in the United States: 2023》报告显示：

亚裔家庭的中位收入为112,800美元，

非西班牙裔白人家庭为89,050美元。

这表明，2023年亚裔家庭的中位收入比白人家庭高出约26%，而且这个趋势已经维持多年。

要知道，亚裔没有语言优势，也没有所谓的“世袭资源”，大多数第一代移民是在完全陌生的环境中白手起家。他们之所以成功，不是因为“系统偏爱”，而是因为文化价值观中高度重视家庭、教育和勤劳。他们遵纪守法、重视储蓄、努力工作，这些传统美德反而成为左派所蔑视的“中产道德”。

左派最痛苦的，是亚裔的存在彻底戳破了他们“系统性种族歧视”的论调。如果美国真是一个靠肤色决定命运的国家，那么亚裔的成功根本无法解释。于是他们开始贬低亚裔的成功，声称亚裔只是被当作“模范少数族裔”来利用——即把亚裔塑造成“勤奋、守法、高成就”的典型，以此来指责其他少数族裔“不够努力”。他们认为这种“模范少数族裔”的标签本身就是一种压迫工具，用来

图表 5：大学对亚裔学生有更高的录取标准。

分化少数族裔群体。基于这种逻辑，他们甚至在大学招生政策中故意设限，打压亚裔比例。所谓的“平权”竟然变成了“限制亚裔机会”。例如，美国大学的“平权招生”政策要求录取时降低非裔群体的门槛，却对亚裔学生设定了更高的录取标准，导致亚裔需要比黑人学生高出200-300分的 SAT 成绩，才能获得同样的录取机会。

哈佛大学的招生歧视案就曾引发全国关注，最终被最高法院裁定违宪。这种人为设定的族裔配额，表面上是为了促进“公平”，实则剥夺了真正依靠努力奋斗的人应得的机会。

美国左派拒绝承认是他们的福利政策导致了黑人社区的家庭崩解、单亲率飙升的问题，也闭口不谈黑人文化内部对教育的轻视和对毒品的容忍。他们不讲个人责任，只讲社会压迫。他们不要求自我改变，却坚持要整个社会为其失败负责。

自由与平等的真正关系

> **“一个把平等置于自由之上的社会，最终既得不到平等，也得不到自由。一个把自由置于平等之上的社会，则会在很大程度上同时获得两者。”**
>
> **—— 米尔顿・弗里德曼（Milton Friedman）**

1976年诺贝尔经济学奖获得者米尔顿・弗里德曼的话揭示了一个重要的真理：如果你追求平等，你将失去平等和自由；如果你追求自由，你有最好的机会得到两者。

乌托邦听上去美好，但它从未在现实中成功过。历史证明，平等不能通过强制手段实现，而必须建立在自由的基础上。在一个自由的社会，每个人都有权利去追求自己的幸福，平等是法律赋予的机会平等，而非结果平等。如果政府强制推行“结果平等”，就会侵犯个人自由，最终导致既无自由，也无真正的平等。

2-5
对多元文化的崇拜

最近，哈佛蒋小姐的毕业演讲火了。她侃侃表演了7分钟，主题围绕“多元”、“包容”、“人类命运共同体”。她自豪地提到自己有同学来自印度、巴西、乌克兰、南非等世界各地，说这是“哈佛的魅力”，是“多元世界的缩影”。她的演讲反映了当今美国主流的文化模板：你要歌颂全球化，要强调肤色与文化的多样，要讲“消除贫穷”等等。

然而，这场演讲却翻车了。墙内和墙外的观众，都不买她的账。有人觉得她太虚伪，有人觉得她太做作、太伪善。这种演讲的问题，不在于她说错了什么，而在于她的演讲都是大话套路，缺乏深度和真实感人的力量。

她反映了现代人的另一种全民弱智——对“多元”的盲目崇拜。在过去十年里，无论你打开国内还是国外的大学宣传片，99%都重复着一个调子：我们有来自五湖四海的学生，我们包容不同文化、种族、性取向、宗教信仰，我们欢迎“多样性”。这种“多元至上”的叙事，不仅主导了教育体系，也渗透进了商业世界。

今天，在全球500强公司的官网上，“多元与包容”（Diversity，Equity & Inclusion, 简称DEI）几乎成了企业价值观的标准配置。不论是雇员培训还是品牌营销，“多元文化”都被高举为道德制高点。好像只要人群成分够复杂，肤色够分散，公司就一定更聪明、社会就一定更公正，世界也一定更加美好。

但事实并非如此。多元本是中性的，强调的是文化之间的尊重与共存；然而当它被意识形态化、被政治利用，它就不再是“多元”，而成了一种对真实问题的回避，一种不许质疑的教条。今天，多元被神化了，成了一种“道德护身符”——只要你讲多元，你就不可能是错的；只要你质疑多元，你就可能是“种族主义者”、“仇恨分子”。这正是一种新的愚昧。而这愚昧的危险，在于它不允许反思，不接受异议。让我们来看一个寓言故事。

海风镇的多元结局

从前，有一个名叫“海风镇”的港口小镇，以其高耸的灯塔闻名。灯塔不仅指引着船只安全入港，也是小镇居民的骄傲象征。海风镇历史悠久，居民世代以捕鱼为生，信奉自由、勤劳和互助的价值观。

随着时间推移，港口贸易的繁荣吸引了来自世界各地的新移民。镇上出现了形形色色的文化：有的移民带来了精湛的手工艺，有的带来了异域美食。起初，居民们对此感到新奇，决定打造一个“多元之镇”，提出口号：“多元是我们的力量！”他们承诺接纳一切文化，不评判任何习俗，以此展现包容精神。

最初，多元化似乎确实让小镇变得更加热闹。街头多了彩色集市，节日也增添了异国风情。然而，问题很快浮现。

一群移民来自一个吃狗肉的文化，他们在镇上捕杀狗，令当地视狗为忠诚伙伴的原住民感到震惊。另一群移民要求女性必须遮面，公开批评小镇女性的穿着“伤风败俗”。还有一群人坚持他们的一妻多夫传统，导致许多孩子长大后不知道自己的父亲是谁。

海风镇的灯塔上有一块石碑，上面刻着祖先流传下来的十诫，小镇居民世代遵守。除了不可杀人、不可偷盗外，其中三条是：

1）狗是我们忠贞的助手，不能吃狗肉。

2）不可歧视女性。

3）婚姻只能是一夫一妻。

这块石碑很快惹恼了这三群移民。他们认为十诫是不包容和多元主义的阻碍，必须铲除。于是，他们联合起来，放火烧毁了灯塔。那一夜，灯塔熄灭，商船撞上暗礁，货物沉没，贸易停滞。

随着经济衰落，原住民陆续搬离，剩下的三群人也因文化冲突爆发内斗，昔日繁华的海风镇最终沦为废墟。

多元文化的误区

这个寓言揭示了多元主义（Multiculturalism）的无知和肤浅。一个健康的社会需要共同的价值观、文化认同或目标作为黏合剂。如果多元仅停留在肤色、性别、种族的多样性，而缺乏深层的统一基础，最终只会导致群体间的矛盾加深。

多元文化主义的问题在于文化相对主义，即认为所有文化和价值观都应被平等对待，无优劣之分。然而，事实并非如此。有些文化尊重法治、自由和人的自然权利，而有些文化则倡导极端思想、性别歧视、仇恨教育，它们几乎是不可调和的。

欧洲国家在20世纪末大量接纳中东和北非移民后，许多城市如瑞典的马尔默（Malmö），出现了“平行社会”，移民社区拒绝融入当地文化，甚至形成与主流社会对立的法律和规范。

美国曾以“熔炉理论（Melting Pot）”闻名，即移民应融入主流文化，而不是保持原有文化的割裂性。然而，如今的“沙拉碗理论（Salad Bowl）”则强调每个群体保持自身文化，而非融合。

多元文化更深层的问题是对人性的天真乐观与对善恶的标准缺失。在多元主义倡导者的词典里，没有“邪恶”这个词——任何文化、任何习俗都必须被“尊重”，哪怕它本身违背人权或压迫女性、摧毁自由。这种拒绝判断、拒绝区分善恶的姿态，使多元文化主义最终滑向道德虚无。一个对“什么是邪恶”都无法给出定义的社会，也无法真正捍卫任何正义。

例如，伊朗至今仍保留“剁手刑罚”（砍手制度）。根据该国2013年《伊斯兰刑法》第278条的规定，第一次盗窃可被判砍去右手四指，第二次则可能被砍左脚五趾，若多次犯案，还可能面临终身监禁甚至死刑。近年来，这类“砍手”判决有明显上升趋势，已严重违反国际人权法中关于禁止酷刑和残忍、不人道处罚的基本原则，引发联合国及多个国际人权组织的强烈谴责。

海风镇的灯塔被烧毁，寓意着当社会放弃了核心价值观，试图迎合一切文化，最终只会走向分裂与衰败。正如今天的西方社会，在多元文化的名义下，放弃了曾经塑造自由社会的基督教价值观和法治原则，结果并未带来真正的团结，反而加剧了内部的撕裂。

一个自由社会必须建立在坚实的道德和法律基础之上，而非仅仅追求肤浅的“多元”。否则，正如那个港口小镇一样，最终会因自身的混乱而走向毁灭。**多元不是问题，没有任何善恶标准的多元才是问题**。当一个社会不再捍卫自身的核心价值观，而是盲目迎合所有文化、所有意识形态，它就等于拆毁自己的灯塔，失去方向，最终只能在风暴中沉没。

2-6
无底线的虚伪大爱

过去四年，美国在南部边境推行了史无前例的开放政策，预计已有约两千万非法移民涌入。这种“敞开家门，欢迎所有人”的做法，不仅得到民主党的广泛支持，也受到许多美国民众的赞赏——他们相信，只要有人需要，就有权进入美国，政府就应当无条件接纳。

这种“无底线的大爱”背后，是一种被扭曲的人道主义精神和全球主义意识形态。主张者认为，既然美国拥有世界最强的财富和制度优势，就应承担起开放国门的道德责任。

但这份看似高尚的善意，却忽视了一个基本常识：即便是那些最热衷“大爱”的民主党议员们，也不会真的敞开自家大门，任由陌生人自由进出——无论人数多少，无论对方是否有犯罪记录。我们不妨从一个现实的角度，看看这样政策背后的财政赤字。

不可持续的财政负担

随着无底线地接纳非法移民，美国多个地区正陷入严重的财政危机。以马萨诸塞州为例，这个一向以“进步”和“包容”自诩的州，如今却因巨额支出而捉襟见肘。仅庇护系统的紧急开销就已超过10亿美元，预计全年将突破11亿美元。州政府每月支出约7500万美元，用于为庇护家庭租赁酒店、提供三餐、出租车接送等服务。这些费用涵盖了食宿、交通、教育以及法律援助等各类公共资源。

在纽约市，为安置大批庇护移民，市政府签署了逾10亿美元的酒店和临时住宿合同。截至目前，相关支出已达31亿美元，并已预订未来价值13亿美元的合约。2024年，仅租赁中低端酒店一项的花费就接近8000万美元，这些酒店被临时改造为所谓的“难民之家”。

而在州层面，财政压力更为严峻。纽约州政府计划在2022至2026年间，为庇护申请人额外拨款43亿美元。这笔巨额开支，最终都要由本地纳税人承担。换句话说，辛苦工作的中产阶级必须为他们从未投票支持、甚至无法监督的移民政策买单。

这种“撒钱+住酒店”的做法，严重挤占了原本就紧张的公共资源，令真正有需要的本地居民被边缘化。尤其令人痛心的，是那些为国家流血牺牲却无力进入福利体系的退伍军人。在马萨诸塞州，关于优先保障退伍军人庇护权的法案曾提交议会，但在投票中遭到绝大多数民主党议员反对，最终未获通过。

结果就是——这些曾保家卫国的英雄，如今无家可归，在街头流浪；而初来乍到的非法移民却被安排住进酒店，甚至享有更多补贴和福利。这不仅是制度的错位，更是价值观的倒置。

公共安全风险

大量非法移民的迅速涌入，不仅加重了财政负担，也带来了日益严重的治安隐患，尤其是在儿童和青少年犯罪问题上愈演愈烈。

首先，许多非法移民的孩子在入境后无人陪伴，极易成为黑帮组织的首要目标。这些未成年人由于缺乏社会保障与法律保护，很容易被卷入犯罪网络，从事贩毒、盗窃等违法活动。像MS-13这样的中美洲帮派，早已渗透进美国多座城市，专门在移民社区中招募青少年。许多孩子不仅被胁迫参与暴力犯罪，甚至被训练成“少年杀手”。

其次，人口贩卖和儿童走私问题十分严重。每年有超过十万名无人陪伴儿童通过美墨边境进入美国，其中一些可能成为人口贩卖的受害者。他们面临被迫从事廉价劳工或性虐待的风险，在一些案例中，这些儿童被发现时已身心俱疲、创伤严重。

再次，由于非法移民没有合法身份，无法进入正常劳动市场，只能在地下经济体系中勉强维生。这不仅助长了黑市与非法用工现象，也使他们更容易遭受剥削。一旦经济环境恶化，这些社区往往迅速沦为治安重灾区。以纽约为例，许多改建为移民庇护所的中低端酒店，如今已成为帮派活动的温床，治安事件频发，警方疲于奔命，市民的安全感显著下降。

总的来看，非法移民带来的问题远非“同情”和“善意”所能解决。它不仅是沉重的经济负担，更是公共安全和社会整合的严重危机。如果美国继续用“无底线的大爱”掩盖现实，放任非法移民持续涌入而不设任何边界与机制，那么最终付出代价的，将是每天缴税、守法生活的普通美国人。

满足移民的“性需要”？

在欧洲，一起令人震惊的事件引发了关于移民政策和个人信念的激烈争论。2021年，法国波尔多（Bordeaux）一名23岁的左派女性志愿者，长期活跃于支持移民权益的运动，倡导更宽松的移民政策，却在一次街头活动中遭到一名非洲裔男性移民的性侵。据欧洲媒体V4NA报道，这名女性是当地移民支持团体的积极成员，事件发生时她正在参与和移民的社区互动。

此事在当地引发争议，尤其因为受害者在社交媒体和采访中的表态令人意外。她表示，事件可能涉及“语言和文化的误解”，并提到嫌疑人“也有自己的需求”，似乎试图为对方的性侵行为主动提供借口。

这一事件在法国社会掀起波澜。一位长期倡导“包容与同情”的女性，为何在遭受严重伤害后仍选择为施暴者辩解。这种反应可能源于过度理想化的信念，将“同情”置于个人安全和正义之上。

欧洲美国频繁发生的性侵案件

在欧洲，多地频繁发生与移民相关的性侵案件，严重挑战了公共安全与社会信任，也突显了所谓“无底线大爱”的悲剧性后果。

以英格兰与威尔士为例，仅2024年1月至10月期间，29个警察辖区内就报告了2,775起涉及外国人的强奸案件，占全部性侵案件的40%。外籍人士的性侵案件逮捕率是本国公民的3.5倍，尽管他们仅占总人口的9%，却涉及超过四分之一的性犯罪案件。

在瑞典，2000年至2015年间共有843起强奸判决，其中58%的罪犯为外籍人士，约40%来自中东和非洲地区。仅2015年一年，瑞典各地公共浴池和游泳馆就报告了123起性骚扰事件，超过80%的嫌疑人是外来移民。

德国发生的“科隆新年夜袭击”更是震惊全球。2015年底至2016年初，新年庆典期间，大量女性在街头遭到性骚扰甚至性侵。后续调查发现，已有153名嫌疑人被定罪，其中三分之二为摩洛哥、阿尔及利亚等北非国家的移民。更令人担忧的是，其中一半人在袭击发生前不久才抵达德国。

在2024年6月，德州休斯顿发生一起骇人案件：12岁女孩 Jocelyn Nungaray 在北休斯顿被两名委内瑞拉非法移民绑架、性侵并勒死。2024年初，佐治亚一位22岁的女大学生 Laken Riley 被一名来自委内瑞拉的非法移民 José Antonio Ibarra 杀害，案件引发全国关注与移民政策争论。Ibarra 曾持“临时释放”状态入境，后因盗窃和“不当伤害儿童”等案件被捕，却未获及时遣返，最终犯下滔天大罪。

在维吉尼亚州2017年的一起案件中，17岁的 Nabra Hassanen 在夜间被来自萨尔瓦多的非法移民 Darwin Martinez Torres 强奸并杀害。

官方数据亦揭示：根据 ICE 统计，已有超过13,000 名非法移民因谋杀罪被定罪，还有逾523人因强奸而被定罪，2,222 人面临谋杀指控，大约222,000 人等待庭审。

当然，我们不能因此将所有非法移民污名化，但是这些真实事件横跨欧洲和美国，揭示出无序、大量的移民涌入对本地社会造成的深远影响，尤其是对女性与儿童安全构成极大威胁。然而，在“政治正确”的压力下，许多政府选择回避问题，受害者往往得不到应有的关注与正义。

全民弱智的体现

当许多现代人因缺乏个人代价的意识和历史视野，依旧将“无条件开放与包容”简单等同于“人性的光辉”，这正反映出一种典型的“全民弱智”症状：

虚伪的善良：他们从不思考财政能否承受、治安是否会恶化、制度是否濒临崩溃，只是情绪化地高喊“大爱无疆”。他们欢迎一切，不设防线、不问代价，但从不愿打开自家大门接纳陌生人。面对本国公民的困境，尤其是那些为国家牺牲的退伍军人，却视而不见。这不是善良，而是一种自欺欺人的伪善。

道德绑架：在这种氛围中，任何试图划定边界、厘清责任的声音，都会被贴上“种族主义者”、“排外分子”甚至“仇恨煽动者”的标签。政治正确取代了理性讨论，谁若质疑政策，就成了“坏人”。

若“爱”失去了正义的基石，最终只会蜕变为纵容。真正的爱，必须植根于公义之上。若没有规则、制度和善恶的界限，那种“无底线的大爱”不仅无法带来祝福，反而将成为助长邪恶、毁坏文明的力量。

2-7
对恐怖主义的纵容

根据联合国大会 2004 年报告草案及学界的普遍共识，恐怖主义可定义为：非国家行为体，或由国家支持的团体，出于政治、宗教、意识形态或其他动机，故意针对平民、医护人员、学校、宗教场所等非战斗目标实施暴力或暴力威胁，以制造恐惧、撕裂社会，从而迫使政府或公众作出政治让步。

恐怖主义的手段往往具有极端残酷性，例如大规模屠杀、劫持人质、自杀式袭击、利用平民作为人盾等。其目的并非战术层面的军事胜利，而是要通过骇人听闻的暴行放大心理冲击，制造恐惧和混乱。

因此，恐怖主义与合法抵抗或常规战争有着本质区别。在战争法框架下，如果武装冲突的一方主要攻击的是敌军或军事设施，可以被视为战争行为；但当其故意屠杀平民、掳走人质，甚至利用儿童和妇女作为人肉盾牌时，就已经彻底越过了文明社会的红线。

这正是文明与野蛮的分界。历史不能倒退回野蛮的时代。

哈马斯对以色列平民的恐怖袭击

2023年10月7日，哈马斯对以色列平民发动了一场残忍的袭击，杀害了超过1200人，包括妇女、儿童和老人等平民，并伴随着强奸、肢解和劫持人质的野蛮暴行。袭击者针对和平社区、音乐节和集体农场等目标，留下了难以想象的残酷场景——性虐待，酷刑，家庭被活活烧死，幸存者遭受严重创伤。哈马斯自己的宣传视频得意地展示了这些屠杀，凸显了他们对人命的漠视。

从上面定义来看，哈马斯10月7日的袭击显然符合恐怖主义的定义：目标是无辜平民，手段是极端残酷，目的在于制造恐惧并以此作为政治筹码。这也是为什么国际社会中多数国家和机构，将哈马斯列为恐怖组织，而不仅仅是“抵抗力量”。

比死亡更恐怖的，是对人性的摧残。

在人生最后的时刻，有人被迫亲眼看见自己的妻子遭到凌辱，亲眼看见丈夫被斩首，亲眼看见年幼的孩子被活活烧死。这样的景象，已超越了肉体的痛苦，而是对人性的残害。

试问：有哪一种文明，会把年迈的祖母和年幼的孩子掳走当做人质？有哪一种文明，会虐待俘虏，甚至逼迫他们为自己挖掘坟墓？又有哪一种文明，会故意把指挥所和武器库隐藏在学校、医院和居民区？更有甚者，从小向孩子灌输仇恨教育，把他们培养成人肉炸弹，视送死为“荣耀”？

哈马斯的罪行，已是恶贯满盈，罄竹难书。

西方支持恐怖主义的浪潮

然而，令人震惊的是，这场暴行在西方竟引发了支持的浪潮和游行。在理应成为启蒙与理性殿堂的西方大学校园，部分学生与教职员工在以色列尚未展开任何报复行动之前，便组织起挺巴勒斯坦的示威。在哥伦比亚大学、哈佛大学、加州大学洛杉矶分校等高等学府，抗议者高喊“从河流到大海”的口号，这一言辞广泛被视为对以色列人的全体屠杀。有些人甚至撕毁张贴的以色列人质海报，将这些受害者的苦难淡化为“解放斗争”的代价。

这种反常现象并不只出现在大学校园。在西方的主流媒体中，我们也看到了类似的趋势。自10月7日哈马斯发动大屠杀以来，许多西方大型媒体机构在第一时间并未重点报道以色列平民遭到屠杀、强奸与劫持人质的事实，反而迅速转向关注以色列的军事反应以及加沙平民的处境。例如，BBC、CNN、《纽约时报》与《卫报》等主流媒体，在事发初期纷纷将标题聚焦于“以色列轰炸加沙”、“加沙人道危机升级”、“平民死亡人数不断上升”等关键词，而对哈马斯公开上传的恐怖袭击视频、现场遗体情况与幸存者证词，则低调处理，甚至语气模糊、避免使用“恐怖组织”一词。

这种报道方式的背后，并非偶然。它反映出当今西方舆论深受一种根深蒂固的意识形态影响：文化马克思主义。这一思想将社会划分为“压迫者”与“被压迫者”，并默认“被压迫者”的一切反抗行为都具有正当性与道德优先性。在这一框架中，以色列被视为“殖民者”、“强权代表”，而巴勒斯坦则自动成为“被压迫的第三世界人民”的象征。因此，无论事件本身多么残忍，一旦与这种身份结构相冲突，西方左翼知识圈与媒体生态就倾向于“淡化加害者、强化受害者”的叙事重心。

更进一步的原因，在于西方左派与激进伊斯兰主义之间，近年来形成了一种“反西方联盟”式的共识。两者虽然在价值观上存在根本矛盾（如性别平等、同性恋、政教分离等），但在“反西方传统的基督教文明”、“反以色列”、“反资本主义”等政治目标上却不谋而合。这种“敌人的敌人是朋友”的逻辑，使得西方主流媒体和智库精英，有意识地为带有恐怖主义性质的行动开脱，甚至将其包装为“反抗正义”。

在后续章节中，我们将进一步探讨这种文化现象是如何形成的，又是如何一步步渗透进西方的高等教育与媒体体系，并最终塑造了整整一代人的认知与价值观。然而在此，必须指出：这种对恐怖主义的纵容，实际上是一场由伊斯兰极端主义与西方主流文化合力导演的“全民弱智”现象。

以色列总理对媒体谎言的驳斥

以色列总理最近在联合国的发言，就针对外界流传的一些主要谎言作出了驳斥。

首先，是所谓“以色列蓄意针对平民、实施种族灭绝”的指控。事实恰好相反。美国西点军校现代战争研究所城市战研究主任、上校军官约翰·斯宾塞指出：以色列为减少平民伤亡所采取的措施，超过历史上任何军队。在加沙，以色列军队投下了数百万份传单，发出数百万条短信，拨打无数电话，反复恳请平民撤离战区；而哈马斯则将指挥所和武器库植入清真寺、学校、医院和公寓楼，并用枪口逼迫平民留下，把他们变成人盾和宣传工具。

尽管如此，仍有近 75 万加沙人听从呼吁，转移到相对安全的区域。请问：一个真正企图“种族灭绝”的国家，会一次次苦口婆心地劝平民撤离吗？在历史上，哪一次种族灭绝会先提醒受害者“快走”？真相被彻底颠倒了：以种族灭绝为纲领的恐怖组织却被豁免，而竭力避免平民伤亡的以色列却被推上被告席——这是极大的荒谬。

其次，是“以色列蓄意让加沙人民挨饿”的指控。事实上，自战争爆发以来，以色列已向加沙提供超过两百万吨粮食与援助，平均相当于每人一吨，接近每日 3000 卡路里的供应。如果加沙依旧有人挨饿，那并不是因为援助缺乏，而是因为哈马斯系统性地抢夺、囤积和倒卖物资，将本该救助平民的粮食转化为其战争机器的燃料。甚至连一向对以色列并不友善的国际机构，也不得不承认：绝大部分救援物资在进入加沙后被武装团体劫走。这些新的污蔑，与中世纪那些“犹太人投毒水井”的血腥谎言本质上并无不同——只是换了一套现代的语言包装而已。

然而，哈马斯同所有恐怖组织一样，本质上是一个极权化的统治体系。他们严密控制媒体与舆论审查，精于摆拍与剪辑，用废墟、哭泣的孩童与血迹斑斑的画面制造假象，再将其包装成“以色列暴行”的证据。西方主流媒体在报道中与这种宣传形成了某种呼应，甚至在事实尚未澄清之前，就急于以“受害者叙事”替恐怖组织粉饰，使得真相在双重操控下被进一步遮蔽。

简中媒体对恐怖主义的声援

与西方大学与媒体的反应相对应，在中文舆论空间，特别是短视频平台如抖音上，也形成了一种类似的“单向声援”现象。事发之后，大量与巴勒斯坦相关的视频迅速获得热推，其中不少内容带有强烈的情绪色彩和政治立场，以“受害者—解放者”的二元叙事为主调，强调“反抗压迫”、“以色列暴行”、“穆斯林团结”等口号式表达。画面多采用炸弹袭击后的废墟、哭泣的孩童、废墟中寻找亲人的画面，再配以悲伤音乐或愤怒控诉，极具感染力，但很少交代背景事实或事件前因。

这种舆论倾向不仅仅是算法与情绪传播的自然结果，更深层地，与中共政府对舆论的引导密切相关。在整个以哈冲突期间，中国的主流官媒——包括新华社、央视新闻、《环球时报》等，基本维持了一种“挺巴勒斯坦、批以色列、回避哈马斯暴行”的统一基调。报道中常强调以色列空袭造成的平民伤亡，却鲜有提及哈马斯10月7日屠杀平民、劫持人质的事实；即便提及，也常常以“有争议说法”或“以色列方面称”来降低其可信度。相反，哈马斯几乎从未被称作“恐怖组织”，而是以“武装组织”、“巴勒斯坦派别”或“抵抗力量”等中性或正面的语汇出现。

党媒的选择性报道，对中文互联网用户的认知产生了决定性的影响。在中国严格的新闻审查与监控体制下，公开为以色列辩护、揭露哈马斯罪行的内容往往很快就会被限流甚至删除，导致信息生态愈发单一。

在这种由官方立场、平台机制与舆论氛围共同塑造的环境中，中文互联网上关于以哈冲突的讨论，极少展现出对事实的多维理解。相反，它更常呈现出一种意识形态化、情绪化的单向叙事：哈马斯的恐怖主义性质被有意淡化甚至忽略，巴勒斯坦被整体塑造成无辜的“被压迫者”，而以色列则被简化为“侵略者”、“强权国家”，乃至“中东的美国代理人”。

这不仅模糊了正义与邪恶的基本界限，也让中国公众在未经充分信息的前提下，被裹挟进一场本不属于自己的情绪洪流中。更重要的是，这种立场并非真正出于对巴勒斯坦人民的关怀，而是服务于中共自身在国际话语场上的战略利益。受误导的，是那些真心希望了解世界的普通人。

总结

对恐怖主义的纵容，并非某一地域的独特病症，而是一种横跨东西方的普遍现象。西方与东方的路径虽表面不同，但结果却惊人一致：都在削弱公众对恐怖主义本质的识别能力，把“蓄意针对平民的暴力”包装成所谓“正义的反抗”。

要真正走出这场“集体失智”，需要的是深层次的剖析与常识的回归：第一，要回到尊重生命的世界观和正义战争原则，划定合法抵抗与恐怖主义的分界线；第二，要追溯中东冲突的历史根源，理解恐怖主义的思想起源与宗教背景；第三，要梳理现代恐怖主义的演化过程，揭示其资金链、宣传策略、跨国网络与战略逻辑。

这些议题，我们将在后续章节《谁在给恐怖主义输血》中继续深入探讨。

2-8
天下乌鸦一般黑的犬儒主义

我们常常听到类似的论调："美国也腐败，中国也腐败，民主国家也打仗，专制国家也打仗，反正哪里都一样，别装了，谁上台都一样。"这类话语，尤其在知识分子圈子里更为普遍，简单一句话概括，就是所谓的"天下乌鸦一般黑"的犬儒主义心态。

犬儒主义（Cynicism）表面上看似"清醒"，实际上是一种片面的悲观主义思维。它缺乏基本的原则判断，把"人性的堕落"当作否定一切制度的理由，从而模糊了制度设计与人性约束之间的本质差异。它看不到制度的目的正是为限制人性中的邪恶，因而也否认了民主制度中存在的自我修正机制——如舆论监督、司法独立、权力制衡与选举更替等。

历史背景：犬儒主义的起源与演变

犬儒主义（Cynicism）这个词源自希腊语"kynikos"，意为"像狗一样的"（dog-like），最早的含义并不带贬义，反而代表了一种对世俗虚伪的蔑视与对简朴生活的追求。其哲学根源可以追溯到古希腊，代表人物是第欧根尼（Diogenes of Sinope，约公元前412-323年）。他是犬儒学派的奠基者，以极端简朴、蔑视权威和直言不讳著称。

最初，犬儒主义并非现代语境下的冷漠、虚无或嘲讽，而是一种强调回归自然、反对贪婪与虚伪的生活态度。第欧根尼以极端方式身体力行，他在公元前4世纪的雅典居住在陶罐中，拒绝财富和地位，公然挑战社会规范，甚至在白天手持灯笼"寻找诚实的人"，以戏谑方式揭露虚伪。古希腊时代的犬儒主义者，更像是“行走的精神苦行僧”，他们虽蔑视权力，但通过批判社会现状试图唤醒良知。

然而，历史的演变让犬儒主义逐渐变了味。进入中世纪与近代，社会的不公、权力的滥用与制度性的腐败愈加显著，人们对社会的失望日益加深。到了19世纪，犬儒主义被赋予了更多的消极色彩，成为对政治体制和人类本性的普遍怀疑与否定。

到了20世纪，“犬儒主义”这一概念随西方思想一同传入中国。最早的中译法可以追溯到晚清和民国时期，当时，胡适、冯友兰、金岳霖等著名学者在译介西方哲学与思想史时，普遍采用“犬儒主义”来对应 Cynicism。尤其是在冯友兰的《中国哲学史》和他参与的《西方哲学史》译介过程中，这一译法逐渐确立下来，并在学术界广泛流行。

这个译法不仅忠实保留了 Cynicism 词源中“狗”的意象，更巧妙地通过“儒”字，赋予其与知识分子、社会批评相关的文化内涵，同时也带入了中文语境下的讽刺与批判意味，堪称中西语言融合的经典翻译案例。

然而，今天的犬儒主义早已偏离了最初的哲学批判，变成了一种懒惰而冷漠的心态。**其根本问题就是“狗眼看人低”**——看不到有人在为正义持守，看不到有人在为真理奋斗，更看不到上帝仍在掌权。因此，在犬儒主义者眼中，世界只剩下腐败与黑暗，个人只剩下麻木与冷漠。

20世纪，两次世界大战、冷战对峙、民主与专制的反复较量进一步加剧了这种心理倾向。许多人开始相信所谓的“天下乌鸦一般黑”，认为无论什么制度、什么领导人，最终都不过是权力与利益的游戏，理想、道德和社会进步不过是政治的遮羞布。这种思维是现代犬儒主义的典型体现。

犬儒主义是全民弱智的温床

犬儒主义听上去像是“看透了一切”，实际上却是“放弃了一切”。当这种思维在社会蔓延，最直接的后果，就是全民弱智化。

首先，犬儒主义瓦解了人的基本判断力。

有人常说：“反正民主国家也打仗，专制国家也打仗，别装了，民主制度没什么了不起。”这种说法表面看似“客观理性”，实际上却把人性堕落与制度优劣混为一谈。民主制度当然不是完美无缺，但它具备相对完善的自我纠错机制：舆论自由、新闻监督、选票更替、司法独立，这些制度设计，本质上是为了约束人性的堕落和权力的膨胀。相比之下，专制制度缺乏这些基本保障，一旦权力失控，腐败就会无限蔓延，战争决策也常常在黑箱中拍板，最终带来的社会灾难根本无法相比。

更重要的是，正因为民主国家的存在与竞争，极权国家才不得不被迫引入一些文明秩序。例如，伊朗虽然实行神权统治，但也设立了相对有限的民主选举制度；中国为了融入国际社会、特别是加入WTO的准备过程中，陆续引入了劳工法、五天工作制、知识产权保护等基本法律制度。这些制度的改良，并非出于自发的良知觉醒，而是民主国家提供的现实榜样与制度压力所促成的。否认民主制度的价值，既是逻辑上的谬误，更是对人类历史进步的选择性失明。

其次，犬儒主义让人丧失了预测和行动的能力。

比如有人说：“中国有产权的问题，新加坡也是威权国家，也有问题，反正都一样。”这种说法听起来像是“看透一切”的冷静判断，实则是偷懒的糊弄逻辑。看看数据就知道，国际财产权联盟（Property Rights Alliance）发布的《国际财产权指数》（International Property Rights Index）显示，2024年，新加坡的财产权保障全球排名第2，而中国仅排在第65位。这不仅是数字的区别，更是制度设计、执法环境和社会文化的巨大落差。

我们在后面的第七章会详细讨论财产权和经济兴衰的关系。这里需要强调的是，数据不会撒谎。你需要数据来指导你的投资方向，同样，如果你身处国家的关键岗位，也必须正视差距，坚定不移走改革开放、与国际接轨的道路。

用“反正都一样”来掩盖这些本质差异，不仅是判断力的丧失，更是预测和行动能力的瓦解。所以，犬儒主义不是“清醒”，而是全民智力的腐蚀剂。

历史的教训：天下乌鸦不一样黑

“天下乌鸦一般黑”是犬儒主义最常见、也最弱智的谎言。历史一次又一次清晰地告诉我们，国家与社会可以截然不同，制度与文化的选择，决定着一个民族的命运走向。

最典型的例子，便是冷战时期的东西德国。二战结束后，德国一分为二：一边是联邦德国，实行民主制度，保障个人自由和法治秩序；另一边是东德，受苏联控制，推行专制高压，剥夺基本权利。几十年过去，西德经济腾飞，社会富裕，政治清明，成为世界公认的发达国家；而东德却陷入贫困、压抑与谎言，连出国的自由都成了奢望。1989年，忍无可忍的东德民众终于推倒柏林墙，用行动证明了——不是“乌鸦都一样黑”，而是制度让乌鸦的羽毛有了分明的颜色。

制度不能消除人性的堕落，但它能有效约束权力、激发善良、抑制恶行。这正是历史留给我们的清晰答案。否认这种差别，不仅是逻辑上的错误，更是对那些曾为自由与尊严抗争、甚至付出生命代价的人们的不敬。历史从不完美，社会也不会尽善尽美，但良知与正义从未真正离开，文明的火种也始终未曾熄灭。

第三章

全民弱智的病因：对人性的双重误判

“如果人性没有被正确认识，最理想的制度，
也会变成最危险的陷阱。”

——作者

在上一章中，我们梳理了“全民弱智”的八大症状。追根溯源，这些症状背后隐藏着同一个深层病因——对人性的双重误判：对人性的盲目乐观，和对人性尊严的漠视。

这种双重误判，在东方与西方虽有不同表现形式，却最终殊途同归，合力制造了当今社会的政治幼稚、思想混乱与制度幻觉。

本章将系统揭示，这些思想误区如何在中美两种路径下，分别压垮了人的常识、理性与判断力，最终共同把世界推向“全民弱智”的境地。

3-1
三座大山压垮了中国人的认知

若要理解当代中国人在政治、历史与道德判断上的集体盲区，必须从他们深层的“知识结构”入手——尤其是这个结构如何回答三个终极问题：人从哪里来？人活着是为了什么？人死后将归于何处？

遗憾的是，中国现代教育体系对这三大问题的回答，早已被三座沉重的“思想大山”所遮蔽：进化论、唯物主义与民族主义。这三者并非孤立存在，而是交织成一个封闭的思想系统，构成中国人世界观的基础。也正是这套系统，使整个社会对人性过于乐观，而且在面对自由、法治、信仰、人权等现代文明命题时，显得集体性缄默。

图表 6：三座大山压垮了中国人的认知。

第一座大山：进化论误导“人从哪里来”

进化论原本是19世纪达尔文用以解释人类起源的一种大胆猜想。那时，科学尚不发达，显微镜技术有限，基因科学尚未兴起。如今看来，它更像是一个过时的假设。然而，自20世纪以来，进化论被意识形态广泛滥用，异化为社会达尔文主义。这种滥用不仅是对科学的误读，更是对人类自我认知的深刻误导。它告诉我们：我们是从鱼变来的，是猴子进化的，是在偶然的自然选择中“幸存下来的一群”。这样的叙事既缺乏逻辑，也抹除了人类独特的尊严与神圣性。

这种错误的人观，直接动摇了政治哲学的根基。如果人只是动物进化而来，那政府也不过是管理动物群体的工具，又何来“上帝赋予的不可剥夺的自由”？在这样的观念下，自然权利成了虚构的神话，政府也就不再是“被托付的仆人”，而成为凌驾于人之上的主宰。

但如果我们相信人是按照上帝的形象被造的，是具有尊严与永恒目的的受造物，那么人的地位就从根本上高于一切制度安排。正因如此，我们才能讲出一句震撼历史的话：“**人民骑在政府头上，而不是政府骑在人民头上**。”这正是美国《独立宣言》与宪政体系的精神核心：政府存在的目的，不是管理人，而是保护人的自然权利——生命、自由与财产。

因此，对“人从哪里来”的理解，不只是一个生物学的问题，更是政治智商的起点问题。你若把自己看成尘埃中的偶然，就无法谈论不可剥夺的尊严；你若视自己为上帝所造的“神圣形象”，才能真正理解为何政治秩序必须以“人”为中心。

在本书第四章中，我们将专门探讨进化论赖以建立的四大科学支柱是如何一一崩塌的，帮助你以更坚实的知识基础，重新认识“人是谁”这一政治问题的源头。

第二座大山：唯物主义蒙蔽了“人死后去哪里”

“人死后去哪里？”这并不是一个哲学系的闲谈题目，而是关乎人类文明最深处的信仰与道德根基。这个问题涉及人是否有灵魂、有罪、有终极的去处——是否要面对一位圣洁且公义的上帝的审判。若答案是“人要见上帝”，那么今生的一切言行，都不再只是个人选择，而是有永恒责任的体现。一个相信“死后有审判”的人，会对生命心存敬畏，对行为更负责任，对权力保持警惕。

然而，唯物主义将这一切掐断。它从来就不是中华五千年文化的传统。它本是近代西方一股偏激而早已被主流文明所摒弃的哲学，然而讽刺的是，在中国，唯物主义却被奉为几十年来唯一被官方认可的主流思想，全面主导教育、传媒与社会思维。唯物主义将人类压缩为纯粹的物质结构，把死亡视为生理终结，宣称“人死如灯灭”。它否定了灵魂的存在，剥夺了人对生命最基本的终极关怀。

回顾中国的哲学历史，古代以儒家为根基，讲究天道、人伦与道德秩序，强调人与宇宙、人与社会、人与自我的和谐关系。比如民间广为流传的一句俗语是“头上三尺有神明”。意思是：即使没人看见，人做事也要存善念、守底线，因为头顶之上自有神明监察，善恶终有报应。这种说法强调了对“天”与超越秩序的敬畏。

中国传统讲究“修身齐家治国平天下”，历史的发展重在人伦、文化与道德教化，而非单纯的经济基础和阶级斗争。这也正是为什么网上有类似这样的说法：“中国的唐朝留在了日本，宋朝留在了东南亚，明清则留在了台湾。”——这些地方继承了中华文明中温润而有精神高度的部分，而中国本土在1949年后，传统哲学体系被马克思主义彻底取代，虽然后来儒学、国学有所复兴，但更多是作为“文化装饰”服务于马克思主义框架，根本未能撼动唯物主义的主导地位。

唯物主义的一个致命问题在于，它人为地把世界简单粗暴地划分为“唯心主义”或“唯物主义”两种极端，好像这世界只能二选一，除此之外别无可能。在他们的逻辑里，物质和意识不可能奇妙地同时真实存在，更不可能彼此协调、相辅相成。

但现实远比这种二元划分复杂，也美妙得多。打个简单的比方，就像一台计算机。你看到的只是硬件——CPU、内存、硬盘、显示屏，但你不会因此就否认软件的存在和重要性。恰恰相反，真正决定这台电脑用途、价值和体验的，恰恰是运行在硬件上的各种软件，以及背后设计者的智慧与意图。硬件和软件，缺一不可，彼此依存。

所以，你不能说“唯硬件主义”或者“唯软件主义”，这两种偏执的极端，放在现实里都不成立。人的存在同样如此。我们的肉体是有形可见的“硬件”，我们的灵魂、意识、情感、理性，便是那看不见却决定人价值和意义的“软件”。而这两者，都是出自造物主之手，都是美好的，都是不可分割的。

因此，唯物主义不仅是狭隘的，更是反人性的。它抹杀了人的灵魂与尊严，也切断了人对超越世界、对创造者的敬畏与思考。在这样的思想统治下，信仰被贬为迷信，道德成了权力的工具。没有终极真理，也就没有终极正义；没有超越标准，善恶对错就全凭舆论和利益决定。这也正是许多中国人难以理解“自然律”、“道德律”以及道德律背后那位圣洁主宰的原因所在。

更严重的是，当一个人不再相信永恒的审判，便失去了对人性败坏的基本警觉。他更容易相信政府，相信“组织”，相信“大我”，而不是对权力保持清醒的怀疑。于是，在集体主义的名义下，个人尊严被牺牲，自由被践踏，政治智商也随之滑落。

第三座大山：民族主义统治了“人活着为何”

当一个社会将信仰连根拔起，夺去了人对于永恒真理的依靠，权力就必须寻找某种“替代信仰”来维系秩序与凝聚力。而最常被用来填补这片空白的，就是民族主义。

原本，“民族”、“国家”、“复兴”这些词语只是中性的集体概念，但在缺乏终极信仰的社会中，它们却被逐步神圣化，最终演变为评判一切道德的最高准则。在这样的逻辑下，“为了国家”就足以压倒所有反思与怀疑；“为了民族复兴”也足以为牺牲个体生命与自由披上合法的外衣。

中国古代的传统文化强调“**顺天者昌，逆天者亡**”，天不仅是自然之天，更是超越性的天道与正义的象征。这种观念提醒着统治者与百姓：国家、君王若违背天意、践踏道德，即便一时强盛，最终也难逃覆亡的命运。正因如此，儒家重“天命”，道家讲“道法自然”，佛教言“因果轮回”，这三者共同构筑起中国人内心深处对超越力量的敬畏感。

然而，进入近代以后，随着民族主义的兴起，这种对“天”的敬畏逐步被稀释乃至取代。民族主义本可以作为抵御外侮、凝聚人心的正面力量，但在缺乏信仰与超越标准的背景下，它迅速异化为一种新的“世俗宗教”。

这种“国家即道德”、“民族即正义”的叙事，把集体主义包装成道德光环，压制了个体的良知与自由的空间。一切普世性的价值，如正义、人权、自由、信仰，在“民族利益”的名义下都可以被放弃。个人也不再是拥有天赋尊严的存在，而只是国家机器的一颗螺丝、一张可以被牺牲的牌。

更可怕的是，这种民族主义一旦与权力勾连，就极容易滑入极端主义与排外情绪，不容异见，不容质疑。它在表面上高举团结与荣耀，实则内里是对自由、正义与责任的系统性封闭。

翻越三座大山

这三座大山彼此支撑，构成了中国当代人看世界的基本框架。可悲的是，它不仅是一种意识形态，更是一种难以自觉的认知惯性。即便身处海外，许多中国人讨论自由、市场、法治时，依旧呈现出“只看表面现象”的思维。他们或许能熟读《政府论》，却看不见洛克背后的神学前提；他们呼吁宪政，却从未理解“人民骑在政府头上”的道德根源是“人按神的形象被造”。

普通中国人的国际观，普遍停留在弱肉强食的肤浅水平。他们骨子里相信“老大必须打老二”，相信强者为王，社会就是一场永无止境的零和博弈。然而，这种“老大打老二”的逻辑，恰恰暴露了对国际关系与美国政治的双重误解。真实世界远比这种简单的实力博弈复杂得多。

美国，既不是中国人想象中那个专门“欺负弱小”的帝国主义，也不是始终公平正义的“世界警察”。真实的美国，始终处于国内正义与邪恶力量的动态博弈中。正是凭借宪政体系、言论自由、独立司法与全民选票，美国才具备了对政治权力的监督与自我纠错的可能性。

美国也不属于任何一个家族、任何一个政党。这次政治素人川普的崛起，就是活生生的例子。川普没有任何政治背景，打破建制派、媒体与精英集团的围堵，两次当选总统，代表的正是美国社会内部自我反思、拨乱反正的能力。这种政治生态，虽然充满矛盾与冲突，却体现了自由社会最宝贵的生命力。

把复杂的文明世界简单理解为“弱肉强食”，不仅遮蔽了制度与价值观的力量，更低估了自由社会内部自我修正与反思的空间。

现代人对宗教是无知的，对邪恶的认识是天真的，对人性是乐观的，因此他们总是马不停蹄地站错队，误判局势，最后为自己的弱智付上代价。

唯有翻越这三座思想高墙，中国人才可能真正进入现代文明的核心。否则，不论体制如何变化、经济如何腾飞，人的灵魂依旧困在“伪现代”的铁笼中——外表是穿着西装的实用主义，语言是讲着英语的物质主义，口号则是高喊爱国的民族主义，那不过是披着现代外衣的落后社会。文明的真正通道，从来不是 GDP 数字的堆砌，而是来自对人性之恶的清醒警觉，对神圣秩序的发自内心的敬畏。

3-2
三个陷阱摧毁了美国人的常识

笔者在北美生活了三十年，亲眼目睹了这个国家文化的剧烈转变：从以信仰为本的传统，逐步滑入激进的思潮，最终连最基本的常识也没有了。

美国，这个曾被誉为“山巅之城”的国家，曾以自由为旗帜，以信仰为根基，在世界文明史上独树一帜。它的建国精神植根于新教伦理的核心信念：人是按着上帝的形象被造，因而拥有不可剥夺的自然权利。政府存在的唯一正当性，就是保护这些权利。

图表 7：三个陷阱摧毁了美国人的常识。

然而，令人唏嘘的是，正是在这片自由的高地，美国人自觉地一步步走入了三大陷阱。这不是外敌强加，而是在“绝对自由”的名义下，自我堕落的结果。

陷阱一：进化论摧毁“人人被造的尊严”的传统

在20世纪初，尤其是1925年“斯科普斯审判”之后，进化论逐步进入美国公立教育体系。所谓“斯科普斯审判”，是一起引发全国关注的诉讼案：田纳西州一位高中教师约翰·斯科普斯（John Scopes），因在课堂上教授进化论而被起诉违反了州法律。这场被称为“猴子审判”（Monkey Trial）的官司，表面是法律之争，实则是信仰与科学、传统与现代之间的文化战。虽然斯科普斯最终被定罪，但媒体和知识界的舆论大多站在支持进化论的一方，由此推动了进化论在教育体系中的扩张。

到了1968年，美国最高法院裁定，禁止在公立学校教授以“创世论”为基础的课程，从此确立了进化论在中学与大学教育中的主导地位。

换句话说，从那时起，美国的孩子们几乎都在一个“去神化”的教育框架中被灌输人类起源。他们被教导：你不是被造的，而是从细胞、鱼类、爬行动物一路演化而来的“高等动物”。

既然人是进化来的动物，自然会有人进化得“更高明”。在20世纪初，美国心理学家亨利·戈默（Henry H. Goddard）和教育家路易斯·特曼（Lewis Terman）便引用进化论观点发展出“智力测试”，并声称不同种族在智力上的差异，是进化程度不同的体现。特曼在1916年出版的《斯坦福－比奈智力量表》中就写道：“南欧和东欧移民的智力远低于北欧人，这种低下可能是遗传性的。”戈默更是直接推动了对“智力低下者”的强制绝育政策。他们都坚信，白人比黑人“更聪明”，更适合领导社会。

这种伪科学的种族主义，正是在“无神进化论”这块温床上滋长出来的恶果。达尔文的堂兄弗朗西斯·高尔顿（Francis Galton）正是“优生学”（Eugenics）一词的创立者，他将达尔文的“适者生存”原理延伸到人类社会，鼓吹通过人为干预来“改良人种”，防止“低等人类”繁殖。优生学在20世纪初的美国盛行，得到了如卡内基基金会、洛克菲勒基金会等主流机构的支持，并最终成为纳粹德国种族清洗政策的理论基础。

当人类被简化为“高等动物”，被剥夺了“按上帝形象所造”的尊严，文明的底线就悄然崩塌。从强制绝育，到种族隔离，再到纳粹的大屠杀，这些惨剧都不是偶然的，而是无神进化论世界观逻辑的自然结果。

我的两个孩子都是在美国的公立学校成长的。我也在教会服事多年，教授高中生主日学，有第一手的观察与体会。我亲眼看到我们的孩子们如何在圣经传统与学校教育之间挣扎。绝大部分的孩子最后都接受了进化论的世界观。

这套“去神化”的进化叙事，正在悄然重塑人类对自己的根本理解。一旦人的来源被简化为动物性的偶然，人的尊严也随之被抹去。而这，正是政治智商被系统摧毁的第一步——从源头否定人的尊严，自然也就失去了建构自由社会的根基。

陷阱二：多元主义让人不再相信“人死后要负责任”

在过去的几十年里，美国社会经历了一场深刻的文化转型——从一个以基督教信仰为主流道德基础的国家，逐渐变成一个在主流文化中敌视基督教价值观的社会。20世纪中叶以前，美国的公共生活、法律制度、教育理念乃至政治言论，普遍受到《圣经》价值观的深刻影响。“在上帝之下的国家”（One nation under God）不仅是口号，更是国家认同的核心组成。

然而，自1960年代的“嬉皮士运动”以来，这种基督教文化逐渐遭到边缘化。在“性解放”、“权威解构”、“个人解放”等思潮推动下，传统家庭、道德秩序与信仰观念开始被视为“压迫的工具”。法院以“政教分离”为由将《圣经》逐出课堂，媒体将坚持信仰的人描绘成“落后”、“偏执”、“不宽容”，许多大学甚至将“基督教价值观”列为“歧视性言论”的潜在来源。

有一次，我和一位美国同事出差，聊天中他得知我是基督徒，便主动谈起了教会的事。他告诉我，他的叔叔是一名教会的传道人，父亲也在教会里长期服侍，家里有好几位牧师、传道，算得上是典型的“基督徒家庭”。

但接下来的话却让人唏嘘。他说：“他们其实都很虚伪，说一套做一套，自己也不是什么圣人，所以我早就不信了。”他的语气里没有愤怒，更多的是一种冷漠和失望。

其实，这是很多现代人的通病。他们看见教会里有人软弱、领袖不完美，便一刀切地否定了整个信仰，却忘了一个事实：牧师、传道也是人，也是罪人。正因为这个世界上没有完美的人，我们才更需要信仰，更需要救赎。

这正是今天美国的真实写照。上一代人还敬畏上帝、重视信仰，愿意走进教会、坚守道德传统。而这一代人，受世俗文化和多元主义影响，开始远离信仰，内心冷淡、态度消极，成了所谓“不信派”。再往下，下一代人不仅离弃了信仰，甚至公开敌视、嘲讽、打压基督徒，把基督教价值观视为“落后”、“歧视”、“反人类”。

这就是西方社会正在加速滑向的光景——从冷漠到敌对，从遗忘到毁灭。这场文化转变的最终结果，是“多元主义”和“虚无主义”登上主流舞台，社会丧失了判断善恶、是非、真假的客观标准。

现在很多人常说这样的话：“你有你的真理，我有我的真理。”、“每个人都有自己的价值观。”、“只要我觉得对，那就行了。”——这就是我们今天所生活的“多元主义”文化。在学校、电影、媒体、甚至政府政策中，这种思想已经成了一种主流标准，谁要是坚持真理和道德标准，反倒被说是“狭隘”、“歧视”、“不包容”。但听起来“包容”的多元主义，其实正在毁掉我们社会的根基。

过去，不论是东方的“善恶到头终有报”，还是西方的“人死后要见上帝”，人们普遍相信：**一个人活着不能为所欲为，死后要向一个更高的存在交账。**

这个信念虽然看不见、摸不着，但却是社会秩序的“隐形支柱”。一个相信将来会有“审判”的人，他在想做坏事的时候，会有顾忌，有敬畏。

但如果你告诉他：“没有绝对的对错”，“人生只有一次，想做就做”，那他就会越来越无法无天，社会也就慢慢失控了。

多元主义不只是“观点不同”，而是“没有标准”。很多人以为多元主义只是“大家想法不同”，其实远不止如此。**多元主义的背后，是一种否认“绝对标准”的哲学**。

它告诉你：道德没有统一的标准，文化没有高低之分，所有宗教都一样对，所有生活方式都该被接纳，是非对错完全取决于“你自己觉得”。表面上听起来像是尊重多样性，实际上是把所有的标准都摧毁了。比如，在今天的西方社会，你不能说“某些文化不适合自由社会”，因为那被视为“歧视”；你也不能反对某些极端的性别观念或价值观，因为那被定为“仇恨言论”。

但现实是：世界上并不是所有文化和价值观都能和平共处。比如，在伊斯兰国家，妇女必须全身包裹，甚至连脸都不能露出来，因为她们的文化认为女性公开露脸是不道德的；同样在这些国家，伊斯兰信仰与政府是一体的，属于典型的政教合一（Theocracy）制度，宗教不是私人信仰，而是国家法律，谁违反就会被处罚，甚至坐牢。

而在共产主义国家，比如过去的苏联或今天的北朝鲜，他们的文化强调“消灭私有制”，个人不能拥有土地、房子、企业，甚至思想也要“统一”。

这些文化观念，与美国所强调的个人自由、宗教自由和私有财产权存在根本冲突。正因如此，许多文化不仅无法与美国价值观和平共处，甚至在政治和经济上一直将美国视为威胁与敌人。

如果你坚持所有文化都“一样好”，那你就无法保护任何一种文明价值，因为你等于放弃了判断标准。最后的结果，是冲突、混乱，而不是和谐共存。

多元主义最致命的地方，是它不断削弱人对“审判”和“真理”的敬畏。

以前我们知道，“犯罪”是罪，需要“悔改”。现在我们说，“那是他的选择”，不需要评判。

以前我们知道，“良心不安”是对错的提醒。现在我们说，“那只是文化差异”。

以前我们知道，“人活着不是只为自己”，要对天地良心负责。现在我们说，“我活着就是为我自己开心，别管我”。

这就像一个国家把红绿灯全拆掉，告诉司机：“你只要凭自己感觉开车就好。”结果是什么？混乱、车祸、死亡。

根据皮尤研究中心（Pew Research）的一项调查，18–29 岁的美国年轻人中，超过 70% 不再相信有“绝对的对错”。他们觉得，只要是“真诚的”、“不伤害别人”，就都可以接受。但历史和现实都告诉我们：人性是堕落的，需要约束与救赎。多元主义把这种“约束”拿走了，剩下的只是一种任性、放纵和盲目的乐观。

多元主义听起来温柔，结果却很危险。一个没有真理的社会，也就没有自由。一个失去敬畏的世界，也就失去了底线。多元主义最终摧毁的是道德底线与自由。

陷阱三：身份政治欺骗了“我是谁”的思考

今天，在美国和很多西方国家，有一种新的思想越来越流行，它被叫做“身份政治”（Identity Politics）。这个名字听起来挺抽象，其实它就是把人先分成不同的群体——比如你是黑人还是白人，是男的还是女的，是同性恋还是异性恋——然后根据你属于哪个“群体”，就给你贴上“好人”或“坏人”的标签。

过去，我们评价一个人是好是坏，看的是他的品格、行为，比如他是不是诚实、有爱心、肯负责。但在身份政治的世界里，这些都不重要了。重要的是你是不是“被压迫的群体”。只要你属于“弱势群体”，不管你做了什么，你都有“道德优势”；而如果你是“多数群体”——比如白人、异性恋、基督徒——那么你再怎么善良，也可能会被指责为“结构性压迫”的一部分。

听起来荒唐，但在很多大学里，这已经成了课堂上公开讲的“真理”。比如，美国的一项研究发现，在2017到2021年间，有超过65%的美国大学生表示，在课堂上听过“白人天生拥有特权”的说法【数据来源：Heterodox Academy调查】。甚至有些大学入学申请里，学生需要写一篇关于自己“受到什么压迫”的文章，否则很难拿到奖学金或被录取。

想象一下，一个白人学生成绩优异、乐于助人，但因为他“没有被压迫”，就被排除在奖学金名单之外；而另一个学生仅仅因为性别或肤色“对了”，就自动被看作“更有道德感”——这难道是真正的公平吗?

这套思维方式非常吸引人，因为它让人“自动成为受害者”，不用改变自己、不用悔改，只要说“我是被压迫的”，就能赢得关注、得到补偿。可它带来的后果是：每个人都开始只关注“我是哪个群体”，而不是“我这个人做了什么”。社会被分裂成对立的阵营，没有了共同的标准，没有了彼此的信任。

更严重的是，身份政治让整整一代年轻人搞不清楚“我是谁”和“为何而活”，只信奉由其种族、性别定义的“我是受害者”的身份，并被灌输——你活着是为了反抗，为了斗争。他们的价值感来自于攻击别人，而不是内省自己。他们不再追求成为一个正直、有爱、有责任感的人，而是努力做“群体的战士”、“正义的代表”。

这种模式，与中国文革时期的“红卫兵”极其相似。那时的学生们举着“革命”的旗帜，批斗老师、父母、长辈，把一切问题都归咎于“阶级敌人”。今天的身份政治，把这套逻辑重新包装——不是讲“阶级斗争”，而是讲“性别压迫”、“白人特权”、“殖民主义结构”——但目的仍然是一样的：制造对立、强化仇恨、摧毁传统、重建权力。

这正是对政治智商的彻底摧毁。政治智商要求人有判断力、责任感和对复杂问题的理解能力；而身份政治却教人用“二元对立”的方式看世界，把一切变成“受害者 vs 压迫者”，把道德变成“谁更受伤谁有理”。

一旦整个社会都陷入这种情绪化、标签化的思维模式，就会失去自省与理性，只剩下批斗与撕裂。这不只是文化的堕落，更是文明的自残。

结语：三个陷阱，掏空了自由社会的根基

这三大陷阱——进化论的“去神性”、多元主义的“真理相对化”、身份政治的“身份劫持”——共同摧毁了美国人最基本的政治判断。

这三者彼此交织，形成了新的“国家神学”——他们甚至在课堂中教授：“美国的原罪就是基督教带来的白人至上主义”，把信仰污名化、把自由的根基诬陷为压迫的源头。这种叙事彻底颠倒是非，让学生从小对自己的文化、信仰与自由传统产生内疚、厌恶与自我否定。

最终的结果是：对人性抱持天真的幻想，对罪与腐败毫无警惕。于是，大政府应运而生，福利国家迅速膨胀，监管权力无限扩张。这不是“进步”，而是文明的自我瓦解。

3-3
误判一：低估人的罪性

现代社会的许多混乱与困局，归根到底，都是从对人性的错误判断开始的。尤其是对人罪性的低估，对人性的盲目乐观，已经成为当今中西社会共同的思想盲区。简单说，这种低估，就是相信人本质上是好的，或者至少是中性的，社会的罪恶与混乱，归根结底只是环境、制度或文化设计不当所致。只要外在条件优化了，科技进步了，政策完善了，教育跟上了，人性自然会被激发出善良、理性与合作的一面，世界也就会越来越好。

这看似积极乐观的观念，之所以广泛流行，正是因为它简单、轻松、充满希望，让人误以为只靠技术与制度，便可轻松应对社会问题，无需直面人性中根深蒂固的贪婪、骄傲与败坏。

在中国，这种乐观由进化论、唯物主义与民族主义共同塑造，强化了“人类必然进步”、“民族优越”、“人性可控”的幻觉，彻底掩盖了人性的堕落与权力的腐蚀。而在美国，进化论、多元主义与身份政治，也在自由与平等的包装下，系统性地模糊了善恶标准，助长了“弱者天然正确”的荒谬逻辑。

无论东方还是西方，结果是相同的：人性被高估，罪性被掩盖，社会被过度理想化，集体滑入了政治与道德上的幼稚化，最终滋生了“全民弱智”的普遍症状。

因此，若不从根本上重新思考人性本质——人之初，究竟是性本善，还是性本恶？是否存在根深蒂固的罪性？我们就无法真正理解社会的混乱，更无法找到走出困局的方向。

人之初，性本善？

中国人从小耳熟能详的一句话——“人之初，性本善”，出自《三字经》。这句看似朴素的道理，实际上源自孟子的哲学思想。孟子认为，人天生就带有善良的本性，只要加以引导和培养，便能成为道德高尚的君子。 他提出，“恻隐之心”、“羞恶之心”、“辞让之心”、“是非之心”，是人天生具备的道德萌芽，稍加教育和修养，就能成长为仁、义、礼、智的完美人格。换句话说，在孟子的世界观里，如果社会环境足够理想，所有人都能成为好人。

孟子的理论并不是独一无二的。在18世纪的法国，卢梭（Jean-Jacques Rousseau） 也持有类似的观点。他描绘了一个田园诗般的世界，认为人类在自然状态下是善良的，是社会的腐化才导致了人的堕落和恶行。 换句话说，如果没有剥削、压迫和不公，人们都会彼此友善、和平共处。

卢梭的思想深刻影响了法国大革命。革命者相信，只要推翻腐朽的旧制度，人民的善性就会自然显现，社会将进入自由、平等、博爱的黄金时代。 他们满怀热情地砸碎王座，高喊人民的解放。然而，革命的热情很快转变为断头台的血腥狂潮，原本高举“人性本善”旗帜的人，成了最狂热的刽子手。

这种对人性的天真信仰，至今仍然深刻影响着西方左派政治思潮。 他们相信，犯罪不是罪犯自身的问题，而是社会造成的。 在他们看来，贫困、不公、教育不足才是犯罪的根源，罪犯不过是环境的受害者。 他们推行宽松执法，减少刑罚，希望用“宽容”来感化罪犯。

然而，现实再次无情地反击——美国的一些大城市在实施宽松执法后，犯罪率急剧上升，零元购屡见不鲜，社会秩序濒临严重危机。对人性的盲目乐观，是通往制度灾难的高速路。

荀子与“人性本恶，教化成善”

与孟子的乐观主义不同，荀子是一位冷峻的现实主义者。他在《性恶篇》中断言：“人之性恶，其善者伪也。”这句话的意思是：人性本身是恶的，而人们表现出的善良行为，并不是出于本性，而是后天通过学习、模仿、制度约束和教化“伪造”出来的。这里的“伪”并非“虚伪”之意，而是指人为的，是一种积极的文明建构过程。

在荀子看来，人性天然带有自私、贪婪、嫉妒、好利等倾向，如果听任本性发展，社会将陷入混乱。相比孟子寄希望于人内心的“良知”，荀子更强调外在制度与礼法的重要性。他主张通过礼乐教化与法律约束来矫正人的本性，使个体逐渐养成道德习惯，进而维持社会秩序。

尽管荀子提出“性恶论”，他并非悲观厌世。他认为人可以通过自我修养、教育熏陶和社会规范的塑造，逐步趋向善行。因此，荀子的人性论可以概括为：“人性本恶，教化成善。”他相信，文明的秩序并非自然产生，而是必须靠制度与礼仪长期塑造而来。

荀子的思想在今天依然具有代表性。许多人仍然相信，人性虽有恶的一面，但只要通过教育和修身，就可以自我提升，趋善向上，成为一个有道德之人。

基督教看人性——全然败坏，无法教化

与荀子认为“人性本恶，但可通过教化成善”的观点不同，基督教的人性论更为彻底，主张“全然败坏”（Total Depravity）。这一教义强调，自从亚当堕落以来，人类整个人性已经被罪污染得彻底败坏。不仅外在行为败坏，连意志、理性与情感都被罪所扭曲，人无法靠自身力量走向真正的良善。

打个比方，人性本如一杯清澈见底的净水，原本纯洁透明，反映出上帝的形象。但亚当悖逆上帝以后，罪就像一滴黑墨水滴入杯中，瞬间将整杯水染污。从那一刻起，人类的本性就被污染了，不只是行为，而是意志、理性、情感全都被罪扭曲。你可以不断搅拌、沉淀、过滤，却无法靠自己的努力把这滴墨水完全清除，使水恢复原状。

同样地，即使人看起来行善，在上帝眼中也常常出于骄傲、功利或自私，其本质仍是不洁的。因此，基督教并不认为人可以靠修身、教育或制度来改善堕落的本性，更不可能靠努力达成上帝所要求的圣洁标准。

圣经的启示是，人类唯一的出路，不是靠内在的自我提升，而是来自上帝的外在拯救——也就是祂白白赐下的恩典。

悔改、接受耶稣为救主、读经、祷告，这些看似“提升道德”的过程，其实并不是用来洗净那滴墨水，而是因为上帝已经在我们里面动了工——祂用十字架的牺牲为我们换了一杯新生命的活水。这不是旧生命的优化升级，而是一次彻底的重生。

这场转变并不是靠意志力挣扎出来的胜利，而是人因信接受耶稣的救恩后，由上帝亲自在心中发动的奇迹。因此，“全然败坏”的教义并不是要让人绝望，而是让人放下幻想，承认自己无法自救，转向那唯一能救的上帝。

不过，圣经早已预言：真正愿意接受这份恩典的人，终究只是少数。在上帝眼中，无论是博士还是文盲，都是同样败坏的罪人。不要对所谓的“高知和精英人士”抱有幻想，以为他们就道德高尚、行为端正，那是一种近乎幼稚的误解。事实上，在大学校园中，各类道德沦丧的行为并不少见；而在官场之中，权色交易、尔虞我诈，更是早已司空见惯。

无论穷人或富人、知识分子或工人、农民、企业家或普通百姓——在神的眼中，人人皆为罪人，人性上并无本质区别。下面我们就来看一个反过来的例子：当工人“剥削”资本家时，会发生什么？你将看到，人性的问题是普遍的，不分阶层，不分身份。

工人如何剥削资本家

在我成长的过程中，所受的教育是“资本家如何剥削工人”：一方是压迫阶级，另一方是受害者。工人阶级被理想化为道德更高尚的一方，资本家则成了冷酷无情的剥削者。但从人性的角度来看，这种非黑即白的划分本身就是一种误判。

以美国为例，自 IT 行业盛行远程工作（Remote Work）以来，Google 曾对员工的工作效率展开内部调查，结果发现相当一部分人并没有全力工作。有人一边拿着全薪，一边暗中经营副业；甚至有人每天只在线两小时，却照样申报八小时工时。他们不承担企业盈亏，却享受稳定高薪，说白了，这其实也是工人在“剥削”资本家。

为应对此类问题，Google、Meta、Amazon 等科技巨头陆续收紧远程办公政策，要求员工重返办公室，否则可能被取消远程权限，甚至影响晋升机会。显然，这并非资本家的单向压迫，而是制度漏洞下人性双向的败坏与投机。

剥削并非资本家的专利，在有利条件下，工人同样可能反向剥削资本家。权力落在谁手中，人性的黑暗面就可能在那里显现。我们既不能理想化工人阶级，也不应一味妖魔化资本家。

再比如滴滴、Uber 等平台，据相关调查显示，一部分司机为了获取更多收入会利用平台补贴规则钻空子。他们采取多种手段：故意接单后靠近乘客再取消订单，以完成接单数量要求或快速抢夺其他更有利的订单；在补贴政策的高峰时段，通过反复上线与下线的方式刷“在线时长奖励”——看似在工作，实则只是挂着系统，避免接单；甚至与同行配合制造虚假订单，互相刷单以获得平台的各类激励奖金。

其后果是，平台不得不加强对司机的监控与限制，司机则逐渐沦为被算法支配的“数字农奴”，苦不堪言。整个生态进入恶性循环：彼此不信任，人人互相戒备，社会逐步失去最基本的诚信结构。

那么，整个社会的出路在哪里？我们将在后文进一步阐述自由与信仰在重建社会秩序中的作用。

此处我们要强调的，是必须正视人性的全然败坏。如果一个社会缺乏对人性中那种根深蒂固之恶的警觉与防备，它终将在一轮又一轮看似美好的理想与制度中，悄然滑向愚昧、混乱，最终走向自我毁灭。

对人类罪性的低估，如何催生全民弱智的症状

现代人对人性的认识是天真的，对罪恶的理解是肤浅的。普遍对人罪性的低估，导致整个社会在政治、文化与道德层面集体滑入一种幼稚、天真与盲目的状态。具体表现，正是我们上一章总结的全民弱智的典型症状：

1. 对国家、政府、政党和人民的认知错位

低估人罪性的人，往往高估政府、政党与“人民”的善意，误以为掌权者天然为民、政党天然正义、群众天然纯良。殊不知，无论是政府还是群众，权力与欲望同样会被罪性腐蚀。于是，盲目崇拜国家权力、幻想依靠“伟大领袖”拯救社会、同时忽视群众的愚昧与盲目，便成为现代社会普遍的认知错位。

2. 对政府福利的依赖

如果人性本善，社会问题只是制度设计不当，那“福利国家”自然就被神化为解决一切不公的万能药。然而，人们忘记了，罪性带来懒惰、贪婪与责任逃避，福利越多，不仅百姓对政府的依赖越深，而且同时催生出庞大的福利管理机构与官僚体系。更讽刺的是，穷人越多，这些政府官员的饭碗就越稳固，他们反而有了维持贫困的潜在动力。于是，一个“穷人—大政府”相互依赖、彼此寄生的

恶性循环便悄然形成，这就是今天美国民主党所把持的大城市的写照。

3．对权威精英的迷信

低估人罪性的人，容易把权威、专家和精英理想化，误以为知识、学历、地位可以免疫人性的败坏。结果，技术官僚与专家被盲目推上神坛，社会缺乏必要的质疑与监督，最终换来的是老百姓上当受骗，成为可怜的韭菜。

4．对结果平等的向往

低估罪性，让人误以为差距、贫富不平，完全是环境或制度的问题，而非人性中的懒惰、嫉妒、贪婪所致。结果，社会便陷入对“结果平等”的极端追求，牺牲了公平、效率与自由，反而制造出新的不公与荒唐，彻底掩盖了真正的问题根源。

5．对多元文化的崇拜

一旦否认人性的罪性，人就会天真地相信：所有文化、观念、习俗都是平等而美好的。于是，“多元”被拔高为绝对价值，不容置疑，甚至连那些本质上邪恶、压迫性的文化也被冠以“多元”的名义予以美化、宽容，无法批评。

6．无底线的虚伪大爱

低估人性败坏，就会天真地认为，“只要给足同情、包容、资源”，一切恶人都会变好。结果，社会鼓吹无原则的“大爱”，对罪恶缺乏清晰界限，纵容了犯罪、腐败与不公。

7．对恐怖主义的纵容

在人性乐观主义的误导下，连恐怖分子都被包装成“受害者”，恐怖主义被解释为“社会不公”的产物。缺乏对罪性的真实认识，社会最终连最基本的自我防卫与正义捍卫都变得软弱无力。

总而言之，如果不正视人性的败坏，缺乏对人性中根深蒂固之恶的警觉，最理想的制度，也会变成最危险的陷阱。

3-4
误判二：漠视人性尊严

上一章我们谈到，全民弱智的许多症状，根源在于对人“罪性”的低估。人性的软弱、贪婪与堕落被人们故意忽视，结果导致了对权力的盲目信任、对制度的幻想，最终走入了愚昧的陷阱。

但，有一个例外——“天下乌鸦一般黑”的犬儒主义者。他们并不低估人的罪性，相反，他们深信人都是坏的，权力一定腐败，社会永远黑暗。因此，在他们眼中，什么都不值得坚持，什么都不值得怀念，一切都是骗人的。

然而，犬儒主义真正的盲点，不是他们看见了人性的黑暗，而是他们看不见人性的光辉。他们选择性地忽视了，哪怕在最黑暗的历史中，人性仍然有璀璨的尊严。比如，岳飞的忠骨不屈，华盛顿放弃权力的伟大选择，二战中无数为自由而献身的战士，那些千百年来流传的诗词、雄伟的建筑、壮丽的音乐……这一切人类文明的瑰宝，正是人在堕落之外，仍被赋予的崇高自由意志与不可剥夺的尊严。

而全民弱智的第二个病因，正是对人性尊严的漠视。看不见人的尊严，就看不见社会进步的希望，也守不住政治文明的底线。

什么是人性尊严？

简单说，人性尊严，指的是每个人因其“作为人”的身份本身，所自然具备的、不可剥夺、不可践踏的内在价值与权利。这种尊严，不取决于你的财富、地位、学历、出身，甚至不取决于你是否强壮、健康或聪明。它不是靠政府赋予的，更不是社会同意的结果，而是与人的生命一同被造时，就刻在骨子里的身份印记。

简单来说，人之所以值得被尊重，不是因为你很有用，而是因为你是“人”。

而在人类文明历史中，最早、最清晰、最有系统地提出“人性尊严”概念的，正是基督教文明。

人性尊严的历史起源

在人类早期文明中，人的价值大多与身份、能力和地位绑定。古埃及、巴比伦、古罗马，普遍认为贵族、皇帝、强者、高种姓者才“有尊严”，而奴隶、妇女、弱者则被视为“低人一等”甚至“物品”。这种社会观念背后缺少一种超越性的基础——缺少对人本身、而非身份标签的尊重。

基督教彻底打破了这种偏见。圣经在《创世记》中写道：

“上帝按照自己的形象创造了人。”（创1:27）

这句看似简单的话，实际上在人类历史上第一次系统地宣告：无论贫富贵贱，人人都按上帝的形象被造，都具备平等、尊贵、不可践踏的身份。

这也是为何在基督教影响下，欧洲历史上逐步产生了“人性尊严”概念，反对奴隶制、推动妇女地位、呼吁弱势群体的权利。

近代政治中的系统表达

中世纪天主教哲学家阿奎那（Thomas Aquinas, 1225-1274）首次系统提出：自然法是基于人的理性与上帝的创造设定，人的尊严使得人不同于动物，拥有自由选择与道德责任，由此衍生出自然权利。

到了17世纪，英国清教徒哲学家约翰·洛克将这一理念带入了近代政治理论。洛克明确提出这些自然权利包括：生命、自由、财产。这些权利并非政府恩赐，而是基于人的尊严与上帝的创造，任何人、任何政府都无权剥夺。

这种思想，后来直接影响了美国的《独立宣言》和《宪法》。可以说，现代文明中人权、法治、宪政、民主、市场经济的核心基础，正是对人性尊严的承认与守护。

正因为人拥有尊严，自然便拥有与之相连的自然权利。若把人类文明比作一座高塔，那么自然权利便是那深埋地下、肉眼看不见，却决定整座高塔能否屹立不倒的根基。

人的尊严与人的罪性之间的关系

人的尊严，并不排斥人性的堕落；恰恰相反，唯有同时承认人的尊严与罪性，现代文明才能稳固建立、健康运转。

认识人的罪性，让我们明白一个政治现实：权力必然导致腐败，任何人、任何政府都不可被无限信任。正因如此，现代宪政制度才致力于通过分权、制衡和法治，防止专制的出现、遏制人性中对权力的贪婪。然而，仅有对人性的警惕并不足以支撑一套政治文明。制度设计之外，我们还必须回答两个更深层的问题：人应当被怎样对待？政治的最终目的又是什么？

答案来自于对人的尊严的肯定。人的尊严意味着每一个人都拥有不可剥夺的自然权利，这些权利不是政府赋予的，而是源自人作为上帝形象所造的本质。因此，政治的正当性，不在于维护领袖的威信或意识形态的正统，更不在于“保红色江山”，而在于保障这些上天赋予每个人的基本权利。

也正是在尊重尊严的前提下，言论自由才能成为可能。自由表达不仅是尊严的体现，更是制衡权力、维护社会健康的必要机制。只有当人民能自由发声、公开质疑、揭露弊端，政府的行为才不至于失控，腐败才有被遏止的希望。换言之，人的尊严既是民主的目标，也是实现民主的手段。

正是这种“尊严与堕落并存”的人性观，构成了现代宪政文明的理论基石。政府不是为了统治百姓而存在，而是为了限制人的罪性、保障人的尊严。因此，政府永远是一种“必要之恶”，必须受到制度的约束与人民的监督。

尊严 罪性

图表 8：尊严与堕落的双重认知

与此同时，当一个社会鼓励信仰自由、保护言论自由，人性的高贵一面也才能被激发。在自由中，人可以选择敬畏上帝、遵守良知，公共道德才有可能持续生成与传承。

正如一句话所说：**还给人民自由和尊严，他们将以道德回报。**一切真正稳定而长久的民主制度，都建立在这种双重人性认知之上。

为什么现代人漠视人性尊严

要理解今天社会为何普遍漠视人性尊严，不能仅停留在表面现象，更要追溯背后的思想根源。从哲学、政治、文化到教育，多个层面共同作用，逐步瓦解了人性尊严在公共意识中的地位。

首先，唯物主义和进化论在过去一百多年里系统地瓦解了人性尊严的理论基础。唯物主义否认灵魂、否认超越、否认上帝，进化论则将人看作是偶然演化的产物、动物链条上的一环。在这种观念下，人不过是“高级动物”，人的价值只剩下生物功能、生产力或社会属性。

上一章提到的**“天下乌鸦一般黑”的犬儒主义，归根结底，是因为人们看不到人性中仍然存在的尊严与光辉**。当一个人、一个社会失去了对人性尊严的基本信念，剩下的，便只有冷漠与绝望。很多人不再相信这个世界上还有真正的公义、良善与高尚，他们把一切都归结为赤裸裸的权力算计和利益交换。这种态度看似“看透一切”，实则是极端化的“打倒一切，拉黑一切”般的无知。

其次，极权体制与现代科技的结合，让对人性尊严的践踏变得更加隐秘，也更加高效。说话的权利，本是上天赋予人的自然权利与基本尊严。然而，看看今天的现实，无论是数据监控、言论审查，还是“大数据”操控舆论、打压异见，背后的逻辑都是一样的：一旦权力与“安全”的借口被摆上台面，个人的尊严便轻如鸿毛。

信仰的权利，是人作为有思想、有灵魂的存在最基本的自由。但现实中，信仰自由正面临前所未有的侵蚀。在美国，虽然法律名义上保障信仰自由，却早已被政治正确与“进步主义”悄然架空。有人可以在校园里高举“性别多元”的旗帜，却不敢在毕业演讲中提到“上帝”二字；有人可以肆意亵渎耶稣，基督徒却不能在公司茶水间公开讨论圣经。

更令人痛心的是，连生命本身，都不再被真正尊重。无论是在美国还是中国，堕胎问题早已触目惊心。每年，全球有上千万尚未出生的婴孩被彻底剥夺了生存的权利，甚至连“人”的身份都被彻底否认。人性的尊严，本该从生命的起点就被捍卫。但当整个社会都接受“胎儿不是人”、“女人有权决定杀死腹中的生命”这种谎言时，所谓的文明也就彻底堕落了。

言论权、信仰权、生命权，本是上帝赋予人的自然权利与不可侵犯的尊严。然而短短几十年间，现代人却因愚昧、冷漠与惰性，心甘情愿地交出了这一切，换来的只是极权的枷锁与欲望的麻醉。

而这一切正提醒我们：若不重新捍卫人性尊严，重建正确的世界观，所谓的自由和文明，终究不过是一场脆弱的幻觉。

第二部分

重建世界观和政治智商的原则

“顺天者昌，逆天者亡”

——后世对《尚书·汤誓》思想的概括

第四章

世界观：政治智商的基石

“一个人政治智商的高低，取决于他世界观的深度。”

——作者

在前两章中，我们探讨了全民弱智的症状及其根源：现代人对人性的双重误判——既低估了人性中的罪性和局限性，又无视人性的尊严。若要对症下药，就必须重建一个扎实而深刻的世界观。这包括重新认识人性的本质和救赎之路，理解自由的真正含义，以及对不同宗教信仰进行深入的比较分析。

要建立这样的世界观，我们需要从根本问题开始思考。让我们先从进化论这一影响现代思维的重要理论谈起。

4-1
支持进化论的四个柱子是如何坍塌的?

我和儿子以前特别喜欢看美国高中教师肯特·霍文德 （Kent Hovind）的 YouTube 系列视频《100个进化论为何愚蠢的理由》（100 Reasons Why Evolution Is Stupid!）。他总是用幽默风趣的语言、严谨的逻辑，与大学生和教授们辩论进化论问题，常常让对方哑口无言。他最经典的一句话是：

“你亲吻一只青蛙，它变成了王子——我们称之为童话。但如果你等上几百万年，科学却说这是真的！”

这句话让我和儿子笑了很久，但也让我们开始思考：进化论真的像我们在学校里学到的那样可信吗？鉴于无论在国内还是国外，进化论都根深蒂固地影响着现代人的思想，我们将在这一章用一些篇幅，认真审视其赖以成立的四大支柱。

进化论：现代的“地心说”？

在我们成长的过程中，进化论一直被视为科学共识，几乎从未受到质疑。这种情况，就像几百年前的“地心说”一样，被当作毋庸置疑的科学定理。

在人类历史的大部分时间里，科学界的主流权威坚信地球是宇宙的中心，所有天体都围绕地球运转。这一观念不仅受到广泛支持，更被视为科学与宗教的共同基础。然而，当哥白尼、布鲁诺和开普勒提出“日心说”，证明太阳才是宇宙的中心时，他们不仅遭到了普遍的嘲笑和反对，更遭受权威的打压和迫害——布鲁诺被活活烧死，伽利略被终生软禁。

科学的进步，本质上就是对权威和主流认知的挑战。

今天的进化论，在很多方面与当年的“地心说”相似，它也需要被重新审视。达尔文在《物种起源》中提出的进化论假设，诞生于一个科学工具和技术极度匮乏的时代。当时，显微镜刚刚问世，人类对细胞的理解还停留在粗浅的层面；分子生物学尚未发展，科学家无法深入研究生物体的内部机制；DNA 的双螺旋结构更是要到100多年后才被发现，人们根本不了解基因如何运作。换句话说，达尔文的理论是在科学尚无法观察生命最基本构造的情况下提出的。

如今，越来越多的学者开始对进化论提出质疑。例如，新西兰化学家乔纳森・萨尔法提博士（Jonathan Sarfati）在《地球上最大的骗局？——驳斥道金斯的进化论》中详细分析了进化论的漏洞，驳斥了支持进化论的英国生物学家理查德・道金斯（Richard Dawkins）。另外一个有名的著作是美国生物化学家迈克尔・贝希（Michael J. Behe）博士在《达尔文的黑匣子》中提出了“不可简化的复杂性”的概念，指出许多生物结构复杂到无法通过渐进演化形成。

进化论的四大支柱，真的站得住脚吗？

探讨进化论，我们可以从多个角度入手，比如遗传学、化石证据、数学概率、哲学等。为了更清晰地分析这一理论，我将从进化论的四大核心支柱来展开讨论。进化论的理论基础主要由以下四个部分构成：**渐进演化**（Gradualism）、**共同祖先**（Common Descent）、**自然选择**（Natural Selection）和**物种可变性**（Variation）。这些概念相互交织，共同支撑着达尔文所构建的生命进化框架。

首先，**渐进演化**是达尔文理论的核心观点之一，主张生命的复杂性是通过无数微小、渐进的变化积累而来的。按照这一观点，生命的演化是一个漫长的过程，时间的推移和变化的积累最终会导致生命形态的质变。

其次，**共同祖先**试图将生命的多样性追溯到一个单一的起点，即所有生物都源于同一个原始祖先，并通过长期的分支演化形成今天千姿百态的生命形态。这也是我们常听到的“从鱼到人”的假说。

自然选择则进一步解释了进化的动力机制。它认为，在生存竞争中，个体之间的差异决定了哪些特性更有利于生存和繁衍，进而使这些优势特征在下一代中得以保留。

物种可变性强调，每个物种内部的个体都存在一定的遗传变异，而这种变异为自然选择提供了原材料，是生物进化的前提。

在19世纪，这些观点曾极具革命性。它们不仅为生命的起源和复杂性提供了一种解释，也为当时的科学研究指引了方向。然而，随着科学技术的进步，特别是分子生物学和遗传学的兴起，进化论的这些支柱逐渐显现出难以掩盖的裂痕。

一、不可简约的复杂性，如何推翻渐进演化？

想象一下，你在后院埋了一块木板、一根弹簧和一小片铁片，时间过去了几十亿年，结果会是什么？答案很简单——只会是一堆生锈的废铁和腐烂的木头，而绝不会奇迹般地组合成一个精妙的老鼠夹子。这正是我们即将探讨的科学概念——**不可简约的复杂性**（Irreducible Complexity）。

达尔文的渐进演化理论主张，生命是通过无数微小的变化，逐步进化形成复杂结构的。他认为，进化就像拼积木，一块块慢慢叠加，最终形成高楼大厦。这个理论听起来合理，但现实中的生物系统却一次次反驳这一观点。从眼睛的精细构造，到细胞内的分子机器，科学家发现了无数功能精密的小部件，每一个都像老鼠夹子的组成部分，缺一不可。

看看眼睛的复杂性。眼睛不是随意拼凑出来的，而是由视网膜、晶状体、虹膜等多个关键部件组成。如果缺少任何一个部分，视觉功能都会受到极大影响。达尔文本人也承认，眼睛的复杂性让他“不寒而栗”。他试图解释说，眼睛可能是通过无数微小步骤逐渐进化而来的。但问题在于，这些“中间形态”的眼睛能有什么用？一个只能感光、却无法成像的“半成品眼睛”，真的能给生物带来生存优势吗？如果不能，为什么进化会“选择”它们继续发展？种种迹象都表明，**眼睛更像是一个完整设计的系统，而不是偶然突变的产物**。

除了生物结构的复杂性，化石记录也对渐进演化提出了挑战。按照达尔文的理论，物种是通过一系列中间形态逐渐演化而来的。但当科学家翻阅地层中的化石时，却发现“缺失的环节”比比皆是。比如，著名的“寒武纪大爆发”时期，大量复杂生物突然出现，但科学家却找不到它们的“祖先”。

不仅如此，数学也对渐进演化提出了严峻的挑战。假设一个简单的生物功能需要十个特定的突变才能实现，而每个突变的发生概率是百万分之一。那么，完成整个进化过程所需的时间将远远超过地球的年龄。换句话说，就算地球从诞生那一天起就开始“进化”，时间也根本不够用。类似的概念可以用一个经典的比喻来说明——**假设让500只猴子不停地随机敲击打字机，最终能否凑巧敲出一**

图表 9：500只猴子不停地随机敲击打字机。

部完整的莎士比亚剧作？可能性为零。

渐进演化的支柱，已经在现代科学的冲击下不堪一击。眼睛的精密结构，到化石记录的沉默，再到数学模型的计算，这一切都指向了一个更合理的结论：生命的复杂性和多样性，应该是精心设计的结果，而不是随机进化的产物。

二、共同祖先理论真的站得住脚吗？

进化论者告诉我们，人类和鱼类有着共同的祖先。这一设想大胆而富有想象力，听起来就像一部科幻小说的开篇：几亿年前，某种古老生物在海洋中游荡，它的后代逐渐分化，一部分演化成鱼，另一部分爬上陆地，最终发展成人类。这个故事充满浪漫色彩，但现实却远比这复杂得多。随着科学的进步，尤其是 DNA 的发现，这个“共同祖先”理论变得越来越难以自圆其说。

人类的 DNA 与鱼类的 DNA 存在根本性差异。它们之间的关系，并不像一座房子的扩建，而更像是两种完全不同的工程设计。就像飞机和汽车虽然有相似的零件（如金属框架、动力系统），但它们的构造原理、运行方式和目的完全不同。人类的 DNA 约有30亿个碱基对，而鱼类的 DNA 虽然在数量上接近，但在序列和功能上却存在巨大的鸿沟。这不仅是数量上的差异，更是质量上的不同。

如果人类和鱼类真的有共同的祖先，那就意味着在某个阶段，基因必须“创造”出从未存在过的全新功能。例如，人类的基因组中有一个名为 FOXP2 的基因，它被认为与语言能力密切相关。任何对这个基因的突变都会导致语言障碍，甚至完全丧失语言能力。而鱼类并没有这个基因，也没有任何类似的基因能够控制语言能力。那么，这个基因究竟是如何凭空产生的？是随机突变的结果，还是本身就已经被设计好？

除了基因上的差异，还有一个更根本的问题——生命本身是如何开始的？进化论者认为，生命起源于一个简单的蛋白质分子，然后通过随机突变和自然选择逐渐演化成复杂的生命。然而，问题的关键在于——**第一个蛋白质分子是如何产生的？**蛋白质是由氨基酸按照精确的顺序排列而成的，而这种排列必须极其精确才能形成功能性的蛋白。如果只是随机排列，它们变成无用废物的概率远远高于形成功能蛋白的可能性。就像把一堆字母随意排列，期待它们能凑成一首诗，概率几乎为零。

即便假设第一个蛋白质和有机物能够随机产生，从鱼到人的进化依然是一个巨大的挑战。鱼类和人类之间的差异，不仅仅是外形的不同，更是基因和生理功能上的天壤之别。鱼类的基因无法通过简单的突变和自然选择演变成人类的基因。

事实上，**基因突变在现实世界中的大多数表现，往往只会导致疾病和缺陷，而非创造新的器官和功能。**所以，所谓的“共同祖先”理论，根本站不住脚。你的祖先不是鱼，鱼只是你盘中的一道菜。

三、自然选择无法创造新的功能和物种

自然选择一直被视为进化论的核心概念，通常被描述为“弱肉强食，适者生存”的机制。达尔文用这一理论来解释物种如何适应环境并逐渐演化。然而，随着科学的发展，特别是 DNA 的发现，自然选择的局限性逐渐显现。事实证明，自然选择只是一个筛选机制，它能够调整基因的表达频率，但却无法创造新的基因或功能。换句话说，自然选择不是推动生物进化的“引擎”，而更像是一个“编辑器”，它只能删改现有的基因，而无法编写全新的生命篇章。

以狗为例，长毛狗与短毛狗的基因本质上相同，只是某些基因被“关闭”或“开启”了。**自然选择并没有创造新的基因**，只是在特定环境下，让某些已有的基因表达得更普遍。

这一局限性在实验中也得到了证实。例如，细菌对抗生素的抗药性，常被用来证明自然选择的作用。然而，事实上，抗药性基因早已存在于细菌的基因库中，抗生素只是在杀死对其无抵抗力的细

菌后，让原本就具备抗药性的个体繁衍得更多。自然选择并没有创造新的抗药性基因，它只是改变了基因表达的比例。

达尔文雀的例子同样揭示了自然选择的局限性。加拉帕戈斯群岛上的雀鸟，其喙的形状会随着环境中食物的变化而改变。这一现象常被认为是自然选择的“成功案例”，但实际上，这些变化只是已有基因的重新组合，而不是新功能的产生。就像一个过滤器，能够筛选出已有的特征，但无法创造新的特征。

更重要的是，自然选择无法解释生物复杂功能的起源。像眼睛、耳朵、大脑等复杂器官，它们的形成需要多个基因的精确配合，而自然选择只能在功能完整的基础上进行优化，无法逐步“组装”出这些精密结构。就像你不能通过随机敲打键盘写出一部小说一样，自然选择也无法通过随机突变和筛选创造出复杂的生物功能。

此外，自然选择还面临着“鸡生蛋还是蛋生鸡”的困境。比如，鸟类的羽毛最初是为了保暖，还是为了飞行？如果是保暖，那么羽毛的复杂结构是如何一步步形成的？如果是飞行，在没有羽毛的情况下，鸟类又如何开始飞行？这些关键问题，自然选择都无法给出令人信服的答案。

最关键的一点是，**自然选择无法创造新的物种**。真正的物种形成需要全新的基因组合和功能，但自然选择只能筛选已有基因。例如，有人认为长颈鹿的脖子变长是因为自然选择让脖子较长的个体更容易吃到高处的树叶。然而，这种变化只是基因表达的调整，并没有创造出新的基因。

如果最早的长颈鹿就没有长脖子的遗传信息，那么无论环境如何施压，自然选择都无法让它们“进化”出新的基因。

自然选择，显然不是进化的万能解释。它的确可以帮助生物适应环境，但它无法解释生物复杂功能的起源，更无法解释新物种的出现。随着科学研究的深入，我们越来越清楚地看到，自然选择只是生命运作中的一个被动调节机制，而不是生命演化的创造者。

四、物种可变性的困境

进化论者认为，物种之间的差异是由于变异累积而来。乍一听，这似乎是一个合理的解释，毕竟世界上确实存在种类繁多的生物。从长颈鹿的脖子到企鹅的羽毛，每个物种似乎都有自己独特的进化“故事”。然而，深入研究生物学后，人们发现一个令人惊讶的事实：

物种具有极强的稳定性，几乎不可改变。DNA 作为物种的守护者，严格限定了生物的界限。一条狗无论如何变异，也不会进化成一只猫；一棵苹果树无论生长多久，也不会变成一棵橡树。

为了验证物种的可变性，科学家们进行了大量实验，甚至利用放射线诱导生物发生突变。他们希望通过人为加速变异，从而观察新物种的形成。然而，结果却令人失望。无论如何操作，果蝇依然是果蝇，细菌依然是细菌。突变实验不仅未能创造出新的物种，反而进一步证明了物种的稳定性。

另一项证据来自杂交实验。不同物种之间的杂交往往会导致不育后代，比如马和驴杂交产生的骡子无法繁殖，狮子和老虎杂交产生的狮虎兽也是如此。这一现象被称为“杂交不育”，表明**物种之间存在天然的生殖屏障**，不允许无限制地跨物种繁殖。

这种现象似乎暗示着一种更深层的规律，仿佛在提醒人们：物种的界限是不可逾越的。无论人类如何尝试打破这些界限，实验的结果始终失败。杂交研究不仅没有创造出新物种，反而进一步印证了物种的稳定性和独特性。

DNA 的存在，让物种的稳定性变得更加明显。它决定了物种的特征和功能，并确保这些特征和功能能够在代际之间稳定传递。虽然环境可能会影响生物的某些外在表现，但 DNA 确保了生物的核心属性不会改变。进化论者所期望的“物种大跳跃”，终究只是一个美丽的幻想。

世界观的重整：从进化论到造物主

如果进化论赖以成立的四大支柱在现代科学的层层检验下都相继崩塌，那么进化论本身就不再是“科学的结论”，而只是一个十九世纪的大胆猜想，在当代早已显得力不从心。人类必须由此面对一个更深刻、更令人震撼的现实：宇宙本身的存在，正在强烈指向一位超越时空的造物主。

二十世纪最伟大的科学突破之一，是**宇宙有一个起点**。根据爱因斯坦的广义相对论及其后续的天文观测，科学家发现宇宙正在膨胀，追溯其历史，我们可以推断宇宙起源于一个极度致密和炽热的奇点，也就是所谓的“大爆炸”。这一发现对唯物主义世界观是一个沉重打击，因为它宣告宇宙并非永恒存在，而是“有始有终”——那么，谁或什么是这个起点的源头？

不仅如此，物理学家还发现，为了让宇宙能够支持生命的存在，某些物理常数——比如宇宙常数、引力强度、电磁力强度——必须被精确地“调定”到极其狭窄的范围内。哪怕这些常数偏离亿万分之一，整个宇宙不是迅速塌陷成黑洞，就是在爆炸中四散成死寂。这种惊人的“宇宙精细调节”（fine-tuning）现象，让许多诚实的科学家不得不承认，这背后似乎存在某种智慧意志。

爱因斯坦曾说过：**“我无法想象一个真正的科学家会不带有一种深刻的信仰**……这种信仰不同于普通人朴素的宗教，它来自于对自然法则的深刻敬畏。”（出自1930年《纽约时报》采访）

当我们放眼宇宙的浩瀚与精妙，不禁要问：生命的存在究竟是随机碰撞的偶然产物，还是有一位更高智慧在背后掌管与引导？从宇宙的起点，到精密的宇宙常数，再到 DNA 的信息结构，处处显明秩序、目的与设计。或许，进化论的瓦解，正是我们真正理解宇宙奥秘、回归造物主的起点。

4-2
顺天者昌：你有上帝的形象

“顺天者昌，逆天者亡”这句话是后人对《尚书·汤誓》思想的概括，曾经成为几千年来中华政治文明的重要圭臬。它道出的，不只是天命思想的余音，更是一种朴素却深刻的历史感知：无论帝王将相，抑或草民百姓，若不顺天行义，终将自取灭亡。

但问题来了——何为“天”？我们今天口中的“天命”、“天道”，究竟是宇宙中的自然秩序？人心中的道德律？还是某种更高的存在？若“天”只是物理运行的自然法则，那又怎能裁判人间善恶？若“天”没有意志，那“顺天”不过是顺从虚空，何来昌盛与审判？

真正的答案，唯有在圣经的启示中才得以揭示：这位“天”，不是抽象的自然，而是有位格、有意志、有道德律的上帝。

拒绝上帝

我们刚到加拿大时，有一对本地的夫妇每逢周六都会来家里，带我和太太一起读圣经。我当时心想，正好可以练练英文，于是欣然接受了他们的邀请。但在内心深处，却把他们当作有点“傻乎乎”的虔诚信徒。

有一次，那位先生指着家里的电视，微笑着问我：“你觉得电视是个了不起的发明，对吧？那你相信它有一个聪明的设计者吗？”

我点头说：“当然相信。”

他接着说：“那你看这整个美丽的自然界，比电视复杂何止千百倍，你难道不相信它也有一位智慧的设计者？”

我几乎脱口而出：“不信。自然界是进化来的。”

从小我们接受的是唯物主义教育，从没被鼓励认真思考造物主的可能性。一切都被解释为“偶然”和“进化”。而且，我从来没有亲眼见过上帝，不知道祂长什么样，也难以在脑海中想象祂的存在——于是，我本能地拒绝了。

但他没有辩驳，也没有流露出不悦，继续耐心地陪我们查经。

欣赏上帝

后来，有朋友邀请我们去教会，我开始接触圣经。其中有一句话，像一道光照进我心里：

> **“自从造天地以来，神的永能和神性是明明可知的，虽是眼不能见，但借着所造之物就可以晓得，叫人无可推诿。”（《罗马书》1章20节）**

原来，美丽的自然界是祂的杰作，DNA 是祂的语言，花朵是祂精妙绝伦的设计。我过去把这些当作科学知识来死记硬背，却从未学会欣赏它们的美。从那时起，我和太太开始喜欢上种花——用一种赞美的眼光看待每一片叶子、每一朵花。

德国天文学家开普勒在计算出行星运行的三大定律后，曾激动地说：“上帝等了六千年，终于有一个人明白了祂的设计。”

这种渴望做“上帝知音”的心境，是我以前从未想过的。

难怪圣经中以色列最有智慧的所罗门王曾说：“敬畏耶和华，是知识的开端。”（《箴言》1:7）

朋友，你是否认真思考过“你是谁？”的问题。

你是照着上帝的形象被造的

> **“神就照着自己的形象造人。”（《创世记》1:27）**

你不是偶然出现的存在。你不是一堆分子偶然组合的产物，也不仅仅是某个社会角色的集合体。你，是按照上帝的形象（Imago Dei）被造的。圣经用简洁却庄严的话语宣告：你身上承载着天上那位创造主的荣耀痕迹。什么叫“上帝的形象”？这不是一种模糊的隐喻，而是一种真实存在的属灵烙印，赋予你独一无二的尊严与使命。

1. 你拥有自由意志 ——反映上帝的自由与主权

动物靠本能活着，机器按程序运作，只有人，真正拥有选择的能力。你可以选择去爱，还是去恨；选择行善，还是作恶；选择说谎，还是坚持真理。这既不是环境逼出来的，也不是基因决定的，更不是“社会程序”写死的，而是上帝亲手放进你生命里最宝贵的部分。

图表 10：你是照着上帝的形象被造的。

当然，自由选择意味着你也要为选择承担后果。你可以选择善或恶，最终也必须面对审判与奖赏。正因为有了自由意志，你的人生才不是一场被安排好的剧本，而是一个真实、严肃、充满意义的旅程。

2. 你有道德感 ——反映上帝的圣洁与公义

为什么你看到坏人欺负弱小会气愤？为什么看到有人做好事，心里觉得温暖？为什么世界上再穷、再乱的地方，人们都懂“骗人不对”、“杀人不对”？那不是学校教出来的，也不是社会规定的，而是你一出生，上帝就把这种“对与错”的感觉放进了你的心里。

就像电脑里出厂自带的系统一样，每个人心里都自带良知。你不一定信上帝，但你的良知，就是上帝存在的证据。你会追求公平，讨厌邪恶，向往善良，这些都证明，你不是冷冰冰的动物机器，而是有灵魂、有责任的人。

3. 你有创造力 ——反映上帝的创造与智慧

你会写诗作文、谱曲画画、发明工具、设计衣服……这些都不是偶然，更不是动物本能，而是你用自由意志做出的选择，是上帝放在你里面那份独特创造力的自然流露。每当你用心动手，去改善生活、创造美好，哪怕只是一点小创意，都是在参与上帝的工作，回应祂赋予你的使命。因为你是“按上帝的形象被造”的，这份尊贵，不只体现在你的外表和思想，更体现在你有能力、也有自由，去创造、去改造这个世界。

4. 你有理性 ——反映上帝的全知与秩序

你会思考、推理、提出问题、寻找答案，这不是偶然的能力，更不是动物的本能，而是因为你是照着那位理性与智慧的上帝被造的。正因如此，你才能用头脑去探索物理、研究历史、分析世界，甚至反思自己的一举一动。每当你愿意思考、学习、寻找真相，实际上就是在回应那位创造你的主，靠近祂，也是在一点一点揭开祂设定的世界规律与秩序。上帝给了你自由意志，也给了你理性，目的不是让你盲目跟从，而是让你有能力、也有责任，去认识真理、明辨是非。

5. 你能与上帝沟通 ——反映上帝的交流与团契

你说话，你倾听，你祷告——这一切不是进化的巧合，而是上帝亲手设立的神圣能力，使你可以与祂建立真实的关系。语言不是动物进化来的工具，而是出于那位“道成肉身”的上帝；祂就是那一位起初就“说话”的神——“神说，要有光，就有了光。”

你也许从未向上帝开口说过一句话，甚至在夜深人静的时候，也从未在心里轻声唤他一声“天父”。但这，正是上帝最深的渴望——他渴望你回转，渴望与你恢复那原本亲密、真实的关系。

6. 你有爱的能力 ——反映上帝的慈爱与关系

你渴望亲密，期待有人懂你、陪伴你；你珍惜家人、朋友，愿意为他们付出；你在关系中寻找归属与意义。这份爱，远远不是动物的本能或短暂的情绪，而是因为你本来就是照着那位慈爱的上帝被造的。你能去爱，是因为你先被祂所爱。正是祂把爱的能力放在你里面，让你有自由去选择付出、选择忠诚、选择珍惜彼此。这也是为什么，人类的爱，能够超越血缘、超越利益，反映出那位创造者无条件、舍己、永不止息的爱。

7. 你有永生的盼望 ——反映上帝的永恒与救赎

你心里总有个声音在提醒：人生不该就这样结束，死亡也不是一切的终点。你对永恒的渴望，并不是人的幻想或逃避，而是上帝亲自放在你心里的提醒。那是你灵魂深处对天堂的回应，对真正归宿的期待。你之所以会思考生命的意义、害怕虚无、渴望永恒，正是因为你不是为短短几十年而被造的，而是为着永恒的生命、永恒的关系、永恒的爱而存在。上帝给你自由意志，也给你选择永生的机会，真正的归宿，早已为你预备好。

8. 你能敬拜与感恩 ——反映上帝的荣耀与主权

当你看见美好的风景、听见真实的话语、经历生命中的恩典时，你会被触动、会流泪，甚至会情不自禁地想要敬拜、想要感恩。这不是单纯的情绪反应，而是因为你本来就是属灵的存在，是照着那位荣耀的上帝被造的。你生来就有回应上帝的能力，也有自由去选择敬拜与否。正因为如此，人的心深处，总渴望找一个值得敬畏、值得感恩的对象，这份敬拜的能力与渴望，本质上是你对造物主的回应，是你灵魂对上帝荣耀与主权的天然回声。

9. 你有“贵族”的身份 ——来自上帝的尊贵血统

你之所以尊贵，根本原因不是你的财富、学历或社会地位，而是因为你有一个无法超越的出身——你是上帝的儿女。你来自真正的“名门望族”，拥有与生俱来的“贵族身份”。正如《约翰福音》1章12节所说：“凡接待他的，就是信他名的人，他就赐他们权柄作神的儿女。”这意味着，你不再是漂泊无依的孤儿，不是被命运随意摆布的人，而是万王之王的孩子，带着天父赐下的尊严与权柄，活在这个世界上。

个人主义（Individualism）的由来

在世俗社会里，人常常被各种标签所定义：黑人、白人、黄种人；穷人、富人；压迫者、被压迫者；城里人、农村人……这些标签塑造了社会的分层，也引发了无尽的对立。但在上帝的眼中，这一切都不是最重要的。祂不首先看你属于哪个族群、处于哪个阶层、扮演什么社会角色。对上帝来说，人不是“中国人”或“美国人”，不是“城市户口”或“农民工”，不是“领导干部”或“底层群众”——人首先是祂亲手照着自己形象所造的独特生命。

这意味着什么？意味着每一个人，不论出身、地位、肤色或学历，都拥有独立的尊严与不可剥夺的价值。不是政府给的，不是制度发的，而是来自于创造主。正因为我们是“照着神的形象”被造的，我们才有了与生俱来的道德责任、有了对善恶的敏感、有了灵魂深处对永恒的渴望。这些，动物没有，机器也不会有。

也正是因为这个观念，西方思想传统才会发展出“个人主义”（Individualism）——不是“自私自利”的那个意思，而是尊重人的“个体性”、强调人的“自由意志”与“道德担当”。在这个信仰基础下，我们不能再用“群体代表”或“阶级标签”去判断一个人；我们必须面对一个个具体的人，用敬重的态度去接纳、理解与沟通。

这也是为什么，真正的自由社会，不是建立在“民族”、“国家”或“阶级”之上，而是建立在“每一个人都是上帝形象”的基础上。不是大多数决定一切，而是少数也不能被践踏；不是谁更有钱或话语权，而是谁都不可轻看。因为，你眼前的这个人，不管外表如何，都是神手中的作品，都是“有荣耀痕迹的存在”。

比如，在美国的医院里，没有“特殊身份”的病人专区。不管你是前总统、公司高管，还是普通蓝领工人，只要进入急诊室，就按“病情轻重”来分先后，而不是按“地位”或“关系”。美国前总统里根被枪击后送进的也是普通医院，接受的是标准急救流程。这背后体现的正是“每条生命都有同等价值”的信念。

理解了这一点，我们才有可能真正建立公义的制度，也才不会滑入身份政治的泥潭。我们不再看一个人是属于哪个群体，而是看他是谁；我们不再靠“阶级斗争”或“群体对抗”来争夺正义，而是回归到每一个人的责任、品格与选择。

上帝恨恶杀人，因为人是照着祂的形象被造的

其实，人生命的神圣性早已深深刻在我们内心深处。试想你在野外爬山的途中，若偶然看见一只死去的动物，你可能会皱眉、绕开，但内心并不会受到太大冲击。然而，如果你遇见的是一个死去的人呢？你会顿时心生敬畏，不寒而栗，第一反应很可能是立刻报警，并且低声祷告。

为什么会这样？因为在你心里知道，这不仅仅是一具尸体，而是一个曾经有理性、有尊严、有永恒价值的人。哪怕你从未读过神学，也没有受过伦理教育，你依然会下意识地认为：人的生命与一只动物的生命，是不可以等量齐观的。

这种直觉，不是社会灌输的结果，而是自然律在你良知中的见证。人是按着上帝的形象被造的，哪怕这个人在你完全不认识的状态下死去，他的躯体依然承载着一种“不可侵犯”的神圣性。这正是为什么我们为人设立墓地、举行葬礼、纪念逝者——因为人不是宇宙中的偶然尘埃，而是有灵、有尊严、有永恒指向的受造物。

既然如此，流人血就是对上帝形象的亵渎。正如《创世记》9:6所说：

> **“凡流人血的，他的血也必被人所流，因为神造人是照自己的形象造的。”**

这节经文清楚指出：杀人不仅是侵犯人命，更是冒犯造物主本身。因此，在圣经中，对无辜生命的保护，不仅是一种道德原则，更是对神圣权柄的尊重。这也是为什么，尊重生命，是一切政治制度与法律体系的根本。杀人不只是社会问题，更是对上帝律法的严重违背。

而在今天，堕胎问题正是对这一律法的公然挑战。胎儿尚未出生，却已拥有上帝所赐的生命气息。圣经在《诗篇》139篇清楚地宣告：

> **“我未成形的体质，你的眼早已看见。”**

在上帝眼中，未出生的婴孩并非仅仅是“一堆细胞组织”，而是真实的生命，是照着祂形象所造的小生命。

一个社会若容许、甚至鼓励堕胎，便是在法律层面默认了对无辜生命的屠杀。这不仅会带来道德的崩溃，也会引发上帝的愤怒。

顺天者昌——西方政治制度的基石

正是出于对上帝神圣形象的尊重，西方的政治制度才得以发展出自由、法治与权利保障的传统。1215年，英国贵族迫使约翰王签署《大宪章》，首次明确指出，即便是国王也无权任意剥夺人的生命。这一历史性时刻，标志着“人的生命是神圣不可侵犯的”这一信仰第一次进入了政治与法律的层面。

数百年后，这一理念在大西洋彼岸被进一步阐明。1776年，美国《独立宣言》郑重宣告：“造物主赋予他们某些不可剥夺的权利，其中包括生命、自由和对幸福的追求。” 这些话不仅是一种政治宣言，更是一种神学告白：真正的自由源于敬畏造物主的民情秩序，而非人的集体意志或国家的权力施舍。

西方民主制度之所以曾经强大，不是因为它技术先进、制度巧妙，而是因为它承认一个更高的权柄——上帝。当一个社会承认造物主的存在，尊重每个人身上所承载的神圣形象，就会自然生发出正义、秩序与自由的民情基础。相反，如果否认这一根基，只看权力与利益的游戏规则，那么无论表面多么繁荣，制度多么精巧，最终也难逃衰败与崩塌的命运。

回顾上个世纪，全球有一百多个国家尝试引入民主制度，但真正成功稳固的却寥寥无几。为何如此？因为多数国家只是复制了表面的制度框架，却没有那套源自上帝之道的道德根基与人性认识。他们高举民主之名，却落入“多数暴政”的陷阱。没有信仰的民主，是无根之木，无源之水。

而美国自身，作为现代民主的灯塔，如今也步入深重的制度危机。国债高筑，堕胎泛滥，道德下滑……这些现象的背后，不是制度出了问题，而是人心出了问题，是社会对上帝的漠视、对人生命神圣性的轻看。**当“天赋人权”中失去了“天”，所谓的自由与权利也必然沦为混乱与对立的工具**。顺天者昌，逆天者亡。这是古老的智慧，也是真正宪政民主的灵魂所在。

4-3
逆天者亡：你被判了死刑

那是一个秋天的傍晚，我们坐在一所中学的大礼堂里，座无虚席。冯秉承牧师刚讲完第一场道，便发出了呼召。他站在讲台上，声音坚定又温柔地说：“人人必有一死，你知道你死后会去哪里吗？若你愿意接受耶稣基督，就可以进入永生，与祂同在天堂。”

接着他说：“若你愿意做出这个决定，可以在心里默默祷告，然后举手回应。”

那一刻，我太太毫不犹豫地举起了手。她的动作坚定而自然，我却在心中挣扎——这是真的吗？死后她要去哪里啊？我想好了吗？但忽然一个念头闪过：如果她要去一个地方，我当然也要跟她一起去。就这样，我脸颊泛红，带着紧张和忐忑的心情，也举起了手。

那一刻的决定，至今我仍记得清清楚楚。

它不是出于一套深奥的神学理解，也不是出于对未来的全部把握，而是出于一种直觉的信任和一颗愿意追随的心。我从未认真思考“死亡”是什么，也没有受过这方面的教育。但那天，我第一次正视它，并因此走上了一条认识真理的道路。

罪的工价乃是死

在后来的查经学习中，我渐渐明白了死亡的真正原因：那不是一个简单的自然现象，而是始祖亚当悖逆上帝命令之后，上帝所施下的公义审判。原来，我从一出生起，就已经处在一场“逆天者亡”的死刑执行中。

正如《罗马书》6章23节里所说："罪的工价乃是死"。这里的"工价"一词，用的是当时给士兵发工资的概念，意思是说，死亡不是偶然的意外，而是人犯罪之后应得的"薪酬"——是罪带来的必然后果。这种死，不仅仅是肉体的终结，更是与上帝关系的断裂。而我们每一个人，都因着亚当的罪性而与生俱来地处在这种死亡的判决之下。

图表 11：人的罪性

这正是我的现实。因为原罪的污染，我的思想、言语与行为都远离了上帝的圣洁。我的内心充满了骄傲、自以为义与悖逆的本性。不是上帝定罪我，而是我若诚实审视自己，就必须承认我在罪中生，也在罪中活。

这一点，我的太太最清楚。如果有人自以为是圣人，最好的验证方式，就是去问问他太太是否同意。

正如圣经所说：

"因为世人都犯了罪，亏缺了神的荣耀。"（《罗马书》3:23）

这句经文简洁有力，道出了基督信仰的核心真理：所有人类都犯了罪，没有人能够凭借自己达到上帝那绝对圣洁、公义的标准。人类从内心到外在，从思想到行为，早已深受罪的污染。我们每个人都被骄傲、嫉妒、愤怒、懒惰、贪婪、淫乱等各种罪性紧紧捆绑，无法靠自己的力量挣脱。如果说这些罪性是外在的"症状"；那么，更深层的"病因"究竟是什么？接下来，我们一起深入思考。

自以为义——人的原罪

很多人对基督教最大的反感，就是它宣称所有人都是罪人。他们反驳说：大多数普通人并不是恶人，也没有犯下过入狱的大罪，顶多是有些小缺点，仍可以算作“好人”。怎么能一概而论，说我们都是罪人呢?

在这样的反驳背后，其实隐藏着一句潜台词：“我是个普通人，我是个好人。”即使我偶尔嫉妒一下、撒个谎、在网上偷偷看些不该看的视频，甚至偶尔欺骗自己的配偶，我还是会告诉自己：“我比那些真正作恶的人好得多，我总体上是个好人。”

但《圣经》却毫不留情地直指人心。它说，**人的“原罪”就是自以为义，并因此而厌恶上帝的论断和审判**。这种自以为义，使人容忍许多不诚实和败坏悄然存在于心中，却毫无悔意。不是你没有作恶，而是你还没有机会。你之所以没有犯下更大的罪，可能只是因为你手中的财富和权力还不够。罪性就像一块湿透的海绵，在权力、地位、诱惑的压力下，极容易被挤压出来，暴露无遗。然而，即使只是在心里犯罪、却不愿承认，也同样是在犯罪。

正如一句话所说：“**在上帝的审判台前，众人都要闭口无言**。”你一生中所有贪恋的念头、每一句谎言、每一个欺骗的行为，都会毫无遮掩地呈现在神的面前。到了那一刻，我们谁都无法再为自己辩解，只能低声说：“上帝啊，我是个罪人，求你赦免我。”

20世纪英国著名文学家吉尔伯特·切斯特顿（Gilbert K. Chesterton）曾说过一句令人警醒的话：

“原罪是唯一一项通过两千年人类历史得到经验验证的教义。”

从古代帝国的暴政，到现代的战争、屠杀、贪婪、欺骗与系统性腐败，人类历史一再证明：人无法自我拯救，更无法靠制度、科技或文化来改良心灵。我们反复陷入同样的罪恶循环，正是因为我们拒绝承认自己在上帝面前全然败坏，需要祂的救赎。

原罪和现代政治哲学

现代真正健全的政治哲学，并不是建立在人性“本善”的幻想上，而是扎根于一个被圣经早已启示的事实——人有原罪。人不是天生理性、道德和可信的；相反，人有权力就会滥用，有自由就会放纵，有话语权就可能用来欺骗。这不是悲观主义，而是对历史最诚实的观察。

正因为人有原罪，现代西方法治政治的设计，才强调权力要被制衡、制度要有约束、人必须在法律之下行事。正如法国思想家孟德斯鸠在《论法的精神》（1748年）提出：“**一切有权力的人都有滥用权力的倾向，这是普遍规律**……”这句话的背后，正是对人性有限、败坏的清醒认识：因为人不是天使，所以必须受限。

举例来说，美国的三权分立，就是对人性腐败的一种现实回应。立法、司法与行政之间相互制衡，不是因为不信任某一群人，而是因为不信任所有人。无论是总统、议员还是法官，都不能拥有无限的权力。因为一旦制度假设“人是可以自我管理的道德主体”，那这套制度本身就会变成通向独裁与腐败的通道。

可惜，现代越来越多的政治思潮——尤其是左翼进步主义——却刻意回避甚至否认原罪。他们把一切问题归咎于外部结构，却从不愿面对人心的败坏；他们推动大政府、无限平权，却忽略权力集中所带来的危险；他们呼唤“信任政府和专家”，却忘了人性和权力正是最不可靠的根基。

然而，信奉原罪的基督教文明并不是一种宿命论信仰。相反，它同时肯定一个重要真理：人性是可以被塑造和更新的。借着自由意志，人可以恢复与造物主之间破裂的关系，走上一条重建生命与品格的道路。

4-4
给人民自由，他们将以美德回报

由于人的普世罪性，在人类历史的大多数时期，自由并非理所当然。对多数民族和国家而言，专制、等级、压迫才是常态。自由，是人类文明历中的一项奇迹，但也是最易失去的脆弱果实。进入现代社会以来，越来越多国家承诺赋予人民自由权利，然而，自由本身并不能自动带来秩序、公义与繁荣。正如哲学家奥斯·吉尼斯（Os Guinness）在其著作《一个自由民族的自杀》（A Free People's Suicide）中所指出的：

> **“自由依赖于美德，美德依赖于信仰，而信仰则需要自由来维持自身。”**

这正是他提出的“自由的黄金三角”（Golden Triangle of Freedom）。在这个三角结构中，自由、美德与信仰互相支撑、循环维系，任何一角的塌陷，都会导致整体的崩溃。

一、自由孕育信仰

人性虽然因原罪而堕落，但并非不可改变。人堕落的原因是因为与上帝关系的破裂。而上帝的救赎就是为人代罪而死，并邀请人接受这个救恩。

这样的救赎计划，听起来并不“高效”，甚至在许多人看来，简直笨拙、难以理解。想想看，祂没有用一剂“神奇药水”把人瞬间变成天使，也没有用超自然手段直接清除人类的败坏。相反，祂选择了一个最不被世人接受、最容易被讥笑的方式——让祂的独生子，耶稣基督，取了人的样式，道成肉身，降生在卑微的马槽，最后死在羞辱的十字架上。

为什么必须这样？

因为罪必须付出代价。上帝是慈爱的，但同样是公义的。若祂不审判罪恶，祂的公义就荡然无存；若祂只审判、不救赎，祂的慈爱又何以显明？

所以，耶稣来，代表着上帝的爱，也承担着上帝的公义。祂无罪，却甘愿替我们这些有罪的人，承受本该落在我们身上的审判与刑罚。十字架不仅是耶稣的痛苦，更是上帝庄严的宣告：罪的代价真实存在，爱与公义缺一不可。

三天后，耶稣复活了。这不是某种宗教神话的“圆满结局”，而是历史中最真实、最震撼的事实。创造DNA、创造万物的上帝，自然也掌管生死，战胜死亡，对祂来说，并非难事。

更令人敬畏的是，完成这一切的，是上帝；而接受与否的选择，祂却留给了你。

这正是基督信仰与其他信仰最大的不同。你若生在穆斯林家庭，自然是穆斯林；生在佛教家庭，自然是佛教徒；生在犹太家庭，自然是犹太教徒；生在共产主义国家，自然是共产主义接班人。大部分时候，信仰不是选择，而是说教和强迫接受。

可在真正的基督信仰中，信仰是一种选择。上帝不强迫你信祂，祂尊重你的自由意志。救恩不是强塞给你的教条，也不是血统或文化的传承，而是你内心的自由选择。自由意志也给了你拒绝的权利，今天你可以到美国的教会门口焚烧圣经，而不会被起诉，因为这是宪法保障的信仰自由给你的权利。

信心、悔改、接受耶稣、领受洗礼——这一切，都是建立在自由意志之上。没有自由意志，就没有真正的爱；没有自由意志，所谓的悔改与归信，只是空洞的表演。上帝不需要奴隶般的服从，祂要的，是发自内心、自由选择的爱与信靠。当你自愿回应，承认自己的罪，接受耶稣的救恩，圣灵就进入你的生命，真正的更新与改变，才由此开始。

这就是基督信仰：救恩来自上帝，选择权交在你自己手里。

二、信仰如何培养美德

人性天生渴望美善。即便我们是“天下乌鸦一般黑”的犬儒主义者，我们依然会被某些超越物质的品格所吸引——诚实、节制、公义、怜悯、责任、谦卑、勇气、忠诚。这些美德仿佛刻在我们良知深处的记忆，指引我们向上、向善。然而，正如使徒保罗所痛陈的那样：“我真是苦啊！立志为善由得我，只是行出来由不得我。”（罗马书7:18）

换句话说，我们知道善，却常常无力行善。人性并非无知，而是软弱；并非不渴望光明，而是受困于黑暗的枷锁。

然而，上帝为我们预备了一条出路。当我们接受基督的那一刻，祂便亲自进入我们的生命，不仅赦免我们的罪，更藉着圣灵的内住，开始更新我们的心思意念，从里面开始塑造我们的品格。

> **“人性犹如一只自出生便被囚于鸡笼中长大的雄鹰，无论如何被灌输服从的理念，它始终梦想着有朝一日在蔚蓝的天空中自由翱翔。”——作者**

信仰是那位创造它的主亲自来，打破这束缚的笼子，唤醒它被遗忘的天性，带它重返原本属于它的天地。

上帝要给的不只是道德行为的改善，而是释放；不是压抑人性，而是恢复本性。因为我们本来就是为着自由而生，为着荣耀、尊严与美德而造的。

我曾读到这样一个真实的故事：在中国，一群基督徒的企业家、财务总监与会计人员，曾在数年前一同参加一个查经营会。在营会中，他们彼此鼓励、彼此立志，要在工作中活出基督徒的真实见证。他们当众立誓：不做假账，不编造虚假的财务报表，哪怕面对现实的压力与风险，也要坚持诚实、正直，不再做罪的奴仆。

他们渴望的不只是职业的清白，更是灵魂的自由。他们愿意用自己的选择来荣耀上帝——不是靠口号，而是在每一个数字、每一份报表中见证那位真实的神。

信仰之所以能培养美德，是因为它不是靠外在的律法勒索，而是内在的生命更新。当我们真认识了神，认识了祂的爱与真理，美德就不再是一套强加的道德，而是我们自由地、喜悦地回应祂的方式。

三、美德如何支撑自由

许多现代人误以为：只要制定一套完善的法律框架，赋予公民足够的权利，自由社会自然就会繁荣有序。然而事实恰恰相反：法律可以设限，却无法塑造人心；制度可以防弊，却无法生成美德。如果一个社会的人民缺乏道德约束，再精密的制度也终将形同虚设。

群众是愚昧的，精英是虚伪的，权力是腐败的，制度是脆弱的。这是对人性的诚实判断，也是对制度本质的清醒认识。

正如美国第二任总统约翰·亚当斯所言：

> **“我们的宪法只适用于有道德和有信仰的人民，对其他任何人都不适用。”**

这句话揭示了一个深刻真理：自由制度的可持续性，取决于人民的道德基础。自由如果脱离了美德的支撑，很快就会蜕变为自我中心的放纵，最终导致社会的失序与分裂。

想象一个人人都要求权利，却无人愿意承担责任的社会；人人都强调自由，却不肯遵守规则、不尊重他人——这样的社会，其

“自由”只会演变为混乱，其“平等”只会走向嫉妒，其“民主”只会沦为多数暴政。

真正能支撑自由运行的，不是更多的监狱和警察，而是人民心中对善的认同、对真理的敬畏、对责任的承担。美德是自由的内在守护者，是社会制度之外那道最深的防线。

奴役人民，他们将以愚昧回应

如果一个社会不赋予人民自由，反而依赖控制、宣传、监视与洗脑作为治理方式，其结果不是稳定，而是集体的愚昧与麻木。历史上的每一个极权国家已反复验证了这一点。

在极权体制下，人民被系统性地剥夺表达的自由、信仰的空间与思想的尊严，最终造成如下后果：

对谎言习以为常：在长年累月的政治宣传中，人民不再关心真相，只学会顺从与识趣。说真话成为风险，沉默与虚伪则被当作生存智慧。

责任感被瓦解：公共事务与政治参与被视为“危险区域”，人民普遍采取消极自保的态度，“多一事不如少一事”成为生活信条。

道德空洞化：没有信仰根基，也缺乏自由讨论，道德不再根植于良知与真理，而沦为对权力的服从与对利益的投机。

教育沦为工具：学校不再培养有独立思考与道德判断的人，而是为政权输送顺从、听话、技术熟练的螺丝钉。

最终，这种体制培育的不是“负责任的公民”，而是“唯命是从的顺民”，甚至是“被动盲从的施害者”。一旦这样的政体崩溃，人民既缺乏自由意志的操练，也没有公民社会的习惯，往往无法承担自由的责任，也无法建设健康的民主制度。这就是我们常说的“文化破产”。

自由—信仰—美德如何共同支撑宪政民主

在真正的宪政民主制度中，政府权力受到限制，人民拥有基本自由，但这套制度需要一套文化与道德的“民情”来支撑。正如托克维尔在《论美国的民主》中所说：

“民主制度的成败，不在于它的法律，而在于它的民情。”

这种民情，正是由美德所滋养的社会共识。人们在自由中自觉守法，不靠强制而彼此尊重；在不同宗教信仰中坚持善恶标准，在意见不合中保持基本的信任。这种社会状态，绝非一朝一夕可得，而是建立在信仰自由、政教分立与公民实践的长期累积上。

具体而言，以下几种美德构成了宪政民主的“民情土壤”：

守法与敬法：不仅遵守法律，更尊重法律精神；

尊重与宽容：容忍异见，不诉诸暴力或取消文化；

责任感：参与选举、监督政府、服务社区；

公民美德：如诚实纳税、理性投票、志愿参与；

节制与自律：在言论自由中不造谣，坚持财产权但是不贪婪。

“给人民自由，他们将以美德回报。”这句话不仅是一句箴言，更是一种对人性的盼望与信仰。它不是乌托邦式的理想，而是历史与现实中一次次被验证的经验。

自由使人能选择敬畏上帝；敬畏上帝，使人产生美德；美德则成为制度与文明的根基。

正因如此，真正稳定的自由社会，必须从信仰、道德和自由三者的良性互动中成长起来；而不是靠暴力压制与思想统一维持表面秩序。剥夺人民自由，所换来的从来不是安定，而是迟早爆发的混乱与集体的失能。奴役人民，他们将以愚昧回报——这是对人性与历史规律的深刻警示。

4-5
天赋人权：为什么只从新教产生

我们上一章讲的自由实际上是我们常说的天赋人权（Natural Rights）的一部分，除了自由权，天赋人权还包括生命权，财产权等等。天赋人权最核心的理念是：人的权利来自上帝，而不是政府或统治者。天赋人权是现代文明的一个里程碑。

不妨做一个社会实验。假设我们今天把一百位相信多元与平等的知识精英们送上一座孤岛，任由他们自我管理、自由发展。两百年后，这座孤岛会孕育出怎样的文明？可以肯定地说，那里绝不可能诞生出以天赋人权与法治为基石的政治文明。

历史上，真正发展出天赋人权体系的，只有新教世界。天主教世界、伊斯兰世界、印度教、佛教甚至犹太教，都未能孕育出这一思想体系。为什么？这里我们通过宗教比较的方式来讨论一下。

在绝大多数文明中，人的权利不是被视为“与生俱来”，而是由统治者、社会等级或律法所决定的。换句话说，大多数宗教的传统是权力自上而下，而不是权利自下而上。

伊斯兰教（Islam）：顺服高于自由

伊斯兰教的核心思想是“顺服真主”（Submission to Allah）。在这个信仰体系里，个人并不拥有完全的自由，而是被要求遵循《古兰经》和伊斯兰教法（Sharia）的指导。

伊斯兰世界普遍认为，宗教和政府是不可分割的，法律源于神，而非人民的意愿。换句话说，政府的权力是宗教赋予的，而不是公民赋予的。在伊斯兰社会中，人们的生活方式受到严格规定，比如饮食、着装、言论、婚姻等，个人自由受到宗教律法的约束，无法像西方社会那样自由决定自己的生活方式。

因此，在伊斯兰教的社会结构下，“人权”更多是以“服从神的律法”来定义，而不是以“个人自由”来衡量。这种神权体系虽然强调社会公正和慈善，但缺乏真正的“天赋人权”概念，因为人不是“自由的个体”，而是“真主的仆人”。天赋的是统治者和宗教领袖的权利。

印度教（Hinduism）：种姓制度下的宿命论

印度教的社会结构深受种姓制度（Caste System）的影响。传统上，印度社会分为四大种姓：婆罗门（Brahmins）、刹帝利（Kshatriyas）、吠舍（Vaishyas）、首陀罗（Shudras），而贱民（Dalits）甚至连种姓系统都无法进入。

这种等级制度被认为是“天生注定”，人的地位是因果轮回的结果，而不是可以自由选择的。在这种体系下，个人的权利是由社会阶层决定的，而不是人人平等。换句话说，一个贱民不能通过个人奋斗获得与婆罗门相同的权利，因为他的社会身份是“神圣规定”的。

由于这种宗教文化长期强调顺从命运，人们很少追求“自由”或“权利”概念，而是更倾向于接受自己的社会角色。结果，印度社会在历史上很难发展出现代意义上的“天赋人权”观念，因为自由和权利不是其核心教义的一部分。

佛教（Buddhism）：不要执迷于权利

佛教关注的是个体的修行与解脱，而不是政治制度的设计。在佛教文化主导的国家，如泰国、缅甸、尼泊尔和西藏，社会运动和政治改革的动力往往较弱，因为人们更倾向于忍受社会不公，而非试图推翻它。

佛教教义强调无常和无我，认为执着于世俗事务，包括“人的自然权利”，只会带来痛苦。因此，佛教鼓励超越执念，追求内在解脱，而不是改变社会结构。它不强调“神赋予人的权利”，因为佛教本身没有“天”或上帝的概念，更关注个人的因果和轮回。这使得佛教世界难以发展出类似西方的“天赋人权”理念。

正因为缺乏对“天赋人权”的认知与信仰，佛教国家的政治普遍趋于腐败与专制。人们不认为权利来自于神圣不可侵犯的源头，而仅仅视之为当权者的赏赐或施舍。缺乏对政府的天然警惕和对权力的制衡意识，导致民众普遍顺从，社会缺乏真正有效的公民监督。于是，哪怕有宪法和选举，政治也往往流于形式，权贵集团操控，腐败、裙带、专断屡见不鲜。

犹太教（Judaism）：集体契约而非个人自由

犹太教强调人与上帝之间的契约关系（Covenant），但这个契约并不是针对每个个体，而是针对整个以色列民族（Israelites）。在犹太教的传统里，法律（Torah）和宗教戒律（Halakha） 是核心，而不是个人的自由权利。

虽然犹太文化强调公正、道德和社会责任，但它并没有像新教那样发展出“个体直接面对上帝”的信仰模式。相反，它更倾向于集体主义，强调民族团结、宗教律法和社会秩序的稳定。犹太人被视为上帝拣选的子民，因此，他们的社会规则和权利主要服务于整个群体的福祉，而不是个人的绝对自由。

此外，犹太教的法律体系是“律法驱动的”，而不是“自由驱动的”。个人的行为受到宗教律法的严格规范，涉及饮食、节日、婚姻、道德义务等方方面面。在历史上，犹太社会强调的是通过严格的法律体系维持宗教与社会的和谐，而不是像西方天赋人权那样，以自由为核心构建政治体系。

即便犹太人在漫长的历史中因流亡和迫害而发展出强烈的民族自觉，但这种自觉更多是对宗教文化的维护，而非对个人自由的宣扬。相比之下，新教世界的核心观念是个人直接向上帝负责，这种信仰逻辑自然延伸出了个人权利至上的理念。而犹太教的集体契约观，则更倾向于个人服从群体，以保证整个民族的延续和稳定。

这一差异决定了，虽然犹太文明孕育了大量思想家、法律体系和道德观念，但它从未催生出现代意义上的“天赋人权”概念。犹太教关心的不是个体自由，而是民族生存、宗教律法和共同体的延续。

天主教（Catholicism）：天赋教皇的权利

如果天主教也是基督教的一部分，为什么“天赋人权”没有首先在天主教国家出现？答案在于天主教的权力结构和神学观念。在历史上，天主教的核心结构是等级制，教皇（Pope）被视为上帝在人间的代表。所有的宗教事务，甚至影响社会治理的决策，都需要通过教会的层层传递。因此，个人的权利并非直接来自上帝，而是由教会作为“中介”传达。

这种体系强调秩序和服从，权力由上而下，普通人的“自由”更多是指在教会规范内的服从，而不是独立的个人权利。长时间以来，欧洲的君主制和教权结合，国王被认为是“受上帝祝福的统治者”（Divine Right of Kings），臣民的服从被赋予宗教色彩。因此，在天主教主导的社会里，政府的权力和人民的权利不是平等的交换，而是一种神圣授权的关系，缺乏真正的天赋人权的概念。

为什么天赋人权没有在南美产生？

这也是为什么天赋人权没有在南美产生，而是在北美产生。去南美殖民的国家主要是西班牙和葡萄牙，而他们的社会体系深受天主教等级制度的影响。在这些国家，教会与王权紧密结合，形成了一种以皇权、教会和贵族为核心的社会结构。政府的权力是自上而下的，个人的自由和权利必须服从统治阶层的安排。

相比之下，北美的殖民者主要来自英国，而英国当时的新教改革已深深影响了其社会政治制度。尤其是清教徒，他们相信人与上帝直接联系，而不必通过教会或国王。这一思想最终发展为“政府的权力来自人民，而非君主赐予”。这就奠定了美国未来民主制度的基础。

更关键的是，南美的殖民者带来了欧洲的封建制度，而北美的殖民者带来了契约自由精神。在南美，西班牙和葡萄牙的殖民政府建立了严格的种族等级制度，原住民和非洲奴隶处于社会底层，而统治阶层则由西班牙和葡萄牙的贵族主导。这种制度导致了一个由少数精英控制的大政府，人民没有真正的自主权，政府也从未被视为人民的仆人，而是他们的主人。

相反，北美的殖民地没有强大的中央权力，而是以自治和地方治理为主。最初的清教徒社区采用了公约政府（Covenant Government）的形式，即一群人共同立下契约，自愿组成一个治理共同体。这种社会组织方式让人民“骑在政府的脖子上”，而不是相反。

结果就是，南美的殖民地虽然更早建立，但它们始终没有发展出人民主导政府的传统，而北美的殖民地则逐渐形成了一种以自由、权利和自治为核心的文化，最终催生了天赋人权和美国宪法。

历史证明，一个国家是否能够真正尊重和保护个人的自由，并非取决于它建立了多久，而是取决于它的文化和制度基础。在这方面，新教改革所带来的思想变革，成为了决定南北美洲政治命运的关键分水岭。

天主教的演变

19世纪，随着民族国家的兴起，欧洲各国逐渐摆脱了教会对政治的直接控制，政教分立（Separation of Church and State）成为西方政治发展的主流趋势。天主教虽然仍然保持着等级制度，但它对政治权力的控制已经大幅削弱，教皇不再能直接左右各国国王或政府的统治。

20世纪以来，特别是在梵蒂冈第二次大公会议（Vatican II, 1962-1965）后，天主教开始调整其社会观念，逐渐接受民主、自由和人权的理念。梵二会议确认了宗教自由的重要性，强调个人良心的权利，并认可不同信仰群体的共存。此后，天主教会逐步摆脱了对世俗政权的直接干预，转而专注于社会公义、慈善事业和道德责任。

今天，天主教虽然仍然维护教会的权威，但它对人权、民主和自由的态度已较过去开放。天主教国家，如法国、意大利、西班牙和波兰，虽然仍有深厚的宗教传统，但其法律和政府基本上都建立在现代民主制度之上，而不是由教会直接控制。

为什么天赋人权只出现在新教世界?

新教（Protestantism）不同于天主教，其核心思想是“因信称义”（Justification by Faith Alone），意思是一个人得救并成为义人，不是靠行善、宗教仪式或教会的赦免，而是仅凭对耶稣基督上十字架救恩的信心。这种信心能够恢复人与上帝的关系，即人与上帝的关系是直接的，不需要通过教会或神职人员。这一观念带来了深远的政治和社会影响，使得自由和个人权利的概念在新教世界生根发芽。

首先，新教改革强调权力的去中心化。每个人都可以直接阅读圣经，与上帝对话，而不需要教皇或国王的批准。这种思想彻底削弱了政府权力的神圣性。在天主教世界，统治权往往被赋予神圣性，而在新教国家，人们开始认识到政府应该为人民服务，而不是作为绝对的统治者。

其次，新教世界，尤其是加尔文主义传统，强调个人对上帝的直接责任，这使得个人的自由和权利被视为高于政府的权威。这种观念直接催生了对专制政权的抵制，例如英国内战（1642-1651）、光荣革命（1688）和美国独立战争（1776），最终推动了宪政民主的形成。在新教的影响下，人民逐渐认为政府的权力应该受到法律的约束，而个人的自由是天生的，不应受到政府的随意剥夺。

此外，新教国家成为了自由制度的实验室。1689年，英国的《权利法案》确立了议会高于国王的原则，奠定了宪政基础。1776年，美国《独立宣言》正式提出“天赋人权”，强调政府权力来自人民的同意，而不是由君主赐予。在荷兰和瑞士等新教国家，民主制度在17世纪率先建立，并逐步确立言论自由和宗教自由的理念。这些国家的共同点在于，它们都属于新教世界。

相比之下，西班牙、葡萄牙和法国这些天主教国家在18世纪仍然维持着君主专制体制，缺乏自由和民主思想的土壤。天主教的权威结构依旧强调教皇和国王的统治地位，使得这些国家未能像新教国家那样，孕育出真正意义上的天赋人权理念。因此，天赋人权的兴起并非偶然，而是新教信仰的直接产物，是人与上帝直接联系的结果，是政府权力受限、个人自由至上的必然延伸。

正如美国开国元勋托马斯·杰斐逊所说：“我们所拥有的权利不是来自政府，而是来自上帝。” 这正是新教世界给予世界最重要的思想遗产。

美国会变成“基督教神权国家”吗?

很多人读到这里，尤其是看到本书引用了大量圣经、谈论基督教价值观，便开始担心美国会不会走向“神权国家”，像伊朗那样由宗教控制政治。实际上，这种担忧源自对美国制度和基督教本质的双重误解。

首先，美国有明确的宪法保障，尤其是《第一修正案》，它强调的是“政教分立”，而不是“政教分离”。分立的目的，并不是把信仰赶出公共生活，而是防止政府强制推行任何宗教，同时也禁止政府打压任何人的信仰自由。历史上，大多数美国总统都有基督徒背景，但这从未让美国变成神权国家。恰恰相反，正是基督教文明对良心自由、个人责任和社会秩序的强调，造就了美国独特的自由传统与多元共存。

其次，真正的基督教从不主张强迫信仰，相反，它高度尊重人的良心和自由选择。正是这样的信仰观，孕育了现代社会的法治、自由和真正意义上的政教分立。强制灌输信仰，本质上是对上帝和信仰本身的亵渎。

当然，西方的历史也是教会的历史。教会背离圣经的反面教训也很多。西班牙宗教裁判所便是其中之一。根据历史学者 Henry Kamen 的研究，西班牙宗教裁判所在其近四百年的历史中，约有四千人被处以死刑，这固然是历史的污点。然而，若将其与 20 世纪现代极权主义的暴行相比，则是小巫见大巫。比如，中国的“反右”运动中，至少 55 万人被迫害致死；前苏联在斯大林时期的大清洗三年间，大约有 100 万人被处决；而据法国历史学家斯蒂芬统计，全球共产主义政权在 20 世纪制造了至少 1 亿人的非正常死亡。这才是人类历史上真正规模空前、系统性、冷血残酷的“去宗教化”实验。

事实上，真正危险的，恰恰是这种极端世俗主义和系统性去宗教化。在西方，今天社会刻意将信仰驱逐出校园、媒体与公共生活，结果并不是人们变得更加理性和宽容，而是留下了巨大的价值真空与精神荒漠。这种空白终究会被更极端的意识形态所填补。看看今天的美国，信仰的衰落，正在被新马克思主义、激进平权主义、性别重新定义等极端思潮所侵蚀。而在欧洲，类似的信仰缺失，已经为伊斯兰极端主义的大规模渗透与扩张打开了大门。

总之，只要坚持信仰自由，美国不可能走向伊朗式的“神权国家”。真正的威胁，来自那些打着“反宗教”、“去神化”旗号，实则瓦解社会秩序、摧毁公民自由、最终走向极权的新世俗主义。

第五章

美国政治文明的四项基本原则

“（美国）建国先贤们认识到，健全政府与公正人际关系唯一可靠的基础，是自然法则。”

—— W·克里昂·斯考森（W. Cleon Skousen）

这句话出自美国保守派思想家、著名宪法学者克里昂·斯考森教授的著作《美国的五千年飞跃》（The 5000 Year Leap）。斯考森在这句话中，精准概括了美国建国者的核心信念——“自然法则”（Natural Law）是政治与社会良性运作的根本基石。

所谓“自然法”，并非源于人类的主观意志，也不是政府的恩赐，而是一种超越人类之上、根植于上帝创造秩序的普遍道德律。正如万有引力定律并无“中国特色”或“美国特色”一样，真正的道德律也是普世的，是一切政治文明得以建立的前提。

美国开国先贤们在缔造合众国之初，确立了四项根本政治原则：天赋自然权利、宪政共和、有限政府与市场经济。而这四大原则，并非凭空而来，而是深深扎根于新教文明、古典自由主义与保守主义思想传统之中，体现了对上帝、自由与秩序的敬畏。

5-1
自然权利是目的：人权能当饭吃吗

这一章或许是本书中最重要的一章，因为自然权利——生命、自由、财产权等——是现代政治文明的核心。在政府出现之前，人类已经存在，我们是自然人，被上帝赋予了一系列不可剥夺的自然权利。政府是在人的自然权利产生之后才出现的，其存在的本质并非授予权利，而是保护权利。这就是天赋人权的实质。

一个人的政治智商深度，与他对自然权利的认知程度成正比。

许多人常问："人权能当饭吃吗？言论自由有什么用？吃饱饭才是硬道理。"让我们先来看一个寓言故事。

敲锣村的兴衰

在遥远的东方，有一个名叫敲锣村的小村庄。村子不大，却世代富足、安定。村子中央有一棵参天大树，树下悬挂着一口古老的铜锣。这口锣承载着祖先留下的传统：谁家有难，谁有冤屈，或者村里有重大事务需要商议，只要敲响这口锣，村民便会聚集，共同商讨对策。 正是这口锣，让敲锣村得以维持公正与秩序。虽然村里有贫有富，但总体民风善良，勤劳，世代兴旺。

村里有一家人出了个大学生，聪明过人。他后来出国留学，还给自己取了个洋名，叫马克。多年后，马克衣着光鲜地回到村里，站在大树下向村民们演讲："你们太落后了！法国早就革命了，你们怎么还在这里埋头种地？难道你们没看到贫富差距吗？为什么有些人吃得比别人好？我们应该消灭贫穷，让村里所有人真正平等！"

村民们被他的话和热情吸引了。马克提议：“大家不应该各自为政，自己种自己的粮食。我们应该建立一个‘公共食堂’！大家的粮食统一上交，由村里统一管理，所有人都可以免费吃饭，不论出身，不论家里人口多少，想吃多少就吃多少！” 村民们听了，觉得这个很划算，纷纷点头答应了。

公共食堂刚开始热热闹闹。吃饭不要钱，锅里有大鱼大肉，人人兴高采烈。然而，时间一久，问题就出现了——既然干多干少吃的都一样，那我何必辛苦劳作？ 渐渐地，越来越多人变得懒散，田地里的庄稼没人去收割，粮仓空了，食堂的锅也揭不开盖了。

饥荒开始蔓延，村民们终于醒悟：这样下去，我们都会被饿死！许多长辈想起了村中央的那口铜锣，准备敲响它，召集大家商议如何重新找回自己的土地，各自耕作。但当他们跑到大树下时，却发现——铜锣已经不见了。

马克站在村子中央，冷冷地说：“我已经把锣撤掉了，过去那种不平等的声音，不应该再存在。”村民们愤怒了，他们想要反抗，可是马克的追随者已经控制了村子。反对的人被抓进“公审大会”，被指控为“反革命分子”、“破坏集体主义的敌人”。村子中央的大树下，不再是公平讨论的场所，而变成了专门审判‘叛徒’的刑场。

最终，敲锣村不复存在。没有了锣声，也没有了粮食，饥荒吞噬了一切。这时村民们才终于明白，那口锣不仅仅是一个可响的钹，它是祖先传下来的命脉。它代表着言论自由和民意，是防止大家“没有饭吃”的最坚固防线。

锣的启示

在这个故事里，锣代表言论自由和天赋的自然权利。没有言论自由，就没有人能够质疑错误的政策，没有人能够提醒大家走上了错误的道路，最终整个社会都会走向毁灭。如果没有反对的声音，魔鬼就会统治这个世界，最终所有人都没有饭吃。

现实中的中国大饥荒（1959-1961）就是这样发生的。人民公社制度取消了私有土地，建立公共食堂，让农民失去生产动力，导致全国粮食短缺，最终4,000多万人活活饿死。

英国作家罗伯特·哈里斯（Robert Harris）的小说《慕尼黑》（Munich）通过虚构的历史情节，深刻展现了极权与思想钳制的可怕逻辑。网上流传着这句话来概括其中传递出的警示：

> **“如果尖锐的批评完全消失，温和的批评将会变得刺耳。如果温和的批评也不被允许，沉默将被认为居心叵测。如果沉默也不再允许，赞扬不够卖力将是一种罪行。如果只允许一种声音存在，那么，唯一存在的那个声音就是谎言。”**

人权能当饭吃吗？ 当你失去言论自由、财产权这些自然权利时，你可能很快连饭都吃不上。

你被马斯洛的需求层次理论忽悠了吗？

你可能听过马斯洛需求层次理论（Maslow’s Hierarchy of Needs），它将人的需求从低到高分为五个层次：

生理需求（食物、水、空气）；

安全需求（稳定、免于威胁）；

社交需求（归属感、爱）；

尊重需求（自尊、成就感）；

自我实现需求（个人成长、自由）。

乍一看，这个理论似乎很有道理。然而，它最大的问题在于，它把自由、言论权、财产权等自然权利放在了最顶端，仿佛这些东西是“高级需求”，只有在温饱满足后才需要考虑。

从人本主义出发，马斯洛的理论并非基于严谨的实验数据，而是更多出于哲学推演。心理学家罗伊·鲍迈斯特（Roy Baumeister）曾指出，人的需求并非按照严格的阶梯递进。例如，在二战期间，集中营的囚犯虽然长期忍受饥饿，但仍有人冒着生命危险保护自己的信仰和尊严。饥饿的艺术家依然创作，无数的异议人士冒着坐牢的危险仍然为信仰而斗争。这些事实都表明，人类的动机远比马斯洛的理论更为复杂。有一些超越物质的存在——公义、善良、勇敢、无私——无论物质基础如何，总能在某些好人身上闪耀出人性的光芒。

另外，历史已经无数次证明，当自然权利被剥夺，社会不仅不会更加稳定，反而会导致最基本的生存需求都无法保障。苏联的大饥荒（1932-1933）就是一个典型案例。政府全面掌控经济，剥夺农民的财产权，实施强制粮食征收，最终导致数百万人活活饿死。

马斯洛的理论误导了许多人，使他们误以为自由和权利只是富裕社会的奢侈品，实际上，它们才是社会稳定和繁荣的根本。就好像空气，**也许空气不能让你吃饱，但呼吸远比吃饱更重要**。

自然权利的来源

自然权利的概念可以追溯到古希腊和古罗马时期，但在17世纪的启蒙运动中，约翰·洛克（John Locke）、让-雅克·卢梭（Jean-Jacques Rousseau）和托马斯·霍布斯（Thomas Hobbes）等思想家对自然权利进行了系统的阐述。尤其是洛克，他不仅是自然权利理论的奠基者，更是现代政治哲学的重要推动者。他在其划时代的著作《政府论》（Two Treatises of Government）中提出，所有人类被造平等，拥有“生命、自由与财产”的权利。这些权利不是君王的恩赐，也不是社会契约的产物，而是天赋的，是每个人作为人所自然拥有的。

由于洛克在政治哲学中系统阐述了“天赋人权”的理念，他被尊称为“自由主义之父”，并开启了古典自由主义的先河。洛克的思想深刻影响了美国《独立宣言》的起草，尤其体现在对生命权、自由权和财产权的强调，同时也为法国《人权宣言》等开创性文献奠定了理论基础。

洛克生于1632年的英格兰萨默塞特郡，家境富裕，是一个坚定的清教徒家庭的后代。清教徒的信仰对他的思想有着深远的影响。清教徒强调每个人与上帝之间的直接关系，这种宗教观念与自然权利理论中对个人价值和尊严的重视高度契合。在洛克的思想中，“每个人被造平等”并不仅仅是一种世俗哲学的主张，而是一种神学信念：每个人都是按上帝的形象被创造的，因此天生享有尊严和权利。

洛克的作品中经常引用《圣经》来论证人的自然权利。他甚至认为，政府若违背自然权利，实际上是在对抗上帝的旨意。因此，他提出的“反抗权”不仅具有政治意义，也带有宗教色彩。人们推翻一个压迫性的政府，不仅是维护自己的权利，更是履行对上帝的义务。这个思想也被美国建国者写在《独立宣言》里面。

所以，自然权利并不是政府的施舍，而是由造物主赋予的。

打个比方：今天的人工智能与机器人技术已经非常先进，尤其是那些具有人形外观与互动能力的机器人。那么，它们是否拥有“自然权利”呢？如果有，那这些权利一定是由人类赋予。事实上，目前机器人并没有任何自然权利，但相关的立法讨论已在多个国家展开。例如：是否可以随意虐待人形机器人？是否可以强迫它“吃屎”、殴打、截肢、甚至“砍头”？这些问题虽然听起来荒诞，却正在成为伦理学与法律领域的真实议题。

然而，不论最终立法结果如何，机器人的“基本权利”终归是由它的创造者——人类来设定的。同样地，人类的自然权利，也不是社会契约凭空发明出来的，而是源自那位创造人类的主宰者。

自然权利包括哪些权利?

自然权利是每个人生而具备的基础权利，它们既不是政府的施舍，也非特定时代或文化的产物，而是根植于人类共同的理性与良知中。这些权利无论在何种境遇下——监狱中的囚犯还是战火中的平民——都不可剥夺。它们既有神学的根基，也得到了哲学的深刻阐释。

从神学的角度看，自然权利源于上帝对每个人的创造之爱。基督教的“按上帝的形象造人”（Imago Dei）观念赋予人类不可侵犯的尊严。这一理念为现代人权思想奠定了道德基础，表明无论种族、性别或社会地位，每个人都享有平等的权利。从哲学视角来看，思想家如约翰·洛克和托马斯·潘恩（Thomas Paine）揭示了自然权利的普世性。他们主张，生命、自由和追求幸福的权利是人与生俱来的，而政府的职责仅在于保护这些权利，而非赋予它们。这里总结一下这些思想家们经常提到的7项自然权利。

1. 生命权

生命权是自然权利的核心，每个人都享有生存的权利，这是所有其他权利的基石。圣经上说：“不可杀人。” 又说：“你在母腹里，我就知道你。”这也是美国“拥护生命”反堕胎运动（Pro-Life）的理论基础。

2. 宗教信仰自由

宗教信仰自由实际上是思想自由和实践自己信仰的自由。很多人都不了解美国政教分立的初衷，以为是害怕宗教影响政府，其实正好相反。清教徒们是从英国和欧洲逃难过来的，他们害怕的是政府对宗教的干预。人的思想不属于政府管辖的范围。

3. 言论自由

言论自由是思想的外在表达，社会繁荣与言论自由息息相关。言论自由是对人性尊严的基本承认，是民意的表达和对政府必要的监督。言论自由还会衍生出抗议自由、出版自由和集会自由。一个社会如果演变成因言获罪的社会，包括美国、英国和芬兰这样的国家，那政府一定是向软极权方向发展，这是危险的信号。

4. 财产权

私有财产权体现了劳动和创造的成果，是资本主义和市场经济的核心。约翰·洛克在《政府论》中指出："通过劳动获得的资源属于个人。"财产权的保护不仅激发经济活力，也推动社会公平。在本书的第三部分，我们将系统介绍国际财产权保护指数与国家经济兴衰之间的密切关系。

5. 隐私权

隐私权是现代法律体系中的一项权利，因其保护个人自由与尊严的功能，体现了自然权利的本质。隐私权保护的是个人的私人生活免受非法干涉，即便在数字时代，每个人都应享有不被随意监视的权利。

一旦隐私权被践踏，个体自由就会迅速崩溃。东德时期的"斯塔西"（Stasi）秘密警察体系就是一个极端例子。这套庞大的国家监控机器动用了超过9万名正式情报人员、超过17万名线人，监控全国人口的三分之一。普通人的一封信、一句闲谈，甚至家中亲人之间的对话，都可能被记录、分析，成为定罪的证据。一个没有隐私的社会，是一个所有人都赤裸裸、无处藏身、随时被清算的社会。而今天的网络监控技术，其覆盖面和精准度更是有过之而无不及。

6. 免受奴役和酷刑权

免受奴役和酷刑，是人类文明的底线。18世纪的废奴运动改变了世界历史的走向，宣告了奴役制度在人类社会中的不合法性。而在二战结束后，联合国通过的《世界人权宣言》第四条和第五条，更是以国际法的形式明确禁止奴役与酷刑，彰显了这一权利的普遍性与不可侵犯性。真正尊重人权的国家，即使在监狱中，罪犯依然被视为拥有基本的自然权利，依然享有免受奴役和酷刑的保护。这正是人性尊严的最低底线。

7. 自卫权

自卫权是个人在受到人身威胁时保护自己和他人的权利。这一权利在法律框架内被规范，用于正当防卫。例如，美国《宪法第二修正案》赋予公民持枪权，为自卫提供法律支持。

这些自然权利是现代社会的基石。自然权利是上帝的恩赐，是人类共同的财富，是现代政治文明的目的。没有自然权利，人便不能真正成为人，因为权利赋予了我们尊严、自由和追求幸福的能力。它们是现代文明的目标，确保每个人都能在平等与正义的基础上生活。

美国的政治体系如何建立在自然权利之上？

1776年发表的《独立宣言》不仅是一项政治宣言，更是一份建立在新教伦理和神圣启示之上的道德宣言。它宣告的不仅是一个国家的诞生，更是对上帝赋予人类不可剥夺权利的宣扬。这份文件开篇便明确宣告：“**我们认为这些真理是不言而喻的：人人受造平等，造物主赋予他们若干不可剥夺的权利，其中包括生命权、自由权和追求幸福的权利。**”

这些文字不仅仅是政治文件中的陈述，它们点燃了一个全新的世界观，将人民的地位与君主、贵族和皇帝平起平坐。这句话将个人的权利直接与“造物主”的赋予联系起来，使自然权利不仅具备理性哲学的正当性，还蕴含着神圣的道德意义。

《独立宣言》不仅捍卫了自然权利，更将其视为政府存在的唯一正当理由。文件明确指出，政府的合法性并不来源于权力的世袭，也不取决于君主的旨意，而是建立在人民的同意之上。政府的主要职责是“保护这些权利”，即确保上帝所赋予的生命、自由和财产权利不受侵犯。如果政府违背了这一使命，人民不仅有权反抗，甚至有责任将其推翻。这种革命性的观点突破了当时传统的君权神授观念，为后来的民主制度奠定了伦理和法律的基础。

而自然权利的保护并不仅仅停留在《独立宣言》的文字中，它在1787年通过的美国宪法中得到了更为具体的落实。美国宪法并没有直接使用“自然权利”这一术语，但它的核心条款和修正案深深植根于这一思想中。尤其是1791年通过的《权利法案》（Bill of Rights），将自然权利的保护上升到了具体的法律层面，其中第一修正案尤为关键。

第一修正案规定，“国会不得制定任何法律确立宗教或禁止其自由活动；不得剥夺言论自由、出版自由，或剥夺人民和平集会和向政府请愿的权利。” 这段文字从多个层面巩固了自然权利的理念。它明确保障了五个自由：**宗教自由、言论自由、出版自由、集会自由和抗议自由**，为公民提供了广泛的保护，使他们免受政府干预。

第一修正案的保护不仅限于美国公民，也保护所有在美国合法居住的居民，包括中国留学生。比如，留学生可以自由出版和集会，不需要经过美国政府的同意。想象一位在美留学的中国学生，他或许对校园政策不满，可以合法地在校报上发表批评文章，或者组织一场和平集会表达诉求，而无需担心被当局审查或禁止。

值得注意的是，2023年10月7日，以色列遭遇恐怖袭击后，支持哈马斯的抗议活动在美国多所大学出现。只要抗议是和平的，哪怕内容激烈，也属于《第一修正案》保护范围。然而，个别抗议者采取了阻止以色列学生上课、围攻、恐吓等行为，这种行为已经超出宪法所保护的言论和集会自由范畴，构成对他人自由与安全的侵害，自然也受到法律约束。

总结而言，《独立宣言》为美国奠定了自然权利的哲学与道德基础，而《宪法》及其修正案，则将这些抽象的权利具体化为法律上的现实保障。正是这种“自然权利+宪政法律”的结合，使美国成为全球第一个以自然权利为核心原则设计国家制度的现代国家，其影响深远地塑造了此后200多年的世界政治与历史格局。

哪些权利不是自然权利?

在现代社会，人们经常把政策性权利（Political Rights）误认为是自然权利（Natural Rights），甚至有人主张政府有义务提供一切，使所有人“平等”。然而，自然权利是上帝赋予的，政府无权剥夺，而许多所谓的“权利”实际上只是政府创造的政策或社会契约的结果，不能与天赋人权相提并论。以下几种常被误解为“自然权利”的概念，实质上并非真正的自然权利。

1. 基本福利

福利包括免费医疗、住房补贴、食品补贴等，很多人认为政府应该“保障”这些福利，并把它们当作一种“基本人权”。但事实上，这些都是政府再分配政策，并非自然权利。自然权利强调的是自由和财产权，而不是政府“给予”某种好处。任何“福利”的存在，都意味着政府必须拿别人的钱来支付，而这侵犯了纳税人的财产权。如果政府有权随意决定哪些人应该得到补助，哪些人应该被剥夺财富，那就意味着政府凌驾于公民的天赋权利之上，变成了人权的“施舍者”。

2. 堕胎

有人认为“堕胎权”是“女性的身体自主权”，但这忽略了胎儿的生命权。自然权利最基本的部分就是生命权，既然胎儿是独立的生命，就拥有自然权利。因此，堕胎并不是“女性的自由选择”，而是涉及到另一条生命的存亡。任何文明社会都不会允许母亲在孩子出生后随意杀死婴儿，那么胎儿作为人类生命的早期形态，同样应该受到保护。所谓“堕胎权”并不是天赋人权，而是政府政策允许的例外情况。

3. 选举权

很多人认为“民主选举”是人类最基本的权利，但选举权是政府设立的政治制度的一部分，是在政府产生以后才产生的，而非自然权利。在历史上，人类社会在没有普选的情况下仍然存在，并非所有社会都依赖投票来治理国家。天赋人权保护的是自由、生命和财产，而不是选举本身。选举制度是否存在，取决于国家的法律架构，而不是上帝赋予每个人的自然权利。因此，选举权只是一个政治安排，而不是与生命权、自由权相同等级的基本权利。

总结

总之，真正的自然权利，如生命权、自由权、财产权，在政府存在之前就已经存在，它们来自于上帝，而不是立法机构。这些权利不可被政府剥夺，也不依赖政府施舍。

而基本工资、基本福利、堕胎权、选举权等，都是政府制定的政策性权利，它们的存在取决于政治环境，而非天赋人权。这些权利的授予往往伴随着对他人权利的侵犯，因此不能被视为“不可剥夺的权利”。

如果政府成为“权利的施舍者”，那么政府就变成了权力的唯一来源，人们的自由将受到政府的掌控。历史证明，当社会用政府施舍的“权利”代替真正的自然权利，最终的结果就是人民失去真正的自由，国家陷入专制和衰败。这就是为什么理解自然权利和政策权利的区别至关重要。

自然权利不是“奢侈品”，也不是“等经济发展好了再考虑”的问题，而是社会能够正常运作的根本。重要的话再说一遍：**自然权利就像空气，它不能当饭吃，但是如果人没有了呼吸，吃饭也不重要了。**

5-2
宪政共和是框架：保护少数人的权利

在许多关于美国政治制度的讨论中，人们常常称之为“世界上最伟大的民主国家”。然而，这种表述并不完全准确。美国的建国者并未设想创建一个纯粹的民主（Democracy），而是选择了宪政共和（Constitutional Republic）这一独特的政治框架。为了理解这一点，我们需要深入探讨美国宪政共和的内涵，并分析为什么它与民主有着本质的区别。

宪政和民主的区别——从一个故事讲起

这是一个基于真实事件改编的故事。在一个微信群里，有三百人。正值疫情期间，大家热烈地讨论是否接种疫苗。大多数人认为，为了公共健康的安全，每个人都应该接种。然而，其中有一个人提出了不同的意见。他语气坚定地指出疫苗数据存在不准确之处，还提到这是试验性疫苗，并举出几个朋友接种后不幸去世的例子。

群里有几位医学专业人士和医生，他们对这位提出质疑的成员进行了严厉反驳，指责他散布虚假信息，还用了“误导”和“造谣”这样的字眼。双方争论愈演愈烈。这时，群主提出一个建议：“如果大家认为应该将这位同学移出群，请发言表决。”结果，大多数人同意将他踢出群。于是，群主遵循多数人的意愿，将这位同学移出了群。

这就是民主。多数人决定少数人的命运。

然而，故事并没有结束。后来，疫苗的副作用逐渐显现出来，科学研究也证实了其对心脏健康和癌症发病的潜在风险。同学群里有两位成员也因此不幸去世，一个是因心脏病，另一个是因为突发的癌症，而他们都接种了疫苗。这时，有一位同学在群里提到："也许我们赶走的那位同学说的是对的。如果他没有违反群规，仅仅是表达不同意见，我们是不是不应该那么草率地把他赶走？"

这就是宪政。少数人的言论受到法律的保护。

这个反思正是宪政与民主的分野所在。宪政强调保护少数人的权利与自由，即使他们的观点不被多数人接受，只要不违反宪法和法律，就应该被允许存在。这种保护机制不仅仅是为了维护个体的尊严，更是为了给社会留存对话与反思的空间。

宪法之下的国家

1620年，五月花号横渡大西洋，载着一群不堪忍受宗教迫害的清教徒，驶向未知的新大陆。这些早期移民怀揣着一个共同的梦想——在新世界建立一个尊重信仰自由、保障个人权利的社会。正是这种信念，成为美国政治制度萌芽的起点，并最终在一个多世纪后的独立战争中走向成熟。然而，建国者并不希望直接采纳古希腊式的直接民主模式。原因何在?

亚里士多德早在两千多年前就在《政治学》中指出，纯粹的民主可能导致多数人对少数人的压迫，这一担忧后来被托克维尔称为"多数暴政"（Tyranny of the Majority）。换句话说，在一个人人都能直接表决的社会，少数群体的利益可能被忽视甚至被牺牲。为了避免这一危险，美国的建国者，如乔治·华盛顿、詹姆斯·麦迪逊和亚历山大·汉密尔顿，设计了一部宪法。这部宪法成为国家的最高法律，约束了政府的权力，并保证了个人的基本权利。

在《联邦党人文集》第10篇中，麦迪逊深刻地阐述了为何需要一个宪政框架。他指出，民主制度的本质缺陷在于其无法控制派系的危害。而宪政共和则通过分权制衡（Separation of Powers）和代表制（Representative Government）解决了这个问题。立法、行政和司法三权分立，各自独立却相互制约，确保了任何一方都无法轻易滥用权力。

为何不是纯粹的民主？

民主的基本定义是“人民通过直接投票参与决策”。然而在美国，大多数重要决策并非由公民直接决定，而是通过他们选出的代表间接完成。例如，总统选举并不是靠全国普选票数决定胜负，而是通过“选举人团制度”（Electoral College）来决定。

所谓选举人团，是指每个州根据其国会席位数量分配一定数量的选举人票。美国全国共538张选举人票，一个候选人只要赢得270票就可当选。这种制度的设计初衷，是为了防止人口稠密的大州（如加州、纽约）垄断全国政治议程，从而保障小州也有实质性的发言权，实现州与州之间的政治平衡。

一个显著的例子是2000年美国总统大选。当年，民主党候选人阿尔·戈尔（Al Gore）在全国范围内获得了超过50万张选票的普选票（Popular Vote）优势，但在选举人团投票中输给了乔治·W·布什（George W. Bush）。布什最终以271票对266票的选举人票胜出，成为总统。这种情况表明，美国的制度不是单纯依靠多数人投票，而是通过一种更复杂的机制来保障不同地区的平衡。

此外，美国国会由参议院和众议院组成，反映了权力的分配逻辑。众议院基于人口比例分配席位，而参议院则确保每个州无论大小均有两席。这一设计体现了联邦制（Federalism）的原则，防止大州在立法过程中完全压制小州的利益。

这一安排进一步凸显了美国宪政共和的精妙之处：它在保障多数人声音的同时，也保护了少数派的权益，使得国家治理更加稳定和多元，而不是简单的多数暴政（Tyranny of the Majority）。

少数与多数之间的平衡

宪政共和的核心目标，是在少数与多数之间寻找平衡，确保政府不会因简单的多数暴政（Tyranny of the Majority）而侵犯个体或少数群体的基本权利。美国的制度设计，使得即便是绝大多数人支持的政策，也不能侵犯宪法所保障的基本权利。

一个典型的案例是1943年最高法院的“西弗吉尼亚州教育局诉巴内特案（West Virginia State Board of Education v. Barnette）”。这起案件涉及一个问题：政府能否强制学生在学校里向国旗敬礼，即便他们的信仰不允许这么做?

当时，美国正处于二战期间，爱国情绪高涨。西弗吉尼亚州政府通过了一项法律，要求所有公立学校的学生必须向国旗敬礼，否则将面临惩罚，甚至可能被学校开除。这一规定得到了大多数民众的支持，认为它有助于培养国家认同感。然而，一群耶和华见证人（Jehovah’s Witnesses）的信徒反对这项法律。他们认为，向国旗敬礼等同于“偶像崇拜”，与他们的信仰相违背，因此拒绝遵守这项规定。这些学生因此遭到处罚，甚至被学校开除。

案件上诉至美国最高法院，最终法院裁定：政府无权强迫个人表达与其信仰相冲突的言论和行为。大法官罗伯特·杰克逊（Robert H. Jackson）在判决书中写道：

“如果有一个固定的宪法原则，那就是政府官员不能决定哪些观点是‘正确的’，也不能强迫公民用言语或行为表达对政府的忠诚。”

这个裁决推翻了两年前（1940年）最高法院在 Minersville School District v. Gobitis 案中的相反判决，重新确立了个人自由高于政府强制要求的原则。

这个案例清楚地说明，美国的宪政共和制度并非单纯的多数决民主。即使大多数选民或立法机构支持某项法律，如果该法律侵犯了宪法赋予个人的基本权利，法院仍有权推翻它。这正是宪政共和与纯粹民主的根本区别：在美国，多数人的意愿不能凌驾于宪法所保障的自然权利之上。

现代的挑战与反思

美国政治最近十年的混乱，很大程度上源于人们对宪政的认识和教育极为薄弱。在公共舆论和教育体系中，“民主”似乎成为一个耀眼的标签，然而，许多人对于民主与宪政之间的区别缺乏深刻理解。例如，在耶鲁大学的一次校园调查中，当被问及宪法是否重要以及是否可以废弃时，60%的学生竟然表示宪法可以被扔掉。他们的回答震惊了不少观察者，也暴露了一个更深层次的问题：美国大部分人，甚至精英阶层，都没有真正弄清民主与宪政的本质区别。

这种认知上的薄弱，导致了巨大的社会动荡和政治理念的肤浅化。许多人将多数决定视为民主的全部意义，却忽略了多数决定可能带来的风险。当一个社会缺乏对少数人权利的保障和宪法原则的尊重时，多数暴政便会悄然兴起。

比如2016年总统大选后的“抵制选举人团”运动。当时，川普在普选票（Popular Vote）上落后于希拉里·克林顿近290万票，但由于选举人团制度（Electoral College）的设计，他仍然赢得了总统大选。这让很多人愤怒，抗议者要求直接废除选举人团，以“真正体现民主精神”。然而，他们忽略了选举人团制度的真正作用：防止人口稠密的几个大城市完全主导全国政治，确保小州和农村选民的声音也能被听见。这正是宪政共和的核心理念——保护少数人的权利，避免“多数暴政”。

结语：宪政共和的未来

宪政共和的成功前提是，社会成员必须相信个人权利不是政府给予的，而是上帝赋予的天赋权利。宪法本身无法自动维持宪政共和，它必须依靠公民的道德基础和责任感。托克维尔在《民主在美国》中强调，美国的宪政制度之所以能够存续，是因为美国人民具有深厚的宗教信仰和自律精神。一个真正自由的社会，不能仅靠法律来维系，而需要公民自觉地尊重彼此的权利，遵循更高的道德标准。**没有信仰基础和自然权利观念的社会，最终会走向两个极端：要么是多数暴政，要么是国家集权**。

今天，美国面临的许多政治危机，根源在于宪政共和的民情基础正在削弱。当越来越多的人将政府视为“权利的赋予者”而非“权利的保护者”，当社会放弃了自然权利的概念，而转向以政府控制为主导的“社会正义”叙事时，宪政共和就会被侵蚀，最终让位于精英官僚统治或群众煽动的多数暴政。

面对未来的挑战，美国宪政共和的核心理念，仍将是现代政治文明不可或缺的基石。然而，若要让这一制度真正持续运转，社会必须重新找回对自然权利的敬畏，重建根植于自由与信仰基础上的道德秩序与公民责任感。宪政共和从来不是一台可以自动运行的机器，它本质上是一种需要人民共同维护、代代传承的文化传统。

一旦人们失去了对自然权利的信念，宪政共和的制度框架也将失去其根基与存在的意义。而要维系这种民情秩序，防止人民被极端意识形态或政府宣传所洗脑，关键就在于限制政府权力的扩张，这正是有限政府的本质所在。关于有限政府的理念与制度设计，我们在下一章详细展开讨论。

5-3
有限政府是手段：防火防盗防大政府

“一个强大到可以给你一切的政府，也强大到可以夺走你的一切。”

—— 美国前总统杰拉尔德·福特（Gerald R. Ford）

在美国，有一个词共和党人总是挂在嘴边，但民主党人却很少提及——尤其是在今天的政治语境中。这个词就是“有限政府”（Limited Government）。如果您想了解当今美国共和党和民主党之间的核心区别，从“有限政府”这一概念入手，会是一个非常有价值的切入点。

共和党通常强调限制政府权力、减少干预，推崇自由市场和个体责任；而民主党则更倾向于通过政府的力量来解决社会问题，推动公平和平等。这两种截然不同的理念，正是两党在许多政策上分歧的根源。这一章我们就来深入探讨什么是有限政府，以及它在美国政治中的意义。

政府是必要之恶

“政府是必要之恶”这一观点源远流长，可以追溯到美国开国思想家托马斯·潘恩（Thomas Paine）在《常识》（Common Sense）一书中的论述。他认为，政府的存在是为了防止社会陷入混乱，但由于政府本身也由人类组成，而人性具有腐败的倾向，因此政府的权力必须受到严格约束，否则它就会变成压迫人民的工具。

英国思想家阿克顿勋爵继承了这一思想，并强调，政府不仅是“必要之恶”，而且必须被严格限制，否则最终会腐化并危害自由。

政府之所以是“必要的”，是因为一个没有政府的社会会陷入无政府状态，缺乏基本的秩序和安全。人类社会不是由完美的天使组成的，而是由具有罪性的个人构成。没有政府，社会将会充满暴力、欺诈和混乱。因此，政府的存在是为了维持秩序、执行法律、保护人民的生命和财产，这些功能使它成为“必要的”机构。

然而，政府也是“邪恶的”，因为它掌握着权力，而权力本身具有腐蚀性。阿克顿勋爵的名言“权力导致腐败，绝对的权力导致绝对的腐败”正是基于这个逻辑。历史上无数例子表明，政府的权力一旦过度扩张，往往会成为压迫人民的工具，而不是服务人民的机构。即便是在民主制度下，如果没有合理的制衡，政府同样会走向腐化，侵犯公民权利，甚至利用“公共安全”、“平等”、“为人民服务”等口号来扩大自己的权力。

因此，政府既是必要的，但也是危险的，它必须被严格限制，以防止它的权力膨胀，最终威胁到人民的自由。这就是“被约束的必要之恶”的核心思想。

图表 12：立法、行政、司法三权分立。

被约束的政府，意味着它的权力必须受到法律、宪法、独立司法、新闻自由、公民监督等多方面的制衡，使其无法随意行使权力，无法侵犯公民的权利。

这种理念深刻影响了英美宪政制度，尤其是美国宪法。三权分立（立法、行政、司法相互制衡）的设计，正是出于这一思想。美国开国元勋、第二任总统约翰·亚当斯在《思考政府》

（Thoughts on Government, 1776年）中提出：“人非天使，权力之爱是人性的试探；唯有通过分权与制衡，方能保全自由。” 他的意思是，因为政府由不完美的人组成，权力必须受到限制。

历史和实践表明，如果政府规模过大，其负面影响会如“癌症”一般，以三个阶段逐步侵蚀社会的健康与自由。

大政府的第一期癌症：低效与浪费

与私营企业不一样，政府不用担心盈亏，花的都不是自己的钱。所以政府一旦有过多的权柄和功能，其效率往往显著降低，同时也造成资源的巨大浪费。诺贝尔经济学奖得主米尔顿·弗里德曼曾指出，政府越大，其官僚体系越复杂，决策和执行的速度就越慢。

比如，1980年，纽约中央公园的沃尔曼溜冰场因年久失修而关闭，市政府计划用两年时间和300万美元完成修缮。然而，六年半过去，耗资1300万美元，溜冰场仍未完工，成为市政工程效率低下的典型案例。1986年，当时还是地产商的川普主动请缨，承诺自费接手项目，并在四个月内完工。最终，他仅用不到三个月的时间，以低于预算的225万美元完成了修缮，使溜冰场重新对公众开放。

近期，川普政府成立的政府效率部（Department of Government Efficiency，简称 DOGE）负责人，旨在削减联邦政府的浪费性开支。一个典型的低效例子是，DOGE 发现，美国联邦员工的退休申请仍在宾夕法尼亚州一座石灰岩矿中手工处理。超过700名工人每月在地下230英尺处理约10,000份申请，使用纸质文件、信封和纸板箱存储，导致退休流程耗时数月。这种低效的操作方式是对纳税人资金的极大浪费。

大政府的第二期癌症：腐败与犯罪

绝对的权力意味着绝对的腐败。当政府的权力过于集中且规模庞大时，腐败便成为一种不可忽视的问题。在大规模资金流动的情况下，监督机制往往难以覆盖每一个环节，这就为贪污和渎职行为提供了温床。例如，20世纪70年代意大利爆发的“石油丑闻”便是一个典型案例。政府官员与企业勾结，通过操控油价牟取暴利，最终引发了全国性的信任危机。

近期，DOGE 团队在审查医疗保险和医疗补助（Medicare 和 Medicaid）支付系统时，发现高达1000亿美元的潜在浪费和欺诈。例如，他们指出系统中存在大量未使用的软件许可、仍在登记的已故人员（多达2200万），以及其他不当支付问题。另外，DOGE 还发现了数千亿美元的虚假政府合同，这些合同涉及不必要或重复的项目，导致了巨大的财政浪费。这些腐败背后是利益集团的勾结和操控。

美国政府长期以来缺乏审计，这已经不是一个党的问题，两党都有参与。几十年来权钱交易已经产生了深层政府和华盛顿沼泽。唯有像川普和马斯克这样的局外人才有可能清除这些官僚和犯罪团伙。

大政府的第三期癌症：剥夺自由

当腐败猖獗时，政府实际上已经变成了一个黑社会，这时唯一能够控制局面的办法是压制人民揭露和反对的声音，控制人民的自然权利。极权主义的表现形式可能是显而易见的，比如一党专政，也可能是隐性的，表面上有民主选举和言论自由，但政府可能伙同社交媒体进行言论审查。比如，据扎克伯格 2024 年信件披露，拜登政府曾施压脸书审查一系列网上言论，包括亨特·拜登笔记本电脑和新冠疫苗等内容，尤其是涉及疫苗副作用或质疑强制疫苗政策的帖子。这不仅误导美国人相信疫苗的安全性，也让成千上万的疫苗受害者无处发声，结果极其恶劣。

美国政府在 9/11 后通过《爱国者法案》、FISA 修正案等反恐法律，为 FBI（联邦调查局）和 NSA（国家安全局）开了“绿灯”，大幅增强监控能力。从无证窃听、元数据收集(Metadata Collection)到社交媒体审查，监控从冷战时的针对性转为广泛性，覆盖普通公民。尽管旨在反恐，这些措施威胁隐私，尤其在拜登政府下严重恶化，个人信息被用于司法武器化。

拜登政府自 2021 年上台以来，被指控通过司法系统“武器化”来针对政治对手。司法部（DOJ）在拜登任内被用作压制异见和巩固权力的工具，尤其在川普及其支持者的 1 月 6 号事件中表现明显。很多爱国者那天去了首都华盛顿和平示威游行，这是宪法保护的权利。有些人甚至没有进入国会，却遭到 FBI 抄家、逮捕，关押几年未出庭，严重违反宪法赋予的快速审判权利，导致多人在狱中含冤自杀。

这些例子表明，任何一个政府都可能患上三期癌症，进入大政府腐败的滑坡。而最后的唯一治疗就是切除肿瘤，由民选的总统来执刀。

政府小到什么程度才能称之为有限政府呢?

具体到“小到什么程度”这个问题，没有一个统一的标准，因为这在不同国家和文化背景下会有不同的理解和实施方式。一般来讲:

财政规模: 如果政府支出占 GDP 的比例较低（例如，20% 以下），这通常被视为政府较为有限，政府在社会经济生活中的干预程度相对较小。比如，根据2022年世界银行统计以及官方报告，台湾和新加坡的政府支出占 GDP 的比例分别约为 19% 和 17%。这两个经济体都属于典型的有限政府模式，强调市场活力、个人责任与低税收政策。

然而，西方的福利国家模式则不同。以美国和加拿大为例，近年来两国的政府支出占 GDP 的比例分别约为 36% 和 41%。在这些国家，政府承担着大量的社会保障、医疗、教育与转移支付开支，财政规模庞大，政府在经济与社会生活中扮演着更强势的角色。这种模式虽然在短期内提供了一定的社会福利保障，但也带来了税负高企、政府权力膨胀与个人自由空间压缩等问题。

法规数量：法律和行政法规的数量与复杂程度，是衡量政府干预程度的重要指标之一。在有限政府模式下，法律体系通常力求简洁、清晰，避免政府通过大量繁琐的法规来干预经济与社会生活。

以美国联邦法规为例，其体量庞大且日益膨胀。根据《联邦公报》（Federal Register）统计，截至2022年，美国联邦法规的总字数已超过 1.85亿字，其中涉及经济、环境、医疗、教育等领域的细致规定数以万计，导致企业和个人面临着沉重的合规负担与法律风险。

也正因如此，川普在其第一任期内提出了著名的“一增二减”政策，即每新增一条新规，必须同时废除两条旧规，试图通过简化法规体系、削减政府干预，恢复经济活力与个人自由。

政府职能：政府主要集中在国防、司法、基础设施等基本公共服务上，而不是广泛地介入社会福利、教育、医疗等领域。

诺贝尔经济学奖得主米尔顿·弗里德曼认为，政府的职责应集中于核心领域，例如国防、税收、基础设施建设等，而不应涉足教育、医疗或产业运营等本应由市场和个人承担的事务。他指出，政府如果在教育领域垄断管理，往往会因缺乏竞争而导致质量下降和资源浪费。例如，美国的公立学校系统虽然覆盖范围广，但在很多地区却因管理僵化和资金分配不合理而问题重重。弗里德曼提议，通过引入教育券（school vouchers）等市场化机制，让家长能够自由选择学校，从而促进教育质量的提升。

类似的情况也适用于医疗领域。在许多国家，政府主导的医疗系统虽然能够提供普遍覆盖，但在效率和质量方面却常常饱受批评。例如，加拿大的公共医疗体系以免费医疗闻名，但患者常常需要排队数月甚至更久才能获得手术或专家治疗的机会。弗里德曼认为，这样的问题可以通过私营医疗机构的竞争得以缓解。

这样的观点不仅揭示了政府干预过多的潜在风险，也强调了市场竞争在优化资源分配和提高效率中的重要作用。通过减少政府对非核心领域的干预，公民能够享有更多自由和自治权，这也是实现有限政府目标的重要途径。

正如福特总统所警示：“一个强大到可以给你一切的政府，也强大到可以夺走你的一切。”有限政府不仅是手段，更是防火防盗防大政府的屏障。只有将政府的权力约束在有限范围内，才能防止其从服务者变为掠夺者，守护人民的自由与福祉。

集中力量办大事？效率、自由与可持续性之争

在政府治理模式的讨论中，“集中力量办大事”常被视为大政府的优势，尤其在中国等国家的宏大工程中被广泛引用，如高铁建设、航天项目、基建狂潮等。然而，当我们深究有限政府与大政府的对比时，会发现这些短期的辉煌往往掩盖了低效、腐败和个人自由受损的长期代价。而有限政府则依靠市场机制，实现更可持续的增长与发展。

大政府的支持者常以中国的高铁网络为例，视其为“集中力量办大事”的典范。的确，截至2025年，中国高铁总里程预计将超过5万公里，远远超出世界其他国家的总和，极大提升了国内的交通效率。这一成就依赖于中央政府的统一规划、快速征地以及国有银行的集中融资，充分展现了政府“有形之手”的力量（相比之下，市场经济依赖的是“无形之手”）。

然而，这种模式的代价不容忽视。首先是财政负担。中国高铁建设债务规模巨大，截至2024年，中国国家铁路集团的负债已增至7.5万亿元，约1.03万亿美元。亏损线路比例从80%升至85%。这样的情况难以持续。

其次，巨额投资背后隐藏着严重的腐败问题。早在高铁大规模上马初期，时任中国铁路部部长的刘志军案就震惊全国。刘志军主导了“高铁大跃进”式的发展，但在其任内，利用职权大肆收受贿赂，涉及金额超过 6000 万元人民币，同时大批高铁工程项目被层层转包，质量安全隐患严重。2013年，刘志军因受贿和滥用职权罪被判处死缓。

再者，资源过度集中在“显性成就”上，如大规模基建，而忽视了教育、医疗等领域的长期民生需求。高铁项目的投资远超于大部分公共卫生项目。根据全球公共卫生安全指数（GHS Index）的评估，中国在 2021 年的公共卫生能力排名中得分仅为 41.4（满分 100），在 195 个受评国家中位列 123 位，远落后于大多数国家。

相较于大政府依靠强制手段推进项目，有限政府通过减少干预，让市场竞争优化资源配置。市场经济国家同样拥有高速铁路，但其模式更具可持续性。例如，日本新干线（Shinkansen）由私营企业（如JR东海、JR东日本）主导，自负盈亏，不依赖政府补贴，盈利能力强。东海道新干线早在2000年代便实现了年利润1000亿日元以上，以市场需求决定线路发展，而非政府拍脑袋决策。

中国高铁的成功固然令人瞩目，但它依赖于土地国有化、政府高压执行力、廉价劳动力等特殊条件，并非计划经济的普遍优势。相比之下，市场经济国家的基建项目更注重盈利能力与个体权利的平衡。有限政府不是拒绝“大项目”，而是让市场在政府提供法律保障的前提下，自发、高效地运作。

“集中力量办大事”或许在紧急情况下（如战争）确有必要，但在长期发展中，市场驱动的有限政府才是效率与自由之间的最佳平衡点。市场经济的优势在于，它通过价格信号和自由竞争，使资源自然流向最需要的地方，从而避免了低效与浪费。这个讨论也为我们开启了下一个主题的思考：市场经济是动力——最公平的游戏规则。

5-4
市场经济是动力：最公平的游戏规则

现代文明的动力源自一种强大而灵活的经济模式——市场经济。这一以私有制为基础的体系如同一台充满活力的引擎，推动着社会的创新、增长和繁荣。相比于僵化的计划经济，市场经济在历史和实践中展现了其无可比拟的四大优势：动力、公平、创新、韧性。这不仅是经济学理论的结果，也是无数国家的实践经验所证明的。

动力：波兰牛奶的故事

20世纪80年代，波兰仍处于严格的计划经济体系之下，政府全面掌控物资生产和分配。为了“保障民生”，波兰政府规定牛奶的价格必须保持在极低水平，以确保人人都能负担得起。然而，结果却与初衷背道而驰——由于价格过低，奶农们发现养牛和生产牛奶不仅无利可图，甚至连成本都无法覆盖。面对亏损，奶农们被迫减少养牛，甚至直接倒掉牛奶，市场上很快出现了牛奶短缺。

每天清晨，成百上千的消费者拖着疲惫的身躯，在食品店外排起长队，等待政府配送的牛奶。然而，即便排上数小时，也未必能买到。一些幸运儿或许能分得寥寥几瓶，而更多人只能空手而归。与此同时，黑市上牛奶价格暴涨，只有那些愿意支付高昂费用的人才能买到私下流通的牛奶。而富人则通过关系网，直接从奶农手中获取牛奶，完全绕开政府的低价限制。最终，这项本意是为了“平等分配”的政策，不仅未能让牛奶变得更加“平价”，反而让穷人比原来更难以获得牛奶，而政府为了弥补供应短缺，不得不不断增加补贴，加重了财政赤字。

然而，真正的转折点发生在波兰放弃计划经济、转向市场经济之后。随着价格由供需关系决定，奶农们重新找回了生产动力，市场上的牛奶供应迅速恢复，人们再也不需要在寒风中排队等待配给，也不需要向黑市支付高价。一切回归正常，人们终于可以随时走进商店，买到自己所需的牛奶，价格合理，供应充足。

这个故事清楚地表明：比起计划经济，市场经济更能够持续激励生产、确保资源合理配置的经济模式。当价格由供需决定，而非政府强行规定时，生产者才有动力提供足够的商品，消费者才能公平地获取资源。而计划经济的弊端，则在历史上一次次得到验证—它不能创造繁荣，反而让人们更加贫困。市场经济不仅是财富增长的源泉，更是社会稳定和公平交易的基石。

市场经济的理论起源

市场经济的系统性理论，始于1776年亚当・斯密（Adam Smith）所著的《国富论》。在这本被誉为“现代经济学圣经”的著作中，斯密提出了“看不见的手”这一著名观点：在自由市场中，每个人追求自己的利益时，无意中推动了整个社会的繁荣。这种由下而上的秩序，不靠中央权力安排，而靠自由交换与价格机制自动调节。

图表 13：亚当・斯密和他的《国富论》

亚当・斯密于1723年出生于苏格兰的柯克卡尔迪（Kirkcaldy），这是一个清教徒文化浓厚的小镇。他的母亲是一位虔诚的基督徒，这对他的人格形成与道德思考产生了深远影响。斯密自幼聪颖，14岁时进入格拉斯哥大学学习道德哲学，后又前往牛津深造。

他最初的学术方向并非经济，而是道德哲学。1759年，他出版了《道德情操论》（The Theory of Moral Sentiments），主张人类行为不仅出于自利，更出于一种“同情心”或“道德共鸣”。这本书奠定了他后续经济理论的伦理基础。

直到1776年，他出版了划时代的巨著《国富论》（The Wealth of Nations），才真正开启了现代经济学的大门。但重要的是，斯密从未将经济与道德割裂。他认为，市场制度的运行虽然建立在人的自利行为上，但必须有一个健全的道德文化作为支撑，否则市场会迅速堕落成掠夺的工具。斯密还强调劳动分工、自由贸易和政府最小干预的原则，这些都成为后世市场经济制度的核心。

晚年，斯密担任英国税务专员，生活简朴，拒绝奢侈。他在1790年逝世，留下一生两部主要著作，分别建构了“道德哲学”与“经济自由”的双重支柱。

亚当·斯密的思想并不是孤立的。他的经济理念与约翰·洛克（John Locke）等人所倡导的古典自由主义密切相关。古典自由主义在政治上强调天赋人权、政府权力受限，在经济上则主张财产权、契约自由和自由市场。

可以说，市场经济正是古典自由主义在经济领域的自然延伸。它们共享同一个哲学基础：人有理性、自主和道德责任，因此社会应该尊重人的选择，并给他们自由去追求幸福与繁荣。

市场经济是最公平的游戏规则：五大原因

在一个理想的社会里，公平的标准是什么？是每个人都得到相同的回报，还是每个人根据自己的努力和才华获得相应的回报？市场经济之所以是最公平的游戏规则，正是因为它遵循后者：你投入多少，就收获多少，而不是让政府或某个权威来决定谁应该得到什么。

1. 市场经济建立在自愿交换的基础上

市场经济的核心原则是自由交易，所有交易都是自愿的，没有人可以强迫另一个人购买或出售某样东西。这就意味着，市场上的价格、薪资、商品和服务，都是由供需决定，而不是由政府或某些权力机构强制分配。

例如，如果你是一名软件工程师，你可以选择为谁工作，哪个公司愿意给你更高的薪资，你就去那里。公司需要你的技能，而你需要收入，这是一个双赢的自由交易。但如果是计划经济，政府可能会告诉你去某个国企，工资固定，无法讨价还价，不论你的能力如何，你的收入都由官员决定，这显然是低效且不公平的。

2. 让个人才华和努力得到真正回报

在市场经济中，个人的回报与其贡献直接相关。一个人的薪水和收入，通常取决于他的能力、努力程度以及社会对他的服务的需求。一个技术高超的医生可以赚取比普通文员更高的薪水，因为他的技能稀缺且对社会有巨大贡献。一个企业家可以赚取高额利润，因为他承担风险，创造就业，推动经济增长。一个运动明星可以拿到巨额代言费，因为他的天赋和努力创造了市场价值。

市场不关心你的种族、性别、背景或关系，而是看你能创造多少价值。相比之下，计划经济或者大政府福利制度，会人为干预资源分配，让一些人得到额外的好处，而让另一些人被剥夺了本应得到的回报。

3. 市场经济奖励勤奋，惩罚懒惰

市场经济的另一大公平之处是：它不会无故奖励懒惰，也不会无故惩罚勤奋。如果你工作更努力、更聪明、更有创新能力，你就可以赚更多的钱，提高自己的生活水平。而如果你不努力，市场不会无故补贴你。

相反，在福利主义泛滥的国家，政府通过高税收向勤劳的人索取财富，再分配给那些不工作的人。这不仅降低了工作者的动力，还鼓励了“养懒人”的文化。市场经济的公平性在于，它让每个人对自己的选择和行为负责，而不是让别人来承担你的后果。

4. 价格机制确保资源分配的公平

市场经济中，价格机制是最公平的资源分配方式。价格由供需决定，如果某种商品稀缺，它的价格会上升，生产者会看到利润空间，增加供应，从而使市场重新达到平衡。而在计划经济中，价格由政府决定，常常造成短缺或浪费。

经济学家哈耶克用面包分配为例：一个中央计划者要公平分配全国的面包，必须知道每个面包师的原料、每个人的需求和运输条件。但这些知识分散在无数个体中，计划者无法全部掌握。市场通过价格信号自动协调，而计划经济试图集中决策只会导致混乱。

5. 机会公平，而非结果公平

市场经济的公平之处在于，它提供平等的机会，而不是平等的结果。政府不能强行让所有人都赚一样多的钱，否则就是对那些更努力、更聪明、更有贡献的人的剥夺。

想象一下，一个NBA篮球队，如果所有球员的薪水都一样，无论他们是否努力训练、是否有天赋、是否能赢球，那队伍的整体水平只会下降，最终导致所有人都失败。这就是社会主义或计划经济的根本问题。市场经济允许每个人在相同的规则下竞争，但最终的结果取决于个人的能力、努力和机遇，而不是人为制造的平等。

最后我们总结一下，市场经济之所以公平，是因为它是建立在自由交易的基础上，它奖励勤奋，惩罚懒惰，提供公平的竞争机会。

最终，市场经济让社会的资源分配更加合理，确保每个人根据自己的能力和努力获得应有的回报。这才是真正的公平。

创新：市场经济的生命力

市场经济的另一个显著优势是创新驱动。当企业家和公司受到利润的激励时，他们会不断寻找新的方法改进产品和服务。20世纪以来，美国的市场经济催生了许多改变世界的发明：福特的流水线生产使汽车从奢侈品变为大众商品，硅谷的科技革命让计算机和智能手机成为日常生活的一部分。数据显示，2022年，美国的技术公司创造了超过1.5万亿美元的经济价值，而这一成果主要源于市场经济下强大的创新动力。

反观计划经济的创新乏力，原因在于其体制缺乏激励。政府部门的官员和管理者对创新成果没有直接收益，反而更倾向于避免风险。这导致了苏联在技术领域的明显滞后，尽管他们率先发射了人造卫星，但在计算机、消费电子等领域却长期落后于市场经济国家。

可持续性与韧性：市场经济的自我修复能力

市场经济的另一大优势，是它的自我修复能力与抗风险性，这让整个社会在面对危机时仍能保持活力并迅速恢复。相比之下，计划经济因信息封闭和权力高度集中，缺乏灵活应对的机制，常常在危机中陷入瘫痪。

历史为我们提供了鲜明对比。2008年全球金融危机重创了世界经济，但以美国为首的市场经济国家，通过市场导向的应对措施，如量化宽松政策、企业重组、自由竞争的恢复，仅在短短数年内便实现了经济复苏。数据显示，美国GDP在2010年就重新增长，并在2013年回到危机前水平。

反观计划经济国家，在遇到类似危机时往往毫无招架之力。东德在1980年代陷入经济停滞，由于体制僵化，既无法引入资本，也无法通过市场刺激消费，最终导致体制崩溃。而今天的委内瑞拉，因长期依赖国家对石油的垄断和价格控制，面对国际油价暴跌毫无应对手段，陷入了全面通货膨胀与物资匮乏的深渊，通胀率一度超过10,000%。

市场经济的价格机制能迅速反映供需变化，引导资源重新配置，调整生产方向，实现经济的动态平衡。这种“软着陆”能力，是计划经济永远无法比拟的。正如经济学家哈耶克在其理论中所强调的，自由市场是一种无需中央指挥、依靠价格机制与个体决策自发形成的社会秩序。有人这样来比喻自由市场：“自由市场如同一座无需指挥的交响乐团，能够在无数个体的行动中实现协调一致。”

市场经济的可持续性不仅体现在经济增长上，也体现在社会的稳定性上。它避免了权力集中带来的风险，让每一个个体在危机中都有生存与发展的空间。这种韧性，使得市场经济不只是增长的工具，更是抵御风浪的盾牌，是现代文明在不确定世界中的保障。

市场经济的胜出从不靠偶然，而是源自对人性、自由与效率的深刻理解。在市场经济的支持下，社会的创造力得以释放，个人的潜力得以实现，经济也具备了自我修复的韧性。

总结一下，**市场经济的四大优势——动力、公平、创新、韧性，构成了现代社会繁荣不可替代的基石**。资本主义之所以优越，不是因为它是完美的，而是因为它比其他制度更能释放人性与自由的力量。这正是市场经济长盛不衰的真正奥秘所在。

5-5
从古典自由主义到保守主义：自由三剑客

前面四章提到的美国建国时期的四个政治基本原则，并非凭空产生，而是源于当时广泛传播的古典自由主义政治哲学。而古典自由主义本身，则是在宗教改革之后，于新教文明的土壤中孕育发展起来的。

然而，一个问题随之而来：在今天的美国政治语境中，我们常常将共和党称为“保守派”，而民主党视为“自由派”。但问题在于——美国建国时所强调的那些核心原则，例如自然权利、宪政共和、有限政府、市场经济，不正是源自“自由主义”吗？为何今天坚持这些原则的人，反而被称为“保守派”，而不是“自由派”呢？

要理解当代美国政治的深层分野，我们必须从源头追溯：从古典自由主义的诞生谈起，深入探讨保守主义的兴起，和它们与基督教信仰之间的深刻联系。这趟思想之旅，将帮助我们理解现代文明的四大建国原则是如何一路被守护与传承至今的——也让我们明白，为何在今日，真正自由的捍卫者，往往是一位保守主义者。

古典自由主义的起源

古典自由主义的起点可以追溯到17世纪的英国，主角正是“自由主义之父”约翰·洛克（John Locke，1632–1704）。前文在谈到自然权利的来源时已经提及洛克及其生平。他成长于一个清教徒家庭，圣经和新教伦理对他影响深远。洛克在牛津大学的基督堂学院学习，主修古典学与哲学。后来，他成为英格兰贵族沙夫茨伯里勋爵（Lord Shaftesbury）的私人秘书和顾问，而沙夫茨伯里正是英国辉格党（Whig Party）的奠基人。

“辉格”（Whig）一词最初源自苏格兰语，意指“牧牛人”（cattle driver），在英格兰则演变为一种对抗王权、同情清教徒和改革分子的蔑称。这一点颇有几分类似于当今美国语境中对“红脖子”（Redneck）的用法，即民主党人常用此词来嘲讽来自中部、支持共和党的基层群众。然而，正如辉格党中也有像洛克这样的思想家一样，共和党人也不只是“红脖子”，其中亦有许多知识分子。

有趣的是，美国的辉格党（U.S. Whig Party）于19世纪30年代成立，旨在抗衡民主党总统安德鲁・杰克逊。虽然它与英国辉格党在组织上无直接继承关系，但在理念上却一脉相承。林肯最初正是辉格党成员，后来转而创立共和党。可见，辉格党与共和党在理念传承上确实有很多共同渊源。

在1660至1680年代，洛克积极参与辉格党的政治活动，站在反对王权专制、争取宗教自由、捍卫自然权利的第一线。他不仅是一位思想家，更是一名深度参与政治实践、影响历史进程的改革者。由于改革失败，洛克曾被迫流亡荷兰多年，直至1688年“光荣革命”成功，英国确立君主立宪制，洛克方得安全归国。

正是在流亡期间，洛克以哲学家的笔写下了政治史上最具影响力的著作之一——《政府论二篇》（Two Treatises of Government）。在这部著作中，他提出了几项关键理念：

人拥有不可剥夺的自然权利，包括“生命、自由、财产”。这些权利并非国家所赐，而是人天生即有的，是“上帝所赐”。

政府的合法性来自被统治者的同意，而非国王的血统或教会的授权。

政府存在的唯一正当目标，是保护这些自然权利。一旦政府背叛这一使命，人民便有权“推翻暴政”。

这些理念不仅为1688年的光荣革命提供了理论基础，也深刻影响了1776年美国的《独立宣言》。托马斯·杰斐逊在起草该文时，几乎原封不动地采用了洛克的思想框架。

古典自由主义的广泛影响

除洛克外，法国思想家孟德斯鸠也对美国政治制度产生深远影响。他提出“三权分立”原则——行政、立法与司法应彼此制衡，以防止权力的集中与滥用。这一原则后来被写入美国宪法，成为现代民主制度的基石。

简而言之，古典自由主义为美国提供了一套政治哲学蓝图：以自然权利为核心、以自由为目的、以法治为保障的政府设计。但这套设计虽雄伟，也蕴含一个潜在危机——它预设人类理性能足以维持自由秩序。然而现实却反复证明：人性是堕落的。我们都是“猪队友”，可以毁掉任何一个制度。因此，保守而稳健的道德民情，才是自由之树得以生长的沃土。

打一个比喻，建立在古典自由主义基础上的美国宪政共和，如同一朵娇嫩的花朵，首次盛开于人类历史，却并不意味着它能自然持续。维系这种政治制度的关键，在于塑造适合它生存的信仰与道德环境，作为适合它生长的土壤。也正是在这个意义上，保守主义登上了历史舞台，成为自由最坚定的守门人。

保守主义的起源：自由的守门人

自由是一把双刃剑，它既可以孕育道德，也可以引发堕落。因为人性本身既具尊严，也充满堕落性——这是我们在第一部分所确立的世界观。例如，有人沉溺于毒品与酗酒，将自由误解为毫无边界、为所欲为的放纵。

如果说古典自由主义是一场推翻专制、建立自由秩序的“革命”，那么保守主义则是一场守护自由、抵御堕落的“反革命”。

它并不反对自由主义本身，而是试图防止自由主义走向极端、自我毁灭。自由需要边界，而保守主义正是划定这道边界的思想传统。

伯克：法国文化大革命的矫正者

埃德蒙·伯克（Edmund Burke，1729–1797）是18世纪英国最重要的政治思想家之一，也被视为现代保守主义的奠基人。他以卓越的演说才能、深邃的哲学洞察与坚定的政治立场，深刻影响了英国乃至整个西方的政治思想。伯克出生于爱尔兰都柏林，父亲是英国国教徒，母亲则是天主教徒。这种跨教派的家庭背景，使他自幼对宗教宽容和信仰自由有独到理解。

1744年，伯克进入都柏林的三一学院学习，后赴伦敦攻读法律，但更热衷于哲学与政治。1765年，他成为辉格党领袖洛金斯爵士（Lord Rockingham）的私人秘书，并由此进入政坛，成为下议院议员，活跃三十余年，以捍卫宪政、反对暴政著称。

在18世纪的启蒙思想影响下，理性被看作是人类认识世界和建立社会秩序的最高工具。伏尔泰、卢梭、孟德斯鸠等人对封建等级制度、教会权威、君权神授提出了激烈批评，主张通过理性建立一个基于自由、平等和人民主权的新社会。

法国大革命正是在这种理性至上的思想背景下爆发的。革命者试图以理性之名彻底改造社会——废除君主制度、摧毁教会权威、重写法律体系，连教堂、僧侣、宗教仪式也遭到了大规模的取消与清洗。这场革命令人联想到中国的文化大革命：同样高举理想主义的大旗，却以破坏传统、践踏信仰、颠覆社会秩序为代价，最终演变为一场深重的民族创伤。

面对这场混乱，伯克挺身而出。他并非为专制王权辩护，而是尖锐批评法国大革命中“理性解放”的极端化，忽视了人类的罪性与有限性。在其代表作《法国革命之反思》中，伯克提出了如下几点核心批评：

一、传统的智慧胜于抽象理性

伯克强调，社会制度是历史经验长期积累的结果，而不是某些哲人坐在书桌前凭空构思出来的设计。他写道："我们与生俱来的偏见，往往比我们冷冰冰的理性更值得信赖。"在他看来，摧毁传统、试图凭理性一夜之间建构新社会，极易导致灾难。

二、人性有限，制度应渐进改革

伯克坚信人类理性有局限，因此政治制度必须谨慎设计，逐步改良，而不是激进推翻。他警告说："一个社会若无敬畏与节制之心，自由终将走向暴政。"这正是他对法国革命的最大忧虑：他们不知敬畏，只知破坏。

三、社会是跨代契约，不可轻率撕毁

伯克提出著名的"跨世代契约"观念："社会不是当代人的产物，而是祖先、当代人和后代人之间的神圣联盟。"因此，一代人无权彻底推翻传统与制度，而应尊重历史所遗留下的智慧与义务。

四、道德与宗教是自由的保障，而非敌人

伯克认为，自由必须建立在道德与宗教的基础之上。他强烈批判法国大革命中肆无忌惮的"反教会狂热"与对宗教的全盘否定。在伯克看来，如果连最基本的信仰与节制都被视为压迫，那么所谓的"自由"最终只会沦为任性与暴力。

五、革命往往引向暴政而非自由

伯克预见法国大革命可能的结局不是自由，而是恐怖。他写道："他们宣称为自由而战，实际却制造了新的专制。"他担心的是，没有约束的群众激情和意识形态，终将带来另一种形式的暴政——后来发生的"断头台政治"，正如他所预警。

伯克的这些思想，后来成为保守主义的思想基石。保守主义所捍卫的，并非旧制度本身，而是一种文明的连续性——对人类堕落性与有限性的深刻理解。

与洛克的关联

伯克比洛克晚了一个世纪。有趣的是，他们都曾担任辉格党领袖的秘书与顾问。伯克虽然批评法国大革命的激进主义，但他并不排斥古典自由主义。相反，他高度认同洛克关于自然权利、法治与有限政府的理念。他支持美国独立，正是出于自由主义立场，反对英国对殖民地的专制压迫。

伯克所反对的，是自由主义的激进化和道德真空。革命固然能推翻旧秩序，但并不能自动带来一个有自由、有秩序的社会。正如中国历史上的农民起义历来只是换了一个暴政的执政者——李自成进城之后不久也称帝为王。因此，伯克更关心如何守住洛克所奠定的自由秩序。他所要"保守"的，是支撑自由之树生长的信仰、宗教与道德土壤。

如果说洛克生下了一个叫"自由"的婴孩，那么伯克所关心的，是如何让这个婴孩生存下来，茁壮成长。

洛克像是一位建筑师，设计了自由的大厦；而伯克则是一位修缮匠，不断维护这座建筑，使其经得起风雨、避免倾塌。自由主义给出了"自由的原则"，而保守主义则提供了"自由的边界"。

古典自由主义与保守主义的思想根源——圣经

美国的建国精神，说到底，并非一场世俗的政治实验，而是深深扎根于宗教改革之后的基督教神学土壤中。无论是洛克倡导的自由主义，还是伯克发展的保守主义，其制度理念与道德秩序都绕不开一个终极问题：人是谁？人该如何生活？谁是人的主？

这些问题并非哲学家的抽象思辨，而是源自《圣经》启示的信仰命题。正因如此，西方文明才逐步形成一种既尊重自由、又维护秩序的政治形态。而这一文明的起点，正是16世纪的宗教改革——发生在洛克出生前一个多世纪。

宗教改革：《圣经》的普及

宗教改革不仅是一场宗教更新运动，更是一场思想解放与社会觉醒的革命。以马丁·路德与约翰·加尔文为代表的改革者，将信仰的权柄从教会归还于《圣经》，强调“唯独圣经”和“因信称义”，主张每一个人都可以直接面对上帝，而无需透过神职阶层中介。

最重要的是，宗教改革借助印刷术的普及，让《圣经》第一次真正走进普通百姓的家庭与心灵。这是一场前所未有的属灵觉醒与思想革命。

在此之前，整个西欧通行的圣经为拉丁文的武加大译本，绝大多数人既不识拉丁文，也难以接触到完整的圣经文本。神职人员垄断了解释权，教会牢牢控制着属灵真理的诠释。

然而，1522年，马丁·路德将新约圣经翻译成德文，使德意志地区的信徒首次能够直接阅读神的话语。他说：“让农夫、工匠、妇女都能读懂圣经，比教会的所有教条都宝贵。”不久后，第一本完整的英文圣经由威廉·丁道尔（William Tyndale）翻译完成。正因这项工作，他被捕、绞刑、焚尸。

然而，这场“翻译革命”，在古腾堡印刷术的加持下，使圣经如天火般焚烧进每一个家庭，也照亮了整个人类的良知。信仰被重新交还给每一个个体，属灵的自由开始觉醒。

这不仅仅是一场属灵的革命，更是社会与政治秩序的重建。因为当人相信自己是上帝所造、拥有灵魂与道德责任时，整个政治氛围也随之发生转型。

加尔文：为信仰奠定制度秩序的人

约翰·加尔文（John Calvin，1509–1564）是宗教改革第二代的核心人物，出身法国，后在瑞士日内瓦开展改革工作。他的代表作《基督教要义》（Institutes of the Christian Religion）不仅奠定了改革宗神学体系，也为近代西方的政治与法律制度打下基础。

加尔文强调两个关键观点：

一是人的全然堕落：人因亚当犯罪而失去行善的能力，故不可赋予无限权力。权力若不受约束，必然导致腐败。

二是上帝高于政权的绝对主权：包括国家政权在内的一切权柄，终将向上帝负责。任何政府都不能自称“至高无上”，必须接受法律、制度与民意的制衡。

在日内瓦的实践中，加尔文推动民主选举长老、政教分立、公正税收与社会责任等制度，构成现代民主政体的雏形。这些制度被清教徒带入英美殖民地，深刻影响了美国后来的宪政传统。

从圣经由教会垄断到平信徒翻阅，从属灵自由的觉醒到政治秩序的重建，我们清晰地看到一条思想脉络：自由、平等、责任、制度——都根植于《圣经》重新交还给人民之后的启示。

这就是“自由的道德秩序”（Moral Order of Liberty）的源头。它不是某个政治家的突发奇想，而是从讲坛到家庭，从纸张到人心的属灵复兴。而正是这种复兴，至今仍令极权者惧怕。

为什么极权国家惧怕圣经?

一个强有力的事实可以佐证圣经对自由秩序的影响：在任何极权国家——无论是伊朗、朝鲜，还是中国，圣经都被严密封锁，禁止公开传播。

比如中国实际上是全球印刷圣经数量最多的国家之一，全球约25%至30%的圣经产自中国工厂。然而，在中国本土，圣经无法在官方新华书店公开销售，电商平台自2018年起全面下架。与此同时，大量神学书籍和属灵出版物被列为“非法出版物”，遭到查禁。

圣经教导人：政府不是最高权威，上帝才是主宰；人不是国家的奴仆，而是神所造、拥有尊严的个体。正是这种超越国家的信仰，构成极权政体最根本的挑战。

一个能自由阅读圣经的社会，是最难被暴政征服的社会。

自由的三剑客：加尔文、洛克与伯克

加尔文、洛克与伯克恰好各相隔一百年，分别代表了宗教改革、古典自由主义与保守主义三大思想传统。加尔文为自由打下了信仰的根基，洛克为自由构建了理论的架构，伯克则为自由筑起了道德的围墙，使其得以延续不息。

图表 14：自由的三剑客：加尔文、洛克与伯克

洛克和伯克的思想深受改革宗传统影响。比如伯克强调人的有限性，警惕“理性崇拜”，主张社会秩序应立基于已有的德性与信仰。他称宗教是“文明社会最伟大的守夜人”，没有信仰作支撑，道德将崩塌，自由也将失控。

正如加尔文所说：“真自由，是在基督里的顺服。”自由不是欲望的纵容，而是在上帝律法之下，有边界、有责任的选择。

可以这样总结：加尔文预备了新教文明的土壤，撒下了自由的种子；洛克为它浇水，使其萌芽成长；而伯克为它遮风挡雨，保育土壤的肥沃，使自由得以健康地延续至今。

现代自由主义的背离与保守主义的回归

到了20世纪中后期，古典自由主义赖以生存的信仰与道德基础被逐步拆毁，一场“去神化”的文化运动席卷整个西方。这一转变，使自由主义从最初强调“有限政府 + 基督教伦理”，蜕变为当今左派意识形态的温床——激进个人主义、多元文化主义、性解放主义与文化马克思主义。

自由主义的蜕变：从“真理释放的自由”到“自我中心的自由”

古典自由主义所倡导的是“免于压迫的自由”——不受专制干预、在法律保障下行使天赋权利。这种自由根植于基督教伦理。但自1960年代以来，西方左翼重新定义自由为“免于道德约束的自由”。他们摒弃圣经所启示的善恶标准，转而推崇“每个人活出自己的真理”。由此引发一系列社会巨变：

性别观念混乱，否定上帝设定的两性秩序；

传统家庭解体，堕胎合法化、同性婚姻常态化；

公共空间去宗教化，基督徒表达信仰遭到压制；

教育推行“觉醒主义”，煽动族群对立与身份政治；

政府滥用权力，以“社会正义”之名打压个人的自然权利。

简而言之，现代自由主义已从“追求自由”蜕变为“压制不同政见者的自由”，从信靠上帝堕落为随心所欲。

保守主义的回应：捍卫信仰、传统与文明秩序

面对这种文化逆流，保守主义在思想与政治上悄然复兴。尤其在美国，越来越多的共和党选民意识到：真正需要守护的，不仅是市场与税率，更是文明的根基——家庭、信仰、法治与国家主权。

保守主义的核心呼声可归纳为三句话：

拒绝无序的自由：自由必须在信仰与道德的边界中运行；

维护自然的秩序：社会制度应建基于造物主所设立的秩序；

回归建国的初心：回归天赋人权和自然权利的传统。

正如里根所言：“如果我们忘记了我们是一个‘在神之下的国家’，我们就会成为一个沉沦的国家。”这不仅是信仰的警钟，也是政治的宣告。

当今“红州”与“蓝州”的撕裂，实质上是保守主义与现代自由主义的价值对决。一方坚守圣经、尊崇传统；另一方试图取消历史、颠覆根基。而被称为“右派”的那一群人，恰恰是古典自由主义真正的继承人，是美国建国精神最后的守门人。

结语

回到我们一开始提出的问题：今天的共和党人之所以被称为“保守派”，正是因为他们致力于保守美国建国时的古典自由主义精神，以及支撑这一自由制度得以健康运作的新教文明土壤。而现代自由主义早已背离这一传统，走上了一条纵容人性堕落的不归之路。

回望整个思想旅程，我们可以这样总结：古典自由主义提供了自由的原则，宣告人天生拥有不可剥夺的尊严与权利；保守主义划定了自由的边界，提醒我们自由必须受信仰与传统的引导；基督信仰奠定了自由的根基，启示我们自由不是出于人，而是出于神。

第三部分

政治智商的知识体系

“给人民自由，他们将以美德回报；
奴役人民，他们将以愚昧回应。”

—— 作者

第六章

重审美国历史

“那些不能从历史中学习的人，注定要重蹈覆辙。”

——乔治·桑塔亚那（George Santayana）

本书聚焦美国政治，因此，对美国历史的梳理不仅必要，更是不可或缺。而我们要探究的，并非零散的年代与事件，而是一条贯穿始终的主线：美国的建国理念究竟是什么？这个国家，是否仍在坚守立国之初的信仰，还是早已在不知不觉中背离了初心？

这正是上一部分“政治智商”中所强调的原则逻辑，在历史维度上的自然延展：坚守原则，国运昌盛；背弃原则，国势必衰。

让我们一同翻开这卷波澜壮阔的历史篇章。

6-1
美国建国历史：让人民骑在政府头上

在1776年那个决定命运的夏天，费城的空气中弥漫着一种紧张而庄严的气息。一群被视为“叛军”的殖民地代表聚集在宾夕法尼亚州议会大厦，他们笔下将写下改变世界的一页——《独立宣言》。彼时，他们的国家尚未诞生，前路未卜，而他们的敌人，正是当时世界最强大的帝国——大英帝国。每一位签署宣言的人都清楚自己的命运：一旦失败，他们将被视为叛国者，面临绞刑或断头台。然而，这群人毅然签下自己的名字，将生死置之度外，只为捍卫一个理念——天赋人权。

《独立宣言》中这样写道：

> **“……自然法和自然法之上帝赋予他们的权利要求他们声明独立的原因。我们认为这些真理是不言而喻的：所有人都被创造而平等，他们由造物主赋予了某些不可剥夺的权利，其中包括生命、自由和追求幸福的权利。”**

这便是“天赋人权”的理念——一种突破旧有“君权神授”的全新政治哲学。

在欧洲，尤其是中世纪的封建时代，君主常以“天命”或“神授”的名义统治人民，民众则被视为服从权力的臣属。中国古代同样讲求“天命所归”，认为君王的权力来自天意。然而，美国的建国者提出了革命性的观念：**政府的权力源自人民，而人民的权利来自上帝**。这一理念彻底颠覆了世界政治秩序。

这群起草《独立宣言》的革命者，并非一群手持火枪、怒目圆睁的武夫。他们是那个时代最杰出的头脑与最虔诚的心灵：24位律师、13位农场主、11位企业家、5位医生。他们中有7位毕业于哈佛，4位出自耶鲁，9位来自普林斯顿——是学者与思想家，更是信仰坚定的基督徒。

图表 15：1776年7月，《独立宣言》签署现场。

然而，要真正理解这群人和美国革命的意义，我们需要将其放在更广阔的历史背景中，与同一时期的中国和英国做一番比较。从1620年到1776年，这三个国家都经历了剧烈的社会动荡：美国迎来独立战争，中国发生多次农民起义，英国则经历了光荣革命。三场变革都源于对压迫的反抗，但结果却大不相同。唯有美国，让人民骑在了政府头上，而中国和英国的努力却未能触及这一高度。这种差异的根源，在于美国独特的由新教伦理产生的自由和自治的民情秩序。

三国动荡：相似的怒火，不同的结局

先来看中国。从1620年到1776年，中国正处于明朝末年到清朝初年朝代更替的时期，整个社会动荡不安。明末的农民起义尤为激烈，接连不断。白莲教起义于1622年爆发，随后李自成、张献忠等人于1630年代揭竿而起，形成燎原之势。李自成从陕西起兵，最终在1644年攻入北京，推翻了明朝的统治。

这些起义的核心动力是什么？正是对压迫的反抗，尤其是对沉重苛刻赋税的反抗。李自成提出的“均田免粮”，看似为农民谋福利，实则反映了明末农民在极端贫困中的求生挣扎。他们要求的，不是选票，不是民主制度，只是希望少交些税，活得下去。

再来看英国。17世纪初，英国国王詹姆斯一世及其子查理一世高举“君权神授”的大旗，自称不仅是国家元首，还是教会的最高领袖。他们强制推行《公祷书》，压迫宗教异议者，不服从者遭受严厉处罚，清教徒被逼得走投无路。查理一世更在1640年代多次强行解散议会，引发贵族和民众强烈不满，最终爆发内战，查理一世被判处死刑，王权被废。

1660年王政复辟后，詹姆斯二世再次试图绕过议会，恢复王权独裁。1688年，贵族与议会不堪其扰，联合邀请荷兰执政威廉三世入主英格兰。詹姆斯二世仓皇逃亡，几乎未流一滴血，这场政权更替因无重大流血冲突，被称为“光荣革命”。次年，议会通过《权利法案》，明确国王不得擅自废除法律、征税或维持常备军，标志着英国进入君主立宪时代，议会自此凌驾于王权之上。

再来看美国。1620年，“五月花号”载着一群清教徒横渡大西洋，抵达北美新大陆。他们逃避的，正是英国国教的宗教迫害。到了1775年，列克星敦的第一声枪响打破宁静，北美殖民者用枪口回应英王的专制统治。长期以来，英国对殖民地横征暴敛，如《印花税法》、《茶叶法》，让民众苦不堪言，但殖民地在议会中没有代表。这种“无代表，不纳税”的呼声，最终引发了独立战争。

谁真正让人民站了起来?

中国的农民起义轰轰烈烈，李自成推翻了大明王朝，被称为明朝的“掘墓人”。然而，取得胜利后，他并没有将权力交给百姓，而是自立为帝，建立大顺政权。他曾高举“均田免粮”的口号，承诺减轻税负，给农民一条活路，但胜利后不仅未曾兑现，反而纵容军队掠夺，民怨沸腾。他的统治没有改变君临天下的本质，依旧是皇帝高坐，百姓跪地。他在北京大肆铺张，沉溺享乐，贪腐盛行，毫无建国大业的远见。清军入关后，轻而易举地瓦解了他的政权，一切又回到了老样子——权力高悬，百姓伏地。几千年来，中国人盼望的只是明君清官，如包青天为民伸冤，在康有为、梁启超的戊戌变法以前从未真正想过民主政体与制度改革。

英国的光荣革命，看似温和，实则不过是权力的一次“高层转手”。“光荣”的只是贵族和议会的胜利。议会随后通过《权利法案》，削弱了国王的权力，但这些限制只对王权有效，却未触及民众的基本权利。权力从王宫搬到了议会，但议会本身由贵族和大地产主掌控，普通百姓依旧没有投票权，没有政治话语权。他们仍需服从由上层精英制定的法律和政策，仍被迫承担沉重税负，生活艰难，社会阶层依旧森严。

直到1832年的《改革法案》颁布，选举权才略有扩展，但门槛仍高，仅限有产阶层参与。广大工人、农民甚至中产者，依然被排除在民主之外。**光荣革命让议会站了起来，却没有让人民站起来**。贵族换下了国王，继续掌控国家机器，百姓的日子并未因此改观。真正的民主，依旧遥不可及。

美国则彻底走上了另一条道路。独立战争胜利后，他们没有立君主，也未让精英阶层垄断权力，而是确立了“人民主权”的原则。1776年，《独立宣言》庄严宣告：“政府的合法性来自人民的同意。”1787年制定的《美国宪法》更以“We the People”（我们人民）为开篇，这不是一句空洞的口号，而是清晰无误地将人民置于政府之上。不是换一个皇帝，不是让贵族议会掌权，而是让人民自己站起来，当家作主。

这一理念在实践中迅速落实。1788年，美国举行了建国后的第一次全国性选举，选举第一任总统和国会议员。这是人类历史上第一次范围如此广泛的民主选举，尽管当时仍有财产门槛，但在当时的世界，这已是最普及、最广泛的选民参与。普通的男性农民、工匠都可以投票选举总统和立法代表，而非只是贵族或富商垄断政治权力。

这场全国性选举的意义，远不止选出乔治·华盛顿这位总统，更重要的是，它向世界宣告：**普通百姓不再只是被统治者，而是国家治理的参与者和决策者**。美国由此成为人类历史上第一个真正实现广泛人民自治的国家，一个由人民用选票缔造政权、监督政府的国家。为什么相同的反压迫的怒火，会产生不同的结局呢？这里面有三个原因。

一、世界观的高度：神圣的自然权利

美国为什么能做到这一点？答案要从清教徒的新教信仰说起。1620年，“五月花号”上的清教徒并非为淘金而来，他们踏上新大陆，是为了自由敬拜上帝。在英国，他们遭受国教会的打压，被迫逃往荷兰，又担心后代被异文化同化信仰，最终选择远渡重洋，来到美洲，寻找一片真正属于上帝的净土。尚未登陆，他们就签署了《五月花号公约》，约定选举自己的领袖，建立自我治理的社会。这份契约不是权宜之计，而是他们信仰的自然产物——他们相信，人类社会应受神圣法则治理，而非个人野心支配。

清教徒的新教世界观认为：**人的自然权利是神圣不可侵犯的**，是上帝赐予的恩典。信仰的自由、言论的自由、追求幸福的自由，皆不属于任何君王或政府，而是直接来自造物主。这种对自由的神圣认知，使得清教徒在思想上具备了抵抗专制的坚定根基。他们相信，耶稣是唯一的王，地上的君王、贵族不过是普通人，人人在上帝面前平等。

这种理念与中国的“天命所归”或英国的“君权神授”截然不同。在中国，君主被视为“奉天承运”的天子，百姓从未拥有自主权；在英国，即使王权受限，权力也仍握于贵族之手。而清教徒则相信，不仅教会应自我管理，牧师和长老应由会众选举，更重要的是，民事政府亦应从人民中产生。这种宗教上的“会众制”直接孕育了政治上的民主。

二、世界观的深度：政府是必要之恶

清教徒对人性和政府的理解，源自他们对《圣经》的信仰。他们相信人是按上帝的形象被造，拥有尊严与自由，但同样相信，人从亚当与夏娃悖逆神的那一刻起，就染上了原罪。自私、贪婪、滥权，是人性的天然倾向。这个世界观，塑造了清教徒对政府的深刻警惕。

他们不是无政府主义者。他们知道，没有政府，社会会陷入混乱。《圣经·罗马书》说，执政者是“上帝的用人”，用来惩恶扬善，维护秩序。但问题是，政府由人组成，而人是有罪的。换句话说，政府本身既是必要的，又是危险的。它一旦没有制约，迟早会变成压迫人民的暴政。

因此，清教徒认为，政府必须被关进契约的笼子里。权力必须分散、被监督，不能任其膨胀。这个思想，后来深深影响了美国的建国制度。

比如，在1787年制定宪法时，很多州坚持反对联邦政府过大。他们担心华盛顿特区的中央权力会欺压各州百姓。于是，美国确立了联邦与州政府双轨并行的制度。宪法明文规定：**凡是宪法没有授予联邦政府的权力，联邦无权染指，全部属于各州和人民**。这正是“政府是必要之恶”的制度体现——除了该有的权力，不该有的权力一分不给。

世界上许多国家模仿美国的民主制度，却忽视了其背后的世界观根基。宪法、选票、议会，看似光鲜亮丽，不过是买来了一辆漂亮的跑车。然而，若没有对人性深刻的认知和对上帝敬畏的民情秩序作为跑道，这辆跑车终将寸步难行，甚至深陷泥潭。真正的自治，不靠制度的表皮，而靠世界观的深度。

三、自治实践的广度

美国的宪政民主制度产生的第三个原因是，它是植根于清教徒的信仰与自治传统，历经百年渐进发展而成。实际上，早在《五月花号公约》签署前一年，1619年弗吉尼亚殖民地已成立众议院（House of Burgesses），允许男性地主选举代表，参与立法。这是北美大陆上首个代表性立法机构。而到了1639年，《康涅狄格基本法》(Fundamental Orders of Connecticut）进一步确立了民事政府的选举机制，将教会的治理模式拓展至地方政府，选民（限教会成员）可投票选举地方官员。这种制度，反映了“有产者有责”的理念，也将信仰与政治自治紧密结合。

图表 16：清教徒在教会中选举牧师与长老。

尤为重要的是，清教徒早在教会中就已实行投票选举牧师、执事与长老的制度。这种公开投票的教会治理方式，不仅训练了人民参与公共事务的能力，更培育了责任意识与自由精神。正是这种日常参与的政治文化，为后来殖民地全面推广选举制度打下了基础。

到1776年，美国独立战争爆发时，清教徒的选举传统已在北美延续超过一百五十年，自治观念深入人心，成为美国人民不可动摇的习惯。这种源自信仰的自治实践，让人民真正地骑在政府头上。

总结：美国——第一个站起来的民族

美国建国的独特之处在于以基督教信仰为根基塑造了一个人民主权的共和国。美国的开国革命并非仅仅是权力更替或制度创新，更是一场世界观的革命——宣告了人在上帝面前的尊严与权利高于任何世俗政府的权威。

这一理念赋予了美国社会强大的生命力，使公民拥有对抗不公政权的道德勇气和合法性，也让政府时刻受到人民和信仰原则的监督，难以滑向极权。反观英国和中国的历史，我们看到，没有这种深厚的宗教信仰支撑，革命往往止步于权力结构的调整：英国以议会代替君主，却未将人民置于最高的位置；中国则以一朝皇帝代替另一朝皇帝。

美国的经验表明，当一个民族坚信至高的权利来自至高的上帝时，他们就拥有了凌驾于政府之上的先天优势，可以有效防范政府滥权，捍卫自由与公正。

6-2
美国两党初期历史：谁守住了建国初心

刚来美国时，常听人说：共和党是为富人服务的，民主党才是帮穷人的；共和党是白人至上的，民主党才反对种族歧视。身为中产阶级的华人，又是少数裔，听起来理所当然应该支持民主党。

可在美国生活十多年后才发现，原来自己被忽悠了。真正重要的是，哪个党的政策真正推动经济繁荣，让更多穷人变成富人。

从经济政策来看，今天的共和党主张自由市场和小政府，强调个人责任；而民主党日益倾向高福利的社会主义，主张政府管控和财富再分配。在社会议题上，一个是尊重生命、信仰与自由的政党；一个却在推动堕胎合法化、大力宣传阶级与种族仇恨。很多人不明白的是，两党原本并非如此，他们是如何走到今天这一步的？

看清美国两党，不能只听选票上的承诺或口号里的修辞，更要看他们的政策实践与历史立场。尤其要看，是谁真正守住了“人人受造平等”的建国初心，又是谁在面对当时全球普遍存在的奴隶制度时，做出了道德与信仰的抉择。这不仅是政治立场的区别，更是对一个国家良知与信仰的考验。

两党萌芽：联邦党人与反联邦党人的分歧

美国建国初期（1776–1789年）并没有产生正式的政党。首任总统乔治·华盛顿（George Washington）曾郑重警告，政党的兴起将引发意识形态分裂和权力斗争，威胁国家团结。他在内阁中刻意汇聚立场各异的人才，希望通过平衡维护政治稳定。然而，理想很快被现实击碎。由于对联邦政府权力的看法分歧，华盛顿内阁迅速分裂为两大阵营：以亚历山大·汉密尔顿（Alexander Hamilton）为首的联邦党人（Federalists），主张一个强有力的中央政府与亲英政策；而以托马斯·杰斐逊（Thomas Jefferson）为首的反联邦党人，则强调州权、个人自由和亲法立场。

1776年美国独立后，最初的政府形式依据《邦联条例》（Articles of Confederation，1781年通过）建立，是一个松散的邦联体系。在这一体制下，中央政府权力极弱——既无军队与征税权，也无法统一调节商业，更缺乏独立的行政与司法机构。各州几乎是独立的小国家，享有高度自治。

然而，邦联政府在实践中暴露出严重缺陷，例如无力偿还战争债务、无法遏制经济混乱，最典型的是1786–1787年马萨诸塞州爆发的谢司起义（Shays' Rebellion），一场因经济困境而起的农民武装抗议。这促使各州精英意识到需要改革，于是召开制宪会议，起草新宪法以加强中央政府。1787年，《美国宪法》诞生，但其生效需至少九个州批准，由此引发了联邦党人与反联邦党人之间的激烈争论。

联邦党人由汉密尔顿与约翰·亚当斯（John Adams）领衔，主张建立强有力的中央政府。他们相信，只有集中权力，才能推动商业与工业发展，确保国家长治久安。汉密尔顿倡议设立国家银行，主张联邦统一承担各州战争债务，推动保护性关税以扶植工业发展，并提倡与英国建立稳定的贸易关系。他的财政计划被视为大胆的金融创新，但也引发巨大争议，反对者警告，这可能激起民众对英国的敌意——毕竟，美国才刚刚赢得独立战争。

反联邦党人由杰斐逊与詹姆斯·麦迪逊（James Madison）领导，继承反联邦主义强调州权与个人自由的核心理念。他们警惕中央政府权力膨胀，担心其最终会侵蚀公民权利。他们主张以农业为基础的经济模式，强调平民广泛参与政治，并倾向与法国结盟，这更符合他们所信奉的自由精神。杰斐逊的支持者主要集中于南方与西部的农业地区，与汉密尔顿代表的北方工商阶层形成鲜明对立，双方矛盾不断升级，最终为美国政党制度的萌芽埋下伏笔。

民主共和党的产生和分裂

《联邦党人文集》（The Federalist Papers）是由汉密尔顿、麦迪逊与约翰·杰伊（John Jay）三位美国建国先贤，于1787至1788年间，以“Publius”为笔名陆续发表的85篇政治论文。这部文集旨在为新宪法辩护，回应当时反对派对联邦集权的疑虑，被誉为美国宪政理念的奠基之作。

图表 17：《联邦党人文集》在街头被公开朗读。

在《联邦党人文集》的理论支撑和各州制宪会议的激烈辩论下，联邦党人通过广泛的政治游说赢得了足够支持，使得宪法于1789年正式生效。虽然反联邦党人未能阻止宪法的批准，但他们通过强有力的舆论压力促成了《权利法案》的诞生。1791年，《权利法案》（即宪法前十条修正案）正式通过，明确保障言论自由、宗教自由、持枪权等基本权利，这被视为反联邦党人最重要的实践成果。可以说，**美国宪政体系的基础，是联邦党人与反联邦党人共同努力的产物：联邦党人推动宪法通过，反联邦党人确保了个人权利的保障。**

随着宪法的实施，反联邦主义者逐渐发展为更具组织性的政治派系。1792年前后，在托马斯·杰斐逊（Thomas Jefferson）和詹姆斯·麦迪逊（James Madison）的推动下，民主共和党正式成立。这个党名本身就反映了他们的政治理念——“民主”强调人民广泛参与政事，“共和”则反对世袭君主制及中央集权。民主共和党的核心主张是限制联邦政府权力，维护州权和个人自由，倡导以农业为基础的经济模式，反对联邦党推行的国家银行和工业化政策。

1796年总统选举中，联邦党人约翰·亚当斯（John Adams）以71票对68票险胜杰斐逊，根据当时的选举规则，得票第二的杰斐逊出任副总统。这次选举标志着联邦党人与民主共和党之间公开竞争的正式开始。1800年，杰斐逊击败亚当斯，这场被称为“1800年革命”的选举，不仅实现了美国历史上首次权力的和平更替，也奠定了民主共和党的早期优势，加速了联邦党的衰落。

进入1820年代，联邦党人基本退出历史舞台，而民主共和党内部因政策分歧逐渐分裂为两派。一派为国家共和党人（National Republicans），支持强大的中央政府和大规模基础设施建设，后来演变为辉格党（Whig Party），部分成员再后融入今日的现代共和党。另一派为民主派（Democrats），继承了杰斐逊的平民主义传统，反对精英阶层垄断权力，由安德鲁·杰克逊（Andrew Jackson）领导。

1828年，杰克逊当选总统，标志着民主党的正式诞生。该党继承了民主共和党重视“民主”的政治传统，倡导扩大普通民众的政治参与，反对权力过度集中和精英特权统治，自此成为美国政治体系中举足轻重的力量。

民主党的奴隶制经济

杰克逊的民主党强调小政府、低税负、地方自治，表面上看似人民的保护者。但这个“人民”并不包括所有人——只限于白人，尤其是南方的白人农民和奴隶主。对黑人、印第安人以及其他非白人群体而言，民主党的“平民政治”是一场噩梦。

杰克逊本人就是一位拥有数百名奴隶的大庄园主。在他任总统期间，他强力推动《印第安人迁徙法案》（Indian Removal Act），强迫成千上万原住民离开世代居住的土地，迁往西部的不毛之地。1838年，约有1.6万名切罗基人被武装部队驱赶，踏上被称为“泪水之路”（Trail of Tears）的死亡行军，途中近四千人死于寒冷、饥饿和疾病。这一政策，正是杰克逊“为白人平民腾地”的具体执行。

进入19世纪中期，民主党在美国南方几乎一党独大，牢牢掌控州议会、法院与执法机关，成为奴隶制度最坚定、最系统的守护者。彼时南方经济对黑奴劳动的依赖已根深蒂固，棉花、甘蔗、烟草种植几乎完全仰赖奴隶劳力支撑。奴隶主阶层在民主党政府的庇护下，将奴隶制度奉为“不可侵犯”的经济命脉与社会秩序的基石。

还记得经典影片《乱世佳人》（Gone with the Wind）吗？它所描绘的，正是这段南方庄园文明兴盛与覆灭的缩影。必须坦率地承认，不是所有奴隶主都是残忍的恶人，很多庄园主对奴隶表现出相当的人性与宽厚。然而，奴隶制终究是一种剥夺自由与人格的罪恶体制。

面临北方废奴运动的迅速兴起，民主党人不仅坚决反对，甚至试图将奴隶制度扩展至新拓展的西部领土。1854年，在民主党主导下通过的《堪萨斯－内布拉斯加法案》，直接废除了原本禁止奴隶制度扩张的地方法律，激起北方舆论与宗教界的强烈反弹。南方民主党人则公开宣称：“奴隶制度是白人文明的保障”，并煽动民兵与政客使用暴力镇压反对声浪。

共和党的产生：信仰、自由与反奴役

进入19世纪中叶，围绕奴隶制度的争议愈演愈烈，北方与南方的矛盾已不可调和。北方各州深受清教徒信仰传统的影响，强调人的尊严、自由与责任，坚信人人在上帝面前平等。正是这种新教伦理，催生了广泛的反奴隶制运动，教会成为推动废奴的核心力量之一。北方的清教徒后裔和各大教会频频发声，谴责奴隶制度为“人类罪恶的污点”，许多传道人在讲坛上疾呼，“奴隶制度亵渎了上帝赋予人的自由”。

在这种宗教信仰推动下，北方各州逐步通过立法废除奴隶制。宾夕法尼亚州在1780年率先通过《逐步废奴法》，马萨诸塞州更是在1783年通过法院裁决，宣布奴隶制度违反该州宪法的自由原则。此后，俄亥俄、印第安纳、伊利诺伊等西北新州纷纷立法禁止奴隶制度，确立自由劳动与工业经济的发展模式。

与此同时，南方民主党人却试图将奴隶制度扩展到新领土，使整个国家沦为奴役的土地。教会组织发起联署、集会、讲道，要求全国上下制止奴隶制度蔓延。

正是在这场信仰与道德的觉醒中，共和党于1854年应运而生。它不仅是一个政治组织，更是北方人民良知的集结，是对自由、信仰与正义的共同捍卫。新党主张“自由土地、自由劳动、自由人”，明确反对奴隶制度的扩张，捍卫上帝赋予人的自然权利。许多教会领袖站在共和党一边，将反奴隶制度视为信仰的行动，视投票为道德责任。

亚伯拉罕・林肯（Abraham Lincoln）很快成为共和党的领军人物。他本人虔诚敬畏上帝，坚守宪法、反对奴隶制度扩张、维护国家统一，以高尚的信仰感召北方百姓。林肯曾公开表达这样的观点：“没有人有权在道德上奴役他人。自由是上帝的赐予，不是政府的施舍。”

1860年，林肯当选美国总统，南方各州随即怒不可遏，声称联邦政府要剥夺他们的奴隶“财产”，奴隶制度岌岌可危。11个南方州随即宣布脱离联邦，成立“美利坚联盟国”（Confederate States of America），引发血腥的美国内战。这些脱联邦州的领袖几乎全出自民主党。民主党，在这段历史中，成了分裂国家、捍卫奴隶制的主力军，而共和党则在信仰与自由的感召下，为国家统一与道义抗争。

共和党的诞生，是人民信仰的觉醒，是教会道德良知的外化。它不仅是一次政治革命，更是北方人民在信仰推动下，对奴役与罪恶的集体抗议。这股力量，改变了美国的历史，也唤醒了人类对自由的更深敬畏。

信仰之争

值得一提的是，在19世纪的美国南方，绝大多数白人都自称为基督徒，尤其是浸礼会（Baptist）和长老会（Presbyterian）最为兴盛，教会数量众多。南方人每周去教堂，读圣经，表面看虔诚敬拜，但他们的“信仰”已经被种族主义和现实利益所污染。他们甚至从圣经中断章取义，找出一些经文来“为奴隶制度辩护”，比如引用创世纪“含的后代要作奴仆”，声称黑人天生该被奴役。

许多南方牧师为奴隶制度辩护，认为这是“上帝所设定的社会秩序”。他们口称信仰，却违背福音的核心——人人按上帝形象被造，拥有尊严与自由。这种被利益腐蚀、被种族主义扭曲的信仰，其实早已偏离圣经，是一种假冒伪善的“宗教外壳”。

与此同时，北方的许多教会，特别是出自清教徒传统的新教教派，如公理会（Congregationalists）、卫理公会（Methodists）、贵格会（Quakers）和北方的长老会（Presbyterians），坚守圣经真理，公开谴责奴隶制度为“对上帝形象的亵渎”。他们不容忍“人奴役人”的罪恶，认为奴隶制违背基督“爱人如己”的诫命，是人类社会的耻辱。

这些教会不仅在讲坛上谴责奴隶制度，还成立了各类废奴协会（Abolition Societies），如1832年在波士顿建立的 “新英格兰反奴隶制协会”，他们出版大量反奴隶制的小册子、书籍和报纸，如《解放者》（The Liberator），唤醒公众良知。很多牧师亲自参与“地下铁路”（Underground Railroad），冒着生命危险帮助逃亡奴隶脱离苦海。

有的牧师因庇护奴隶被捕，有的教会因传讲废奴信息遭人攻击。但他们仍坚守信仰，不为权势所动。这正是信仰正与邪的分水岭。北方教会在废奴运动中的英勇，成为美国宗教良知的高峰，也彰显了真正信仰的力量。相比之下，南方教会多为奴隶主背书，成为压迫制度的工具。这场关于奴隶制的斗争，其实也是教会内部的一场信仰纯正与败坏的战争。

民主党和种族隔离

血腥的内战结束后，奴隶制度被法律废除，但民主党并没有放弃对南方的控制。他们迅速转向新策略：种族隔离与政治剥夺。民主党主导制定了“吉姆·克劳法”（Jim Crow Laws），在公共设施、学校、交通工具等方面强制实行“种族隔离”，黑人的教育、医疗、居住条件与白人天差地别，遭到系统性歧视。

更有甚者，尽管宪法赋予黑人投票权，民主党控制的南方州政府却设立识字测试、人头税、财产资格等苛刻条件，故意让黑人难以登记为选民。许多黑人被迫放弃选票，而试图投票的人往往受到恐吓甚至暴力攻击。三K党（KKK）等白人至上组织在南方横行，焚烧黑人教堂、私刑处决黑人青年，很多地方执法机构对此睁一只眼闭一只眼——因为他们自己就是民主党人的支持者。

在这段长达近一个世纪的时间里，从1865年到1960年代，民主党几乎在南方州毫无对手，这种牢不可破的政治控制被称为“南方堡垒”（Solid South）。在这“堡垒”内，任何支持黑人平权的政客都会被打压排斥，而白人至上意识形态则成为政治主流。

讽刺的是，民主党始终以“平民党”自居。但在南方，它所代表的，是一个充满种族歧视、剥夺与暴力的政治秩序。民主党保护的，是白人特权，而非真正意义上的“人民权利”。这段历史至今被有意掩盖，特别是被当今的主流媒体、左翼学者以及民主党自身所淡化甚至扭曲，却是美国民主制度不可回避的阴影。

谁守住了初心？

美国建国的初心，是“人人被造而平等”，每个人都拥有上帝赋予的不可剥夺的生命、自由与追求幸福的权利。这个初心，不是空洞口号，而是源于圣经真理，是一群敬畏上帝的基督徒，为捍卫信仰与自由而写下的誓言。

历史证明，正是那些坚守圣经信仰的北方基督徒，站在共和党的旗帜下，勇敢推动废奴，付出鲜血与生命，守住了这份初心。而民主党在南方，却为奴隶制度辩护，主导种族隔离，践踏了建国的理想。

6-3
沦为大政府：自由的蚕食与百年滑坡

美国建国时，政府的权力是被严格限制的。宪法明确写下，联邦政府只能行使人民授权的有限权力，其他未列出的权力，皆归属于各州与人民。这种“小政府、大自由”的制度设计，源自清教徒对人性与权力深刻的理解。他们相信，政府是“必要之恶”，必须时刻受制于法律与人民，否则就会滑向专制。然而，过去的一百年，美国却经历了一场漫长而深刻的自由滑坡——一个原本以自由为核心的国家，逐渐沦为“全民受控”的大政府体系。

1913年：联邦所得税的开端

这一转变的起点，是1913年《第十六条宪法修正案》的通过，授权联邦政府征收个人所得税。在此之前，联邦政府依赖关税和有限的消费税，财政来源稀少，无法任意扩权。所得税的开征，却打开了潘多拉的盒子——联邦政府从此拥有了取之不尽的财富来源。

同年成立的联邦储备系统（Federal Reserve），赋予政府控制货币发行的能力，让中央权力通过财政与金融深深渗透入社会的每一个角落。

川普的关税和经济政策的一个重要目的，就是推动美国回归到1913年以前的财政模式——在联邦层面尽可能减少甚至最终取消个人所得税。川普希望打造一个高效、低税、自由竞争的经济体系，让美国重返全球最具竞争力的国家之列。

罗斯福新政：以危机为名的权力扩张

1930年代，席卷全球的经济大萧条使无数美国人失业、破产、失去信心。就在民众痛苦呼喊中，富兰克林·罗斯福（Franklin D. Roosevelt）上台。他推行“新政”（New Deal），通过大规模经济干预、政府投资与福利扩张，试图拯救美国经济。然而，这场“救援”也成为扩张政府权力的契机。联邦政府不仅插手商业、劳动、农业，还设立庞大的监管机构和社会救济计划，开创了美国福利国家的雏形。

罗斯福政府推行“社会安全法”（Social Security Act），设立失业保险、养老福利。社会安全法标志着联邦政府第一次以“公共福利”为由，系统性介入本应由地方、社群负责的事务，打破了宪法原本的“分权平衡”。更糟糕的是，“以危机为由扩权”成了联邦政府的常态。

埃隆·马斯克（Elon Musk）公开批评美国庞大的联邦政府体系，指出如今联邦政府下设多达500到600个机构和部门，这些机构几乎全部由官僚任命，并非民选代表，缺乏对人民的直接问责。他强调，这种庞杂的官僚体系不仅效率低下，还滋生了大量的浪费、冗员与腐败。他希望能将这些联邦机构大幅精简，砍到99个以内，让政府回归简单、务实、高效。他的观点与建国时期“小政府”的理念一致，认为政府不应插手人民生活的方方面面，而应聚焦国防、治安、基础建设等有限职责。

冷战时代：国家安全之名的自由侵蚀

二战结束后，美国很快陷入与苏联的冷战对峙。这场意识形态与军备竞赛，不仅重塑了全球格局，也深刻改变了美国的政府形态和人民的自由。冷战成为一个绝佳的理由，让联邦政府以“国家安全”为名，悄然扩张权力，蚕食人民的自由和州的自治。

1947年，中央情报局（CIA）应运而生，任务是搜集海外情报，但它的实际权限远不止此。CIA 在全球范围内策划政变、暗杀外国领导人、操控选举，其活动不受公众监督，甚至不需国会批准，成为“影子政府”的象征。

图表 18：CIA操控全球，FBI窥视本国。

与此同时，联邦调查局（FBI）也在冷战初期强化内部监控，尤其在埃德加·胡佛（J. Edgar Hoover）长期担任局长期间，FBI 设立了大规模的情报监控系统，不仅针对共产党人，也针对民权运动领袖、宗教领袖、甚至总统候选人。联邦政府借口防范“间谍与颠覆”，事实上将触角深入普通民众生活的方方面面，连私人信件与电话都难以幸免。

冷战的持续，使联邦政府与军工业、情报机构、科技公司形成了一个庞大的利益共同体——“军工情报复合体”。（Military Industrial Intelligence Complex）。这套体系借助国家安全的名义，垄断资源、限制自由、操控舆论。政府原本是人民的仆人，如今却成了权力的集中体，人民对其失去了有效的制约和监督。

总结而言，冷战并未结束美国的战争，而是开启了一场对内部自由的战争。以国家安全为名的自由侵蚀，让美国从一个崇尚个人权利与自治的小政府国家，变成了联邦无所不包的大政府体制。这一切，都在悄然远离建国之初心。

约翰逊的“伟大社会”：福利膨胀，依赖盛行

1960年代，林登·约翰逊（Lyndon B. Johnson）的“伟大社会”（Great Society）计划，标志着美国联邦政府在国内事务中的全面扩张。而他之所以能够登上总统宝座，背后也隐藏着一段至今令人不安的历史谜团。

1963年，约翰·F·肯尼迪（John F. Kennedy）在达拉斯遇刺，震惊世界。副总统约翰逊迅速继任总统。长期以来，JFK遇刺被官方定性为“孤狼刺客”所为，但疑点重重。直到最近，川普在任期内承诺解密JFK档案，即将揭示出更多关于中央情报局（CIA）、联邦调查局（FBI）等机构的疑点，暗示 JFK 并非死于偶然，而是遭遇“深层政府”（Deep State）的清除。谁是受益者？正是林登·约翰逊本人和他背后的建制派集团——军工复合体、金融寡头、外国代理人及政府官僚体系。

更早在1954年，时任参议员的约翰逊推动了“约翰逊修正案”（Johnson Amendment），禁止教会及非营利组织公开支持或反对政治候选人。这一法案严重削弱了美国教会在公共事务中的影响力，使信仰与政治被人为割裂，逐步让教会在道德议题上噤声，甚至被政府操控。可以说，这一法案从根本上改变了美国的宗教与政治生态，为大政府无所不在地扩张扫清了障碍。

约翰逊上任后推出的“伟大社会”计划，表面是为了消除贫困与不平等，实则是福利国家的全面铺开。他大幅增加联邦福利支出，涵盖医疗、住房、教育等各个领域。原本应是救急的福利，转变为制度化的再分配机制。政府不再只是维持秩序，而成为全民“奶妈”，几代人被养成对政府的依赖。个人责任被削弱，“自力更生”的美德被“我有权利”的诉求所取代。美国社会开始陷入福利陷阱。

尤其在黑人社区，“伟大社会”政策的伤害尤为深重。长期依赖政府救济导致家庭结构崩溃，父亲缺位成为普遍现象，单亲家庭

激增。数据显示，自1965年以来，黑人非婚生子女比例从24%飙升至70%以上，青少年犯罪率与贫困代际传承同步上升。教育质量滑坡，社区治安恶化，黑人孩子往往在缺乏父亲、缺乏激励的环境中长大。

一般人不明白的是，福利政策在客观上"奖励"了家庭的破裂。比如，一个黑人单亲妈妈，如果不结婚、独自抚养几个孩子，每个月可以领取政府提供的食品券、住房补贴、现金补助、医疗福利等多项救济，综合下来是一笔相当可观的收入。然而，如果她选择与孩子的父亲结婚，家庭的收入就会被合并计算，福利立即大幅缩水，甚至完全失去资格。这种福利制度直接导致许多黑人男性不愿结婚，甚至夫妻不得不假装"分居"或"陌生人"，有人检查的时候，丈夫连夜躲出去，逃避监管。而缺少婚姻之约，自然也削弱了丈夫对家庭的责任感与忠诚。

这正是"以善意之名，行破坏之实"的真实写照。福利本该是临时扶助，却在现实中，悄然瓦解了黑人社区本就脆弱的家庭结构，制造了代代相传的贫困循环。

民主党政客对此并非不知，而是继续加大福利力度，用政府补贴稳固票仓。补贴越多，依赖越深；依赖越深，选票越牢。他们甚至公开宣称："你拿了政府的好处，就该知道投票给谁。"福利成了换取政治支持的工具。美国的公民，不再是自由独立的主人，而被塑造成"受益人"与"选票机器"。而一切的起点，正是林登·约翰逊——这个靠暗杀上位、靠削弱信仰夺权、靠福利统治人心的"大政府之父"。

奥巴马的软集权政府

进入21世纪，在奥巴马执政时期，美国的大政府逻辑被推向极致。《平价医疗法案》（Affordable Care Act），俗称《奥巴马医保法》（Obamacare），成了其标志性政策。该法案强制所有公民购买政府指定的医保产品，违者将面临罚款。这不仅是对个人医疗自由的粗暴干预，更是联邦政府以“公共健康”为名，全面介入每个家庭的生活选择。许多医生被迫接受政府制定的报销标准，患者则被剥夺了自由选择保险与医生的权利。

与此同时，奥巴马政府大力扩张联邦行政机构的权力，环保署（EPA）以“应对气候变化”为由，出台庞大而繁琐的环保法规，严苛限制企业排放和能源开发，重创煤炭、石油等传统行业，许多企业因应对监管成本上升而关门歇业。教育部则推动“共同核心标准”（Common Core），试图统一全国教材与教学内容，削弱地方和家长对教育的自主权。司法部在奥巴马任内被批评“选择性执法”，对不同政治立场采取双标处理，公信力大降。

更令人担忧的是，奥巴马在执政期间频繁绕过国会立法程序，通过大量行政命令来推行政策。据统计，他八年任期内发布了超过270项行政命令和成千上万页的联邦法规，覆盖环境、移民、金融、教育等方方面面。这种治理方式严重削弱了立法机构的作用，破坏了宪法设立的三权分立原则，将联邦政府权力集中于白宫。

政治学中有一个术语叫做“行政体制”（Administrative State），指的是一个由未经民选的官僚机构主导的国家治理结构。

奥巴马时代出现的“深层政府”（Deep State）正是这种体制的典型体现——它借助庞大的联邦机构，日益脱离公众监督。普通公民面对这些联邦设立的“行政法庭”与繁琐规则时，既无法抗辩，也无处申诉。行政机关不仅制定规则、执行规则，甚至还自行裁决争议，形成事实上的“权力三合一”。这一模式完全违背了《联邦党人文集》中对分权与制衡的宪政设计，也挑战了美国建国之初“政府受制于人民”的基本原则。

更有甚者，奥巴马政府积极推动“政治正确”，在性别、种族、信仰等议题上利用联邦资源强行塑造舆论与政策。学校被要求设立“性别中立”厕所，宗教机构被迫为员工提供堕胎服务保险，企业被威胁必须接受LGBT培训与雇佣标准。政府之手深入个人生活，剥夺自由和传统道德的生存空间。

可以说，在奥巴马任内，联邦政府已不再是人民授权的仆人，而成了不受控制的软集权体制。从税收、教育、枪支、宗教到企业和家庭生活，政府如同巨兽一般压在人民头上，真正的自由逐步被蚕食。

这一时期的政策遗产，不仅使得民众对政府的不信任加剧，也为后来的政治地震——“川普现象”的崛起埋下了伏笔。

百年滑坡，自由受困

从1913年到奥巴马时代，短短百年间，美国完成了一次惊人的转变：从“限制政府”的宪政共和国，滑向了“无边政府”的集中体制。1913年开征的联邦所得税打破财政约束，为政府的无限扩张打开闸门；罗斯福新政使福利国家的种子深植人心；冷战时期，政府借“国家安全”之名广设监控，强化行政力量；约翰逊的“伟大社会”工程则催生了代际贫困与制度依赖；到了奥巴马时代，政府行政权几乎全面掌控社会生活，政治正确如潮水般渗入每个家庭与教室。

一个曾以“小政府、自由自治”为荣的国家，悄然变成了“大政府、全面控制”的样板。政府不再是人民的仆人，而变成了人民生活的设计师、裁判官、甚至意识形态的引导者。

而当人民对政府的依赖越深，自由便如潮水般渐行渐远。这一切的发生，并非偶然，更非一时，而是一个世纪以来信仰的流失、制度的松动、道德的滑坡所共同铸成的后果。

正是在这“大政府压顶”的历史背景下，“川普现象”应运而生。一场新的“独立战争”悄然展开，不是用火枪马车，而是用选票、真相与信仰，唤醒这个曾经热爱自由的国度。

6-4
民主党的华丽变身：从奴隶制到平权先锋?

在今日的美国政坛，民主党成功塑造了自己“关怀弱势”、“反对种族歧视”的公众形象，尤其在媒体与学界的加持下，仿佛成为正义与平权的代表。然而，历史不会遗忘，真相亦难掩盖。追根溯源，这个今日高举“反种族歧视”大旗的政党，恰恰是过去两个世纪里美国种族压迫的主要力量——从奴隶制度的捍卫者，到种族隔离法的推动者，再到三K党的政治庇护者，民主党在种族议题上的历史血债，早已累累。关于这段历史，详见前文《6-2 美国两党初期历史——谁守住了建国初心》。

进入20世纪后期，民主党逐步走向自由主义与世俗化。早年民主党中虽有不少基督徒，但随着左翼思想的渗透，该党逐渐成为无神论者与道德相对主义者的大本营。今天，民主党不仅敌视基督教传统，甚至频繁推动堕胎、同性婚姻、跨性别、儿童变性等议程，公开打压宗教自由，迫使教会噤声。他们的自由主义，不再是信仰中的自由，而是一场对传统道德的战争。

1960年代：民权法案与民主党的“被迫转型”

历史的转折出现在1960年代。当时，民权运动风起云涌，黑人群体要求投票权、平等权、教育权，社会矛盾日趋激烈。面对全国舆论与街头抗议的双重压力，联邦政府被迫响应，《1964年民权法案》与《1965年投票权法案》终于出台。

但需要正视的是——这些法案的通过，并非民主党的恩赐，而是共和党的大力支持使其得以实现。历史数据清晰显示，《1964年民权法案》在参议院获得通过时，投票支持的共和党议员比例高达82%，而民主党仅为69%。更关键的是，众多南方民主党议员——所谓“南方顽固派”（Southern Democrats）——坚决反对法案，甚至以冗长发言（Filibuster）等方式试图拖延和阻挠立法进程。比如，民主党参议员斯特罗姆·瑟蒙德（Strom Thurmond）在1964年为反对民权法案发起了长达24小时的演讲，成为国会历史上的一项记录。

面对形势变化，总统林登·约翰逊（Lyndon B. Johnson）选择顺势而为。他高调签署法案，并向媒体展示民主党“站在平权前线”的新形象。然而，他的真实意图并不单纯。约翰逊在私下曾表示，民权立法是一项“改变选民结构”的政治策略。据助手回忆，他曾自豪地说：“如果我们通过这项法案，民主党将在未来几十年赢得黑人选票。”这并非信仰的转变，而是利益计算。

事后也印证了这一战略的效果：非裔选民大规模转向民主党，而南方白人选民逐步投向共和党。民主党借此实现了“华丽转身”，从过去种族压迫的主力，摇身一变，成为“反种族歧视”的先锋——但这场变身，更多是包装术，而非灵魂的悔改。

“反种族歧视”的幌子——实则新版种族歧视

进入21世纪，民主党高举“平权”与“反种族歧视”的旗帜，借助媒体、教育系统与政府权力，进一步将种族作为政治操控的核心工具。他们推动所谓“种族配额”政策（Affirmative Action），在高校招生、政府雇佣、企业补贴等环节，按肤色而非能力分配资源。这种按族裔分配“机会”的制度，不仅违背公平竞争的原则，更制造了新的“反向歧视”。亚裔学生深受其害，尤其在哈佛、耶鲁等名校申请中，成绩优异却被人为压分，仅因肤色而被排除在外。这一切都得到了民主党主导的“平权法案”的庇护。

在一些民主党长期控制的城市，种族政治已经发展到荒谬的地步。2023年圣诞节期间，华裔波士顿市长吴弭组织了一场名为“有色人种专属派对”（Only for People of Color Party），活动明确排除了白人参与。这种公开以肤色筛选参与者，仿佛在倒退回20世纪的种族隔离时代。这类身份政治，把美国社会撕裂为黑人、白人、亚裔、拉丁裔等不同群体，推动“多元化”表象，实质是按肤色斗争，将国家变成种族矛盾的火药桶。

更令人震惊的是，在美国一些学校，孩子们被强迫接受所谓“白人原罪”（White Guilt）教育。白人孩子被教导为“天生压迫者”，黑人孩子被定义为“天生受害者”。课堂上，教师要求白人学生为“祖先的罪行”忏悔，而非教授个人责任与品德。这种思想灌输，与共产主义的“阶级斗争”别无二致，把社会撕裂为“压迫者”与“被压迫者”，挑动仇恨，摧毁团结。

这些做法，并非偶然，而是受马克思主义文化渗透的结果。马克思鼓吹“无产阶级革命”，要推翻既有秩序、打倒传统。今天的民主党，正是在照搬“阶级斗争”的剧本，只不过把“无产阶级”换成“有色人种”，把“资产阶级”换成“白人群体”。他们打掉林肯雕像、焚毁华盛顿雕像，喊出“拆除一切白人历史”的口号，这与中国文革时期的“破四旧”如出一辙。他们不仅否定历史，也否定国家的根基——人人平等、人人自强的信仰传统。

图表 19：激进示威者推倒林肯与华盛顿雕像。

而在黑人社区，民主党几十年推行高福利政策，表面是“扶贫”，实质却是制造依赖。“不要工作，政府养你”，这成了穷困区的常态。福利政策打击了家庭责任，导致大量黑人家庭结构破碎，父亲缺位，青少年失学失业，暴力犯罪激增。这种由福利造成的社会崩坏，本应引发政策反思，民主党却继续扩张福利，把选票与补贴捆绑，黑人的困境反成了民主党的“票仓保障”。

总之，民主党虽然换了包装，从昔日的奴隶制守护者摇身变为“反种族歧视”的先锋，但他们对权力的渴望未改。他们用新形式的种族操控取代了旧时代的压迫，把族裔作为工具，把“平等”当作幌子，延续着权力的循环。真正的平等，不是用肤色划分资源，而是回归“人人受造平等”的信仰初心——这是民主党刻意淡化，却不可回避的真相。

背后原因：一场信仰与价值观的战争

我们正在目睹的，不仅仅是一场政策与理念的冲突，更是一场深层次的信仰与价值观的战争。从历史上看，美国建国的根基，源自清教徒“山上之城”的愿景。他们坚信人是按上帝形象所造，拥有不可剥夺的自由与尊严。而政府的权力来自人民，是为服务人民而存在。这一信仰造就了自由、法治和个人责任的文明秩序。

然而，进入20世纪，尤其是1960年代以后，民主党逐步背离这一传统，从自由主义滑向极端的世俗主义。他们不再敬畏上帝，而是把“人”当作宇宙的中心，开始重新定义“道德”与“自由”的内涵。他们宣扬“价值中立”，其实是剥离社会的一切基督信仰根基，为罪恶开门。他们高举“个人选择”的旗帜，实则鼓励堕胎、同性婚姻、性别混乱等违背圣经的行为。

最具代表性的转折点，是奥巴马执政时期，民主党全面推进同性婚姻合法化，并强制基督徒商家、教会学校接受“性别中立”的政策。许多持守圣经信仰的企业家被罚款、起诉；教会被要求为同性婚姻提供场地与服务；基督徒父母因反对公立学校教授“跨性别教育”而被打压、嘲讽。这不仅是道德领域的分歧，更是民主党对基督信仰的系统性围剿。

他们还推动“性别认同”立法，在各级学校、政府机构要求接受“非二元性别”（non-binary gender）与“自我性别认同”（self-identified gender），连五岁儿童都要被教育可以“选择性别”。传统家庭与婚姻制度被解构，父母的权威被削弱，政府代替家庭成为孩子的道德教主。与此同时，他们反对公立学校讲授圣经、禁止祷告，却允许教授同性恋、变性、甚至“萨满巫术”（Shamanic rituals）与“地球母神崇拜”（Gaia worship）的内容。

在实质上，民主党不仅仅是政党的转型，更是在推进一种“新宗教”——以人自己为神的信仰。他们攻击传统，嘲讽信仰，否定绝对真理，宣扬相对主义、虚无主义。他们在公共领域系统排斥基督教，把信仰赶出学校、法院、媒体与政治。在这种环境下，不信上帝的“自由”成了放纵欲望的借口。

民主党人的觉醒

说了这么多，不要误以为所有民主党人都是种族主义者。事实上，在我身边，有很多民主党人，他们心中所相信的，并不是今天民主党精英操控下的极左议程，而是肯尼迪时代的民主党信念。很多人忘了，约翰·肯尼迪（JFK）虽然是民主党总统，但他的个性与政策，今天看来，反倒更像共和党的川普。两人有许多惊人的相似之处。

首先，在外交政策上，肯尼迪坚信“以实力争取和平（Peace Through Strength）”，这正是川普奉行的国际观。肯尼迪在冷战高压下，大幅提升国防投入，坚定应对苏联扩张，维护了美国的全球地位。

其次，在科技竞争上，肯尼迪走的是实打实的 “让美国再次伟大（MAGA）”路线。当时的美国，科技发展面临苏联挑战，尤其在太空竞赛中已明显落后。肯尼迪果断提出登月计划，激发了美国人的民族信心与技术创新。

再看国内经济，肯尼迪走的不是高福利、重税的老路。他在任内主张并推动了大规模减税，虽然他被刺杀后由继任者约翰逊实施，但这些减税政策直接刺激了1960年代中期美国经济的繁荣与就业增长。

最后，两人都在打击体制内腐败、挑战既得利益集团时付出了沉重代价。肯尼迪被暗杀，至今疑点重重；川普则遭遇了几次暗杀企图，但都幸免于难。

可以说，今天的肯尼迪式民主党人，已经是妥妥的共和党人。我周围就有不少这样“觉醒”的前民主党人，已无法忍受民主党日益极端的政策与文化激进主义，毅然转向共和党阵营。

事实上，民主党内部的“觉醒”并不是个别现象，而已经演变成了一场广泛的运动，也就是我们常听说的“#WalkAway（离开民主党）”运动。

这场运动最早可以追溯到2018年，由前民主党人布兰登・斯特拉卡（Brandon Straka）发起。他曾是坚定的自由派，长期支持民主党，但随着民主党极左化、身份政治泛滥、对言论自由和个人责任的打压，他逐渐看清了现实，在社交媒体上发起了“#WalkAway”运动，号召那些被民主党背叛、但又不愿继续沉默的普通美国人勇敢“离开”。

这场运动迅速在全国范围内引发共鸣，尤其在少数族裔、中产阶级、宗教保守派、甚至部分 LGBT 群体中都产生了不小影响。很多黑人、拉美裔、亚裔美国人纷纷在网络上分享自己的故事，讲述自己如何从民主党的“政治正确”谎言中走出来，认清了真正关系到自己家庭、社区和未来的，是经济繁荣、法律秩序、宗教自由和个人责任。

根据2020年和2022年中期选举的多个民调数据显示，民主党在黑人和拉美裔中的铁票仓正在被改变，共和党的少数裔支持率逐年上升。尤其是佛州、德州、加州等地，越来越多原本的民主党选民“出走”，投向了更加务实、强调传统价值的共和党阵营。这无疑为2024年大选共和党的胜利奠定了重要的民意基础和战略优势。

这场“出走”运动揭示了一个不可忽视的现实：民主党的极左路线正在不断失去中间选民与温和民主党人的信任，而真正看重经济、家庭、信仰与自由的美国人，正在悄然觉醒，重新思考自己的政治选择。

另一方面，我们也必须清醒认识到，**没有任何一个政党是永远正确的，也没有哪个政党注定永远错误。问题的根本，不在于党派的标签，而在于这个政党是否遵循了社会的基本规律与道德法则。**

正如我们在前几章所总结的那样——顺天者昌，逆天者亡。民主党在种族与道德议题上的种种操作，已经明显背离了自然律与宪政精神，最终只会给社会带来撕裂与灾难。

共和党也有共和党的问题。历史早已无数次证明，任何政党一旦被权力和金钱所腐蚀，失去道德底线，同样会走向堕落。这正是我们下一章将要深入讨论的话题。

6-5
共和党的建制派与华盛顿沼泽

很多人以为，美国政治最好是两党轮流执政、左右摇摆，这种“制衡博弈”让美国制度具备了天然的“纠错能力”。但只要深入观察，就会发现这种制度论其实非常脆弱。因为，人性本身是堕落的，权力的诱惑不分党派，两党完全有可能同时堕落，甚至心照不宣地沆瀣一气。

有时候，党派之争只停留在媒体上的表面冲突，真正的权力与利益分配早已在幕后的暗箱中达成共识。在华盛顿，那些口口声声自称“保守派”的共和党建制派，与高举“进步”旗帜的民主党精英，本质上不过是同一枚硬币的两面。他们表面分歧激烈，实则共同维护着既得利益结构，真正令他们恐惧的，乃是普通民众意志的觉醒。

也正因为如此，川普的出现才会让他们如此恐惧。

建制派：背弃初心的“保守派”

共和党的建制派，自诩为“保守主义”的旗手，常挂在嘴边的词是“小政府”、“低税负”、“强军护国”，但在实际操作中，却屡屡站在大政府和全球化的阵营里。他们口口声声为自由而战，实则在核心政策上与民主党毫无二致——支持无限制的军费开支、支持海外军事干预、支持大企业垄断、支持开放边界与非法移民的涌入，乃至默许国家监控和行政机构的滥权。他们嘴上高喊“有限政府”，实际却不断扩权、增税，让普通美国人的自由空间日渐收缩。

最具代表性的，是小布什（George W. Bush）及其幕后建制团队。他们借“9・11”恐袭之机，发起了两次伊拉克战争，并推进阿富汗战争，将美国拖入长达二十年的“永久战争”泥潭。这些战争耗费超过6万亿美元，造成超过7000名美军士兵牺牲，却未带来稳定与和平。真正的赢家是谁？军工复合体的巨头们——洛克希德・马丁（Lockheed Martin）、波音（Boeing）等军火商赚得盆满钵满，战地承包商拿下天价合同，政治捐款源源不断回流建制派口袋。

在内政方面，建制派表面支持“低税”，实则常在预算上与民主党妥协，不断抬高债务上限，放水印钞。比如，以米奇・麦康奈尔（Mitch McConnell）和林赛・格雷厄姆（Lindsey Graham）为代表的共和党高层，在诸如移民改革、基建法案、枪支监管、选举诚信法案等关键议题上，频频背叛保守派选民意愿，与民主党密室交易，出卖共和党人应守的原则。

另外，麦康奈尔多次支持对乌克兰数百亿美元的军事援助，却对美国边境危机漠不关心。格雷厄姆在枪支管控问题上支持扩大“红旗法”，使得宪法第二修正案遭到侵蚀。而在“同性婚姻合法化”和“性别认同立法”等社会议题上，他们不敢捍卫保守信仰，甚至默认左翼议程渗透教育与文化领域。

所谓“两党制衡”，在他们手中成了一场高明的政治表演，实质是精英阶层的“轮流执政”，打着“选民代表”的幌子，维护权力与金钱的稳固分配。真正的“保守主义”被稀释为口号，而建制派的实质，是与民主党的深度合谋——共同维持那座属于少数人的“华盛顿沼泽”。

建制派如何操控初选，打压草根候选人

共和党建制派不仅在华盛顿主导政策走向，更牢牢把控着党内初选的“闸门”。他们通过资金、媒体资源、党内规则等手段，将

真正代表草根民意的候选人挡在门外。一旦有草根候选人崭露头角、获得民众支持，建制派往往迅速出手，通过金钱围剿、负面宣传、甚至制度操纵将其“扼杀于萌芽”。

比如在2022年阿拉斯加参议员选举中，川普支持的凯莉・齐博卡（Kelly Tshibaka）挑战长期的建制派议员丽莎・穆尔科斯基（Lisa Murkowski）。齐博卡赢得基层广泛支持，阿拉斯加州共和党也站在她一边。然而，建制派主导的参议院领导基金（SLF）却投入超过千万美元为穆尔科斯基站台，并利用“排名选择投票”制度成功阻击齐博卡——这一制度本身就是建制派推动的新规则，专为维护其权力而设。

再如来自科罗拉多的草根议员劳伦・波伯特（Lauren Boebert），以坚定保守派立场赢得选民爱戴。她反对政府滥权，坚守宪法原则，成为建制派的“眼中钉”。在选举中，波伯特不仅得不到党内任何资源支持，反而不断遭到来自建制派及其媒体盟友的围剿，频频被抹黑为“极端分子”。胜选后，建制派甚至酝酿在下一轮初选中扶持“温和派”挑战她，誓言将她“清除出局”。

这些事例揭示了建制派真实面目：他们不是要服务人民，而是要维系权贵阶层的既得利益。他们掌控规则，封锁通道，阻止一切挑战现状的力量进入体制。所谓“初选”，在他们手中成了筛选顺从者、打压异己的工具，民主制度的本意被彻底扭曲。草根候选人想要突破重围，必须付出比对手百倍的努力与代价，才能勉强发声。这正是“华盛顿沼泽”的毒瘤之一。

“华盛顿沼泽”：美国政治的烂根

“华盛顿沼泽”（Washington Swamp）这个词，虽非川普首创，却被他喊到全国皆知，甚至成为全球政治辞典中对制度腐败的代名词。它揭示了一个令人战栗的现实：美国本应“民有、民治、民享”的政府，早已被利益集团深度绑架，权力不再基于民意，而是围绕金钱、权势与勾结在少数精英手中转动。

在这片沼泽中，政府、华尔街、大型科技公司、主流媒体与情报机构形成了一张牢不可破的利益之网。三权分立名存实亡，行政权力如怪兽一般日益膨胀，数百个联邦机构如幽灵般无法被问责，却深度干预民众生活的方方面面。

例如，一系列调查和曝光揭示，美国国际开发署（USAID）这一联邦机构，早已深陷腐败泥潭，不再是单纯的“援外机构”，而是被政治化操控，沦为民主党政客巩固权力、洗钱输血的工具。这种操作表面合法，实则是一种精心包装的“循环腐败链条”。

首先，USAID 每年管理和分配超过500亿美元的联邦资金，按理说这些资金本应用于人道救援、发展援助等正当用途。然而，近年来，大量资金被分配给与民主党高层关系密切的非政府组织（NGO），如“开放社会基金会”（Open Society Foundations）、“国际计划生育联合会”（IPPF）等。这些 NGO 以“促进民主”、“环保项目”、“性别平权”等名义接受巨额拨款。

图表 20：美国国际开发署资金通过NGO流入政治捐款体系。

令人震惊的是，这些 NGO 并未将资金真正用于国际发展项目，而是将一部分资金回流到美国国内，用于资助民主党候选人或通过政治宣传影响选情。这种操作虽然技术上避开了“联邦资金不得直接用于选举”的法律红线，但实质上，联邦税收被用于巩固一个政党的执政基础，堪称“合法外衣下的政治洗钱”。

2023年，美国媒体揭露：USAID 曾向一家名为“Democracy Now International”的NGO拨款高达1亿美元，而该机构的核心领导层与民主党全国委员会（DNC）成员存在密切关系。拨款后不久，这家 NGO 在关键摇摆州密集投放广告，攻击共和党候选人，并组织“草根运动”，推动邮寄选票——这些资金实际上间接影响了 2022年中期选举。

更具代表性的是，USAID 资金曾被用来资助墨西哥、洪都拉斯等国的“移民援助项目”，而这些项目又通过 NGO 帮助组织大规模“难民车队”向美国边境推进，造成边境危机加剧。民主党政客则借此呼吁“改革移民法”，扩大庇护范围，最终在选票上受益——这是一种有意制造问题再“解决问题”的政治操控。

USAID 的腐败不仅限于对外拨款，其内部人事安排也反映了深层政府的控制。例如，多名高级官员来自前奥巴马、拜登政府核心幕僚，他们在任内将拨款倾向性地分配给政治盟友，形成一个“你中有我，我中有你”的封闭金权网络。

这也说明了为何民主党极力捍卫这些联邦机构的预算，凡是川普提议削减或审查 USAID、国务院、环保署等机构预算时，民主党就群起反对——因为这些机构正是他们操控资源与选票的根基。

这套机制，正是华盛顿沼泽如何吞噬税收、腐蚀民主的明证。USAID 不过是冰山一角，更多联邦机构同样被“制度性腐败”所俘虏。唯有真正排干沼泽，恢复宪政精神，限制政府权力，才能还人民一个清白、自由的共和国。

“环保”外衣下的金权交易

美国环保署（Environmental Protection Agency，简称EPA）是一个典型例子，说明政府一旦脱离有限政府的原则，权力就极易被滥用，甚至滋生腐败。EPA 最初的设立宗旨，是制定并执行环境保护法规，确保空气、水源与土地不受污染，服务于全体国民的健康福祉。然而，进入奥巴马时代之后，EPA 逐渐成为绿色能源公司的金主，而这些公司多与民主党精英有紧密联系。

比如，奥巴马政府曾通过 EPA 颁布极为严格的“清洁电力计划”（Clean Power Plan），要求各州减少化石燃料使用，大幅增加风能、太阳能比重。这一政策直接打击煤炭、天然气行业，但为绿色能源公司打开数百亿美元市场。

而获得政府巨额补贴和 EPA“认证”的公司，往往是民主党捐款人的企业。例如，奥巴马时期大名鼎鼎的 Solyndra 太阳能公司，获得超过5亿美元联邦贷款担保，几个月后破产——血本无归。但公司高管却在破产前套现，并捐款给民主党，整个项目被指为“绿色洗钱”。

EPA 这种“制定政策→指定企业→拨款补贴”的模式，实际上是把环保变成了利益分赃。而川普上台后试图废除“清洁电力计划”并削减 EPA 预算，便遭遇民主党与主流媒体的猛烈攻击——因为动了沼泽的奶酪。

教师工会，成了民主党的政治工具

美国教育部（Department of Education，简称DOE）近年来已成为民主党控制下的重要政策工具。通过联邦拨款、课程指导、教材认证等手段，DOE深度干预全国公立学校系统的教学方向与价值导向。

与此同时，与民主党关系密切的两大教师工会——全国教育协会（National Education Association, NEA）与美国教师联合会（American Federation of Teachers, AFT）——则借助这套体制，操控教育资源、影响课程内容，实质上绑架了整个公立教育体系，使其越来越偏离家长与地方社区的声音。

教师工会每年收取数十亿美元会费，其中大量资金用于资助民主党候选人，同时动员教师与家属投票。在2020年总统选举中，NEA和AFT总计捐款近4000万美元给民主党。换来的，是联邦政府大幅增加教育预算，推动极端自由课程，如“批判性种族理论”（Critial Race Theory）、性别意识课程（甚至从幼儿园就开始教授“多性别”概念）。

这些课程不仅扭曲了学生的价值观，也直接冲击传统家庭的教育权。许多父母试图反对，却遭到民主党政府的压制——拜登司法部甚至将反对“批判性种族理论”的家长列为“潜在国内恐怖分子”调查。

教育部与教师工会之间的政策换资金、资金换选票、选票保政权，构成了民主党稳固政权的重要支柱。他们不只是“买未来”，而是通过掌控孩子思想，重塑整个社会的价值观与选举趋势。

结语：真正的“敌人”

“华盛顿沼泽”的本质，正是我们此前所分析的“大政府三期癌变”的最终阶段——权力长期失控，必然滑向系统性腐败。一小撮政治精英，无论是民主党还是共和党的建制派，早已脱离民意、联手操控国家机器，对法治与自由进行结构性蚕食。他们打着“民主”的幌子实施专制，借“国家安全”之名压制公民自由。

他们可以容忍任何党派轮流执政，却无法容忍真正代表人民、挑战旧秩序的领袖站出来发声。

共和党的建制派并不等同于真正的保守主义。他们早已与这片沼泽融为一体，背叛了原本应当捍卫的信仰、自由与家庭价值。要想重拾美国立国之初心，唯有依靠那些敢于揭露真相、直面体制腐败的普通人民，勇敢地“排干沼泽”，重建基于宪政、责任与信仰的自由共和国。

6-6
川普的回归：美国的第二次独立战争

美国，建国之初是一群信仰上帝、追求自由的人民，在独立战争中推翻了外来的暴政，立下誓言：“人人受造平等，生命、自由与追求幸福的权利不可剥夺。”政府不过是人民授权的工具，是为自由服务的仆人。而如今，两百多年过去，这个“人民的政府”却日益膨胀，成为一个控制人民、监管人民、甚至审查人民言论的庞然巨兽。从税务到医保，从教育到信仰，美国政府已经越过当年立宪者所设的界限。

川普现象正是在这样的背景下爆发。他的崛起，不是偶然，而是人民在“被遗忘”多年后的深层次反抗——反抗被窃取的民主、被压制的自由与被嘲讽的信仰。这是一场“第二次独立战争”。第一次独立，是从英王手中夺回自由；这一次，是从本国“建制派”、华盛顿沼泽、全球主义精英们和庞大政府体系中，重新夺回人民的主权。

这场战争不流血，却同样激烈；不举枪炮，却关乎国家的生死存亡。川普的回归，是信仰与自由再次觉醒的号角。谁能守住初心，谁就能带领美国回归建国之路。

被吞噬的自由：人民为何反抗？

过去一百年，美国政府从“小政府、自由自治”逐步滑向“大政府、全面控制”。从1913年联邦所得税的通过，到罗斯福新政铺设福利国家雏形，再到奥巴马时期政府全面干预人民生活，联邦政府的权力不断膨胀。而这一切，在2020年以后达到顶点——疫情封锁、疫苗强制、言论审查、宗教聚会遭禁——人民逐渐发现，他们已经无法自由呼吸，昔日“自由的灯塔”竟变成了压迫的巨兽。

尤其在2020年选举期间，社交平台集体封锁异见，推特（X）、脸书（Facebook）、油管（YouTube）大规模删除不同政见用户，封杀时任总统的账号，压制关于“拜登家族丑闻”的报道，制造舆论一言堂。政府与媒体、科技巨头的合流，使得真相被淹没，人民被蒙蔽。选举夜的统计暂停、大量邮寄选票争议、选举软件故障，更让数千万美国人对民主制度产生深深怀疑。

而这一切，最终引爆于2021年1月6日。当天，数以万计的美国公民走上国会山，要求对选举结果进行质疑与审查。他们带着美国国旗，高呼“停止窃选”，本是和平请愿。但部分示威者进入国会大厦后，事情迅速被媒体定性为“叛乱”。自此，联邦政府展开史无前例的政治打压——上千名参与者被捕，多人至今被关押多年却不审判，遭遇长时间单独囚禁、精神摧残、法律援助受限，宪法赋予的“快速审判权”、“人身自由权”被彻底无视。

后续调查逐步揭露出一系列令人震惊的内幕。根据国会山的监控录像和部分证人的证词，事发当天，至少有数十甚至上百名联邦调查局（FBI）及其他执法机构的特工和线人混入人群中，更在关键时刻主动煽动示威者冲击国会。

多段影像资料显示，这些身份不明者不仅引导人群拆除路障、攀爬围栏，甚至带头突破防线。而令人诧异的是，他们事后既未被起诉，也未被公开身份。

最具争议的例子之一，是名为 Ray Epps 的男子。根据公开视频，他在事件前一晚及当日多次鼓动人群“冲进国会”，周围群众当场质疑他是联邦卧底，高喊“你是联邦政府的人！”而他始终未予否认。1月6日当天，他被拍到与疑似其他联邦线人耳语交谈，并率先突破警戒线。

尽管他的行为远超普通示威者，Ray Epps 却在事件后的两年内始终未被起诉。直到2024年，面对日益汹涌的舆论压力，司法系统才象征性地对其提起轻微指控，并最终予以轻判，毋需服刑。这一发现，让“1月6日”被定性为“自发暴乱”的说法岌岌可危，而更像是一场政府默许甚至策划的“钓鱼执法”行动。本是一场和平示威，却被有意引向失控，目的显然是为后续的政治打压和陷害川普寻找借口。

而主导调查的“J6特别委员会”，不仅拒绝公开关键证据，更被曝光销毁部分监控录像和内部通讯记录，企图彻底掩盖事件真相。根据众议员巴里・劳德米尔克（Barry Loudermilk）2023年12月的指控，委员会未保存部分证人录音和加密文件，这一行为被 X 平台用户批评为违反众议院规则。

离谱的是，拜登政府在离任前，竟然提前对部分核心成员授予“预先特别赦免”。这是美国历史上首次对尚未被起诉或定罪的人颁布赦免令，等于默认他们涉有违法行为，提前为其免责。

这些爱国者，被称为“暴徒”；但真正的暴政，却戴着“正义”的面具。在这些人身上，自由与法治已被撕裂，这正是人民奋起反抗的根本原因。当合法抗议被定罪，当言论自由被封锁，当信仰被压制——人民除了反抗，别无选择。

民主党执政下的灾难：民意为何倒向川普？

在民主党的执政下，美国正经历一场深刻的社会、经济与道德危机。拜登执政四年，民众不仅看不到“团结”与“复兴”的希望，反而切身感受到生活成本飙升、社会秩序崩坏、价值观被颠覆，连孩子都难以逃脱意识形态的洗脑。

拜登政府推行史无前例的高额赤字支出，短短三年内，美国国债激增至 34万亿美元。与此同时，大规模财政刺激，加上故意取消加拿大输油管道等关键能源项目，导致能源成本飙升，通货膨胀迅速加剧。2022年，美国消费者物价指数(CPI)年增幅一度高达9.1%，创下四十年来新高。燃油、电费、日用品价格全面上涨，普通家庭的生活成本骤然加重。尤其是工薪阶层与中小企业主，成为最大受害者，而政府所谓的“通胀削减法案”却反而增加财政负担，毫无实质缓解。

治安方面，民主党推动“缩减警察预算”（Defund the Police）政策后，大城市治安恶化。2021年，全美谋杀案同比增长近 30%，为1960年代以来最大涨幅。洛杉矶、芝加哥、纽约等民主党控制的城市，持枪抢劫、入室盗窃、毒品交易屡见不鲜。街头毒品泛滥，芬太尼（Fentanyl）致死人数在2022年突破 10万人。由于警察执法权威丧失，士气低落，许多警员提前退休或辞职，治安局势雪上加霜。

因为参与地方选举，我结识了不少警察。他们对民主党的政策普遍不满，但碍于职业身份与政治环境，往往敢怒不敢言。许多人只能私下表达立场，悄悄支持我们这些草根候选人。

在意识形态领域，民主党在教育体系全面推进“多性别”与“变性”议程。学校强制推行“多元性别教育”，鼓励儿童“探索性别认同”，甚至在家长不知情下，批准儿童接受变性药物和手术。加州法案 AB957 更规定，若父母不认同孩子的“性别取向”，可能被剥夺监护权。这种公然侵犯家庭与父母权利的政策，引发社会广泛不满。数百万父母挺身而出，捍卫孩子，抗议性别极端化对家庭结构与儿童身心健康的破坏。

边境安全方面，拜登政府废除川普时代的“留在墨西哥”政策后，美国南部边境陷入失控。2023年，仅通过南部边境非法入境的移民就超过 250万人，创历史新高。这些非法移民涌入大城市，挤占住房、医疗和教育资源，严重影响当地居民生活。而联邦政府不仅未加管控，反而建议为非法移民发放福利与驾照，令纳税人愤怒不已。国家主权与边境安全正遭受空前威胁。

在这一背景下，川普再次成为捍卫民众利益与传统信仰的象征。他提出的“Make America Great Again”不仅是经济政策的号召，更是恢复信仰自由与民主自治的呼唤。

“让美国再次伟大”背后的深意

“让美国再次伟大”的核心，不仅是经济的复兴，更是对全球主义的全面抗争。所谓“全球化”，早已不再是纯粹的经济合作模式，而是一场针对国家主权与民主制度的深层次侵蚀。

这一进程背后的操盘者，是一小撮跨国利益集团与意识形态精英。以世界经济论坛（World Economic Forum, WEF）为代表，他们频繁召集全球政商名流，推动所谓“重置世界秩序”的计划。他们鼓吹“你将一无所有，却会感到幸福”，试图以气候、健康、技术等议题为借口，剥夺个人财产权与国家主权，建立一个不受选民监督、脱离宪法制衡的“全球政府”。

这与美国立国之初所确立的“地方自治、有限政府”理念背道而驰。历史早已表明，权力越集中，腐败越严重。全球主义的本质，不是自由贸易，而是通过超国家机构——如联合国、WHO、WEF等——逐步瓦解民族国家的治理能力，让普通民众沦为技术官僚与跨国资本操控下的顺民。

川普旗帜鲜明地反对这一潮流，正是因为美国若不坚守自己的宪政传统与人民主权，终将沦为这场“全球重置”实验的最大牺牲品。

全球主义对美国主权的蚕食

以跨太平洋伙伴关系协定（TPP）为例，它本质上将美国的贸易、劳工和环境政策交由国际委员会决定，一旦生效，美国国会和各州的法律将被跨国仲裁机构凌驾。这种制度设计，实际上将美国人民赋予的治理权交出，交给不受美国宪法约束的国际组织，这正是对人民主权的公然剥夺。

类似的，联合国和世界卫生组织（WHO）等国际机构频繁干涉美国内政。例如，WHO 在疫情初期接受极权政府操控，传播虚假信息，掩盖病毒来源，却试图对美国政府的防疫政策指手画脚。川普果断宣布退出 WHO，正是捍卫美国独立决策权的重要一步。

气候主义：全球控制经济的工具

全球主义的另一面，是“气候主义”——借气候变化之名，设立全球碳排放标准，强迫各国尤其是美国减排。巴黎气候协定就是典型例子。该协定要求美国为发展中国家提供巨额“绿色资金”，大幅限制本国能源开发，如煤炭、石油、天然气等传统能源产业被打压，数百万美国工人失业，制造业成本飙升。而中国等高污染国家却获得“发展中国家豁免”，继续扩张工业产能，廉价出口产品，蚕食美国市场。

这种“绿色控制”实质上成为独裁政权的财富输血机。美国纳税人的钱被用来补贴外国工业，换来的是本国工业的衰败和中产阶级的失业。全球气候政策的背后，是对美国经济主权的系统摧毁。

全球主义削弱美国经济：财富转移与产业空心化

过去30年，全球主义主导下的自由贸易政策导致大量美国工厂关闭，制造业外流，数千万工人失去稳定收入，曾经繁荣的中西部沦为“铁锈地带”。而华尔街、硅谷精英却通过资本运作大发横财，贫富差距急速拉大。

在全球主义的经济秩序中，那些低人权成本的国家成了“全球工厂”，提供廉价劳动力。工人被迫996（早9晚9，一周6天）。没有政治权利、没有言论自由，连最基本的劳动法都得不到保障。他们的血汗、他们的健康、他们的尊严，被换成一件件廉价商品，运往美国与西方世界。全球化经济本质上是现代版的奴隶制经济。

重建边境：守护国家安全

非法移民问题，是川普美国优先政策的重点。

他推动修建美墨边境墙，累计修复与新建边境屏障超过450英里，显著降低南部边境非法入境人数。此外，川普推行“留在墨西哥”政策（Remain in Mexico），让寻求庇护者在墨西哥等待审理，防止移民“入境即逗留”。这些政策有效减少了非法移民带来的社会成本与安全风险，同时遏止了毒品如芬太尼的大量流入——该毒品至今已导致每年超过10万美国人死亡。

维护生命：反对堕胎合法化

川普坚定反对堕胎，任命了三位保守派最高法院大法官：戈萨奇（Neil Gorsuch）、卡瓦诺（Brett Kavanaugh）和巴雷特（Amy Coney Barrett），形成保守派多数，最终在2022年推翻了近半世纪的“罗诉韦德案”（Roe v. Wade）。这项裁决将堕胎立法权交还各州，成为保守派和基督教信仰团体的重大胜利，也标志着美国生命伦理政策的一次历史性逆转。当然，堕胎是一个复杂的议题，我们在第八章专门有一篇文章仔细展开分析。

减税与经济自由：支持工薪阶层

川普在他第一届任期通过了30年来最大规模的税改——《减税与就业法案》（Tax Cuts and Jobs Act），将企业税率从35%降至21%，中低收入家庭减税显著，小企业主税负减轻。2019年，美国失业率降至3.5%，创下半个世纪以来最低，黑人与拉丁裔就业率也达到历史高位。这些成绩并非富人独享，而是直接惠及普通工薪阶层，是自由市场与小政府理念的成果。

竞选集会：人民觉醒的浪潮

川普的运动不是个人崛起，而是人民觉醒的浪潮。这不仅仅体现在投票箱里，更体现在他那近千场的竞选集会（Rally）中。无论是2016年、2020年，还是2024年选战期间，他的每一场集会几乎都是万人空巷，从小镇到大城，体育馆爆满，外面还有成千上万的人冒雨排队，只为听他说一句话。统计数据显示，川普自2015年以来已举办超过800场集会，2020年疫情期间，他在短短数月内走遍数十州，点燃了数百万美国人的希望。

这种场景，从未在任何美国总统身上出现过。不是因为他是名人，而是因为他敢说出人民的痛点，敢直面腐败体制与全球主义的压迫。他的崛起，是千千万万普通美国人发出的呐喊，是一场信仰与自由的觉醒运动。正因如此，他的 Rally 不仅是竞选活动，更像一场场“和平抗争”的聚会，是人民对华盛顿沼泽发出的不屈战书。

川普的个性与政治迫害 —— 勇敢硬汉对抗华盛顿沼泽

在今天被高度戏剧化、操控化的美国政坛，川普几乎成了最具争议的政治人物。有媒体形容他“粗鲁无礼”“口无遮拦”，有对手嘲笑他“不会装优雅”，更有人指责他“不是传统政客”。但正是这些被外界视为“弱点”的特质，恰恰成就了川普非凡的政治力量——他是真实的，是一个不被打倒的硬汉，一个不肯向腐败体制低头的人。

在这片我们习惯了政客假笑、外交辞令和虚伪承诺的土地上，川普的“直言不讳”让他与传统政治精英形成鲜明对比。他不修辞、不掩饰，说话不走稿、不打腹稿。他可以在Rally上大声抨击建制派，也可以用推文点名批评媒体虚假报道。他的大嘴巴，成为他的战锤，他的“倔强”更是抵御权力猎杀的盾牌。美国人民看得太多——那些在台上道貌岸然、私下却权钱交易的政客不计其数。他们需要的，不

图表 21：川普在集会上批评虚假媒体。

是一个完美“包装”的偶像，而是一个真诚、敢言、勇敢面对攻击、且坚信自由的领袖。川普，正是这样的人。

正因为如此，川普成为“华盛顿沼泽”（Washington Swamp）的头号敌人。在他提出“排干沼泽”（Drain the Swamp）的那一刻，政治精英、媒体巨头、科技寡头、国际资本立刻联手，对他发起了系统性的“政治猎杀”。这一点，体现在多场重大事件中，尤其是“通俄门”调查。

2016年川普当选总统后，FBI主导了一场基于虚假情报——“斯蒂尔档案”（Steele Dossier）——的“通俄门”调查。没有实据，没有证人，凭着媒体炒作和政治操弄，对川普团队展开长达两年的调查。最终特别检察官穆勒（Robert Mueller）被迫承认“没有发现川普通俄的证据”，但那场调查早已重创总统声誉、拖累国家治理。这不是执法，而是权力系统试图推翻合法选举结果的政变阴谋。

紧接着，2022年，FBI居然突袭前总统川普位于佛州的私人住所——海湖庄园（Mar-a-Lago），并将他送上多项司法指控。这一举动，在世界民主国家史无前例。与此同时，司法部（DOJ）对川普以外的政客却“睁一只眼闭一只眼”——对希拉里·克林顿（Hillary Clinton）私设电邮服务器置之不理；对拜登家族海外交易的腐败丑闻压案多年不查。司法制度已沦为“选择性执法”的工具，对建制派放水，对川普穷追猛打。

而言论自由，更在这一时期被严重压制。2020年选举期间，推特（现X）、脸书（Facebook）、油管（YouTube）等社交平台集体封杀关于“亨特·拜登笔记本门”的调查报道，并在毫无法律程序的前提下永久封禁川普的社交账号。一个民主国家的现任总统，被科技巨头直接“噤声”——这是赤裸裸的政治审查，更是对宪法第一修正案的践踏。

最让人震惊的，是2020年选举引发的系统性信任危机——大规模邮寄选票的混乱、Dominion 投票机的争议、部分州的计票“神秘暂停”，以及“凌晨翻盘”等诡异现象。几乎所有法律诉讼都被法院以程序为由驳回，媒体封锁一切质疑声音。人民无法查验选举的真实，无法追责任何问题——整个民主制度被黑箱化、密室化。数千万美国人从此对选举制度失去信心，认为国家已沦为政治精英的傀儡。

2021年1月20日，川普（Donald Trump）正式离开白宫，带领家人回到佛罗里达州的海湖庄园（Mar-a-Lago）。那天晚上的晚餐，出奇地冷清。刚经历了1月6日事件的政治风暴，整个华盛顿和媒体舆论如狂风骤雨般将他妖魔化。曾经的盟友纷纷背弃，身边最信任的人也开始动摇，甚至劝他“认清现实”，不要再参选了。家人满脸忧虑，气氛压抑到了极点。

川普沉默许久，据家人后来回忆，他缓缓抬起头，坚定地说：“I will run again. I will return to the White House.”——“我会再次参选，我会回到白宫。”

川普的个性，正是这场战斗的武器。他的不服输、硬碰硬、不怕深层政府的真实面目，这些都是人民渴望的品质。美国不需要“油头粉面的政客”，而需要一个硬汉——敢为民请命，敢向权力说不，敢用生命捍卫自由的人。

正如川普所说：“他们不是在针对我，他们是在针对你，我只是挡在了他们和你之间。” 这句发自肺腑的话，道出了川普与人民之间的真正关系。他不是一个完人，但他是一个愿意为人民抗争到底的领袖。他的存在，就是对腐败制度的抗议，是自由人民的呐喊，是美国建国初心的回响。

川普的回归：守住初心，守住自由

2024年11月6日的那个凌晨，当最后一个关键州的选举结果被宣布，全国屏息凝视，见证了历史的一刻。唐纳德·川普（Donald Trump）以超过7,500万张选票和所有摇摆州的胜利，再度赢得总统选举，强势回归白宫。美国的“第二次独立战争”终于迎来胜利的曙光。

在这场激烈的选举中，无数华裔保守派爱国者与基督徒挺身而出，走遍城乡，挨家挨户敲门拜票，传递真相，唤醒良知。从马萨诸塞州（Massachusetts）到宾夕法尼亚州（Pennsylvania），从德克萨斯州（Texas）到佛罗里达州（Florida），华裔美国人挥舞着“Make America Great Again”的旗帜，高举“信仰、家庭、自由”的价值观，成为竞选战场上一道亮丽且坚定的风景线。他们不再沉默，不再退让，而是肩负使命，积极参与公共事务，为美国的未来奉献心力。

自由从不廉价，这场“第二次独立战争”的胜利，是无数平凡人的坚守与牺牲，是对建国初心的回归与守护。而归根到底，这胜利并不属于某一个人或政党，而是上帝的怜悯——对一个愿意悔改、愿意奋起、愿意为真理而战的民族的祝福。

第七章

经济发展的三块基石

“没有财产权，就没有正义。”

“Where there is no property, there is no justice.”

——约翰·洛克（John Locke）(后人总结)

这句话不仅直接点出财产权的重要性，还隐含了自由、法治、经济之间的根本联系。洛克作为现代自由主义之父，他的思想深刻影响了美国建国精神，也正是《全民弱智》整本书试图唤醒的传统之一。

今天许多所谓的经济专家，拥有一堆公式和模型，却缺乏对政治本质的洞察。他们看得见利率与通胀，看不清制度走向与计划经济陷阱。他们预测市场，却忽视资本总是流向自由的地方。结果往往是——误判形势，方向错误，甚至南辕北辙。

本章将探讨支撑经济繁荣的三块基石：信仰、产权与自由。信仰与道德构成经济运行的上层建筑，塑造了诚信与契约的文化土壤；私有财产权则是吸引资本、激励创新的制度保障；而经济自由度决定了市场能否真正释放活力。这三者共同构成经济繁荣的核心条件。

7-1
经济基础决定上层建筑：你被忽悠了吗？

谈到政治如何影响经济，我们首先要面对一个根本性的问题：究竟是经济基础决定上层建筑，还是上层建筑反过来塑造经济基础？按照传统观念，政治被归入“上层建筑”中，它主导着法律、道德、文化乃至民众的价值取向。

我们这一代人大多耳熟能详这个标准答案：“经济基础决定上层建筑。”意思是，一个社会的经济结构和物质利益，最终塑造了它的道德体系与政治制度。这个说法科学吗？我们被忽悠了吗？先来看一下这个命题产生的历史。

“经济基础决定上层建筑”的命题

“经济基础决定上层建筑”是马克思主义哲学中的核心命题，最早由卡尔·马克思（Karl Marx）提出，系统表述见于1859年的著作《政治经济学批判》的序言中。原文如下：“社会的经济结构是现实的基础，上层建筑在此之上建立。法律的、政治的上层建筑和与之相适应的社会意识形态不过是经济基础的反映。”

比如地主阶级的经济利益决定了封建社会的法律、宗教和道德体系，维护地主对农奴的剥削。资本家阶级的经济利益塑造了宗教、法制和意识形态，使其服务于资本积累。宗教被说成是“统治阶级用来麻醉人民的工具”，契约、诚信也不过是为了更好剥削的幌子。

这是典型的唯物史观（历史唯物主义）核心观点之一，强调物质（经济）决定意识（思想、制度），也是马克思用以批判宗教、道德和法律的理论依据之一——认为这些“上层建筑”都是统治阶级为维护经济利益的工具。下面我们从四个方面来重新思考这个命题。

一、理论缺陷：将人类简化为经济动物

马克思主义认为，人类社会的一切——法律、道德、宗教、文化，乃至人的思想本身，都是经济利益的反映。这等于把人降格为仅受经济驱动的动物，抹杀了人的自由意志、道德选择与属灵价值。这种“物化人”的思维方式，奠定了现代极权制度的理论基础——当人只是动物，就可以被随意剥夺自由，被迫服从“集体利益”。

比如我们常听到的话，“给老百姓吃饱饭”，“发展经济是硬道理”，看似合理，实则本末倒置。实际上，政府和党是靠老百姓养活的，而非老百姓靠他们施舍温饱。公权力的存在，是为了保障人民的权利与尊严，而不是用“经济发展”的名义凌驾于人民之上。

在极权体制下，只要宣称“为了经济发展”，就可以剥夺言论自由、宗教信仰，甚至牺牲人的生命和基本权利。这种将人工具化、集体利益至上的逻辑，正是源于马克思主义将经济因素绝对化、神圣化的根本缺陷。

马克思主义无法理解的是，人有高于政府的自然权利，包括选择的自由、思想的自由、言论的自由、创新的自由。而这些自由是一环扣一环的，它们构成了自由经济发展的基础。

相反，真正自由的社会承认人的价值远高于物质。**人不是为了经济而活，经济是为了人的尊严而存在。**

人的行为不仅由物质利益驱动，更受信仰、道德、传统与良知引导。托克维尔在《论美国的民主》中指出，美国社会之所以稳定，不是因为物质丰盈，而是因为人民敬畏上帝，尊重法律，有家庭、教会和社区支撑。这些上层价值不是“经济基础”的附庸，而是社会的灵魂与根基。

二、历史悖论：经济高度发达 ≠ 社会道德健全

若经济基础决定上层建筑，那么经济越发达，社会制度理应越完善，道德也应越发进步。但历史与现实却恰好相反，反证了这种理论的局限。

古罗马帝国在公元一世纪至二世纪间达到空前的经济繁荣，罗马控制了地中海周边广阔的领土，拥有约6000万人口，占全球人口的四分之一，商业、建筑、基础设施高度发达。但在经济繁荣的背后，社会道德却迅速沦丧：奢靡成风、家庭瓦解、性放纵与暴力盛行，最终在公元476年西罗马帝国灭亡，宣告一个文明的崩塌。

上个世纪的哲学家薛华对这段历史有个精辟的解释：**有多深厚的世界观决定可以承载多大的财富**。换句话说，多深的地基决定多高的建筑。这也是我们在第一部分讨论过的问题，世界观的深度在于对人性有一个透彻的认识。

纳粹德国在二战前已成为欧洲工业强国，1930年代德国钢铁、机械制造、化工产业居世界领先地位，失业率从1933年的30%降至1939年的1%。但在高效工业体系背后，却隐藏着对人性的扭曲与道德的堕落。纳粹政权发动侵略战争，系统性地屠杀600万犹太人，沦为种族灭绝的暴政机器。

今日美国在科技与财富上冠绝全球，2023年美国 GDP 达26.9万亿美元，占全球近四分之一，拥有世界最先进的科技企业。但与此同时，社会道德却面临严峻挑战：家庭离婚率高，近40%的儿童在单亲家庭中成长，青少年抑郁和自杀率逐年上升。

改革开放以来，中国经济快速腾飞，GDP跃居世界前列，高楼林立，物质生活丰富程度超过历史上任何时期。然而，在经济空前发展的同时，社会道德状况却令人担忧。例如，过去路上老人跌倒，扶一把是人之常情；如今却出现了“老人跌倒无人敢扶”的尴尬局面，人们担心做好事反而惹祸上身，甚至需要借助监控视频来澄清

自己。另一方面，官员们利用手中的权力谋取私利，甚至出现“塌方式”腐败案件，严重侵蚀着社会的公平与正义。财富的增长本应带来更清廉高效的社会制度，但现实却显示，腐败不仅未随经济增长而减少，反而更加严重。

这些例子说明，经济发展无法自发带来道德与制度的进步。若失去信仰与德性，再高的经济基础恰好沦为腐败的温床，甚至成为压迫与暴政的工具。

三、历史案例：上层建筑可以塑造经济基础

历史上，上层建筑，尤其是宗教信仰与世界观，往往深刻塑造着经济制度与发展模式，决定着一个社会能否真正走向繁荣与自由。

清教信仰：孕育现代市场经济的土壤

最典型的例子，就是清教徒的新教伦理与资本主义精神之间的关系。德国社会学家马克斯·韦伯（Max Weber）对此有深入研究。

17世纪，一批怀抱坚定信仰的清教徒登上“五月花号”，来到北美大陆。他们虽物质匮乏，却凭借坚守信仰与契约，建立起稳定的社会秩序。他们开拓农场，设立城镇，创办哈佛、耶鲁等学府，强调个人责任和自由自治。清教徒的“天职观”促使他们视劳动为神圣使命，把节省下来的财富再投资于生产。这种长期资本积累，为现代企业制度和市场经济的兴起奠定了基础。

换句话说，并非经济基础决定了清教伦理，而是清教信仰孕育了现代经济体系。这也解释了为何北美，特别是清教徒扎根的新英格兰地区，在短短两百年内从荒原变为世界最强大的经济体之一。这不是因为资源丰富，而是因为信仰文化的深厚。

英国废奴：道德信仰引领经济转型

再看19世纪英国的废奴运动。威廉·威伯福斯（William Wilberforce）等基督徒领袖，不是出于经济考量，而是基于圣经的

“人人按上帝形象被造”理念，推动废除奴隶制度。废奴在短期内损害了英国庞大的奴隶贸易利益，但最终却推动英国转型为自由劳工经济体，生产效率大幅提高，为日后工业革命和经济繁荣创造了条件。信仰在这里不仅是道德力量，更是引领经济变革的先导。

现代案例：信仰文化引领国家兴盛

这一逻辑在当今世界同样适用。以色列国土贫瘠、资源稀缺，却因犹太教传统强调教育、创新与勤奋，成为全球科技与医疗创新的重镇。2022年，以色列科技企业融资超过150亿美元，人均创业公司密度全球领先。这些经济奇迹并非出自“经济基础”的自然演变，而是深层信仰文化的结果。

又如韩国，20世纪50年代经济极为落后，但在基督教信仰广泛传播后，社会形成了诚实守信、刻苦自律、尊重知识产权的风气，推动了现代企业制度和高科技产业的发展。2023年，韩国 GDP 位列全球第12，人均收入突破3.5万美元。若无信仰文化的先行变革，这样的经济跃迁无法持续。

四、韦伯的新教伦理与资本主义精神

正如我们在第四章中所提到的，以私有产权和市场经济为核心的资本主义制度，是人类历史上最成功的经济体系，为无数人带来了脱贫致富的机会。然而，这一制度的兴起，并非单纯由物质条件决定，更深层次的推动力，来自于宗教信仰的力量。

马克斯·韦伯在其名著《新教伦理与资本主义精神》中，深入剖析了资本主义经济的文化根源。他指出，资本主义精神在西欧，尤其是宗教改革后的新教文化圈中最为兴盛，这种现象绝非偶然，而是与新教伦理密切相关。

韦伯发现，在这些地区，清教徒（Puritans）所倡导的节俭、勤奋、责任与契约精神，并非源于经济利益的驱动，而是出于他们对《圣经》的虔诚信仰。他们相信，人的每一项劳动、每一次交易、每一个契约，都是荣耀上帝的一种方式。这种信仰将经济行为赋予了崇高的道德意义，也使诚信与契约成为商业交往的核心原则。

图表 22：《新教伦理与资本主义精神》

尤其在加尔文主义的影响下，这种观念更加深入人心。加尔文主义强调“天职”（Calling）与禁欲精神（Asceticism），鼓励信徒在世俗生活中通过辛勤劳作与节制消费，来实践信仰，证明自己是蒙神拣选的子民。赚取财富本身不是目的，关键在于如何使用财富——再投资、再生产，而非奢靡挥霍。这种文化氛围，为资本的积累和经济的长期增长，提供了坚实的精神土壤。

具体来说，韦伯认为新教伦理催生了以下几种经济行为模式：

劳动伦理：工作被视为荣耀上帝的方式，从而激发职业责任感，提高劳动效率和生产力。

理性资本积累：信徒被鼓励节俭、储蓄，并将所得财富再投入生产，以积累资本作为信仰见证。

契约精神：诚信和契约受到高度尊重，成为市场运作的基石，保障了交易的可预期性与社会信任。

以契约精神为例，经济活动的可持续性，必须以诚实、公义与信任为前提，而这些，正是契约精神的核心。而契约精神的源头，正是圣经中的“约”——神与人之间的神圣立约。

旧约和新约，不仅是信仰的见证，更奠定了西方法治与契约文化的根基。旧约中的“你们要守我与你们所立的约”（出埃及记19:5），新约中的“这是用我的血所立的新约”（路加福音22:20），都表明人与神之间的关系基于责任、信任与承诺。这种属灵的契约观念延伸到人类社会，形成了人与人之间的契约精神，使商业交易、法律制度乃至政府治理，都有了道德约束力。

正因如此，经济的持续繁荣并非源于制度设计的巧妙，更不是资源禀赋的优越，而在于社会是否普遍尊重契约、守信用。这种精神文化，是经济发展的土壤。没有契约精神，市场无法长久；没有信仰，契约也无从建立。

韦伯的研究打破了“经济基础决定上层建筑”的观念，强调上层建筑——尤其是宗教信仰和道德价值——本身就具有塑造经济基础的强大能力。在重要的历史时刻，它甚至成为推动经济制度变革的决定性力量。

结语：信仰是经济繁荣的第一块基石

今天回望，正是这种以信仰为核心的文化力量，使西方社会走出封建，迈向现代化。而那些忽视契约精神、缺乏信仰基础的社会，即使短期内制度模仿得再完善，也难以孕育出真正健康、可持续的市场经济。因为，制度可以移植，信仰却难以复制。

在本章前言中，我们提到支撑经济繁荣的三块基石：信仰、产权与自由。首先要强调的是，**上层建筑，尤其是宗教与信仰，并非经济的附庸，而是其灵魂。精神的力量，往往比物质更能决定历史的走向**。正因如此，信仰成为经济繁荣的第一块基石。接下来，我们将聚焦第二块基石：私有财产权。

7-2
从私有财产权看懂经济的兴衰

当我们试图预测一个国家未来的经济命运时，有许多指标可以参考：如 GDP 增长率、贸易顺差、外汇储备等。然而，这些都只是表象的“果”，而非决定性的“因”。更根本的原因，在于制度——尤其是对私有财产权的保障程度。私有财产权扎根于“自然权利”的核心原则，是个人在面对政府权力时最基本的独立防线。

为何许多经济专家常常误判经济走向？这往往与他们的政治智商有关。他们通常忽视或低估了财产权的重要性。财产权不仅是法律条文中的名词，更是社会运行的基石。当一个社会能够切实保障个人的财产权时，经济活动便会充满活力，资本得以积累，投资与创新受到鼓励，市场交易日趋繁荣。反之，若财产权被侵蚀——无论是通过高税负、过度监管，还是直接征收和剥夺——经济活力将迅速衰退，甚至走向崩溃。

历史与现实证明：财产权的保障程度，是预测经济兴衰的关键指标之一。

现代私有财产权的起源

现代社会中的私有财产权制度，并非凭空诞生，更不仅仅是法律技术上的巧妙设计。它的背后，深深扎根于宗教信仰与文化传统，尤其与《圣经》的世界观密不可分。正是在圣经所强调的个人责任、产业继承与不可侵犯的基础上，近代思想家，尤其是英国的约翰·洛克，在新教文明的影响下，系统提出了私有财产权的理论，进一步将这一源自信仰的观念，转化为法律制度与政治原则。

“不可偷盗”：神圣不可侵犯的财产观

私有财产权的观念，并非现代文明的产物，而是深深扎根于宗教传统中。早在《圣经·旧约》的《出埃及记》第20章中，“不可偷盗”便被列入十诫，作为神圣不可违的道德律法。这不仅是一条针对个人行为的戒律，更是对私有财产正当性与神圣性的公开确认。

在犹太—基督教传统中，财产不是国家的赏赐，也不是社会的分配结果，而是人与神之间神圣契约的一部分。偷盗意味着对他人劳动成果的掠夺，也就是对上帝旨意的违抗。因此，保护财产权不仅是法律责任，更是道德义务，社会文明的基本表现。

另外，第十条诫命进一步强化了这一价值观：“不可贪恋人的房屋；不可贪恋人的妻子、仆婢、牛驴，并他一切所有的。”这条诫命不仅禁止行动上的掠夺，也谴责内心中的贪欲——即使没有实际偷盗行为，仅仅心生觊觎，也被视为道德上的败坏。它清楚表明，尊重他人的财产，是从内心开始的敬畏，是对人与人之间界限的敬重，更是对创造主所设秩序的顺服。

清教徒移民的教训

17世纪的清教徒移民将基督教信仰带到了新大陆，但他们最初的生活实践却并非建立在私有制之上。1620年“五月花号”抵达普利茅斯后，最早的一批清教徒根据集体主义理念，尝试实行一种乌托邦式的“共同财产制度”——土地、工具和劳动成果都由集体统一管理和分配。

然而，这种“社会主义公社”制度迅速暴露出致命缺陷。由于人人都可以从公共仓库中领取口粮，而与自己的劳作成果无直接关联，许多人开始懒散怠工。勤奋的人无从受益，懒惰者却有饭可吃，整个殖民地的生产效率急剧下降，甚至一度陷入饥荒，死亡率飙升。

根据普利茅斯殖民地总督威廉·布拉福德（William Bradford）的记载，在实行公有制度的1620-1623年中，“青年男子抱怨他们必须花费时间劳作却不能拥有自己的成果”；“妇女也抗议要为别人家的衣食劳作”；而“这一制度既造成了许多混乱和不满，也扼杀了殖民者之间的情谊”。

面对生存危机，布拉福德在1623年果断改革，将土地分配给家庭，让各家各户拥有自己的田地，自负盈亏。这一举措迅速激发了居民的劳动热情，粮食产量暴增，殖民地从濒临崩溃走向稳定发展。

从此，私有财产权不再只是神学上的原则，而成为现实中赖以生存与繁荣的制度基石。清教徒认识到，诚实劳动必须与个人所有权相结合，才能实现上帝所赐的祝福。

正如《箴言》第10章第4节所言：“手懒的要受贫穷，手勤的必得富足。”清教徒将这视为属灵律法的体现。通过在美洲广袤土地上辛勤劳作，他们建立了以私有制为中心、以家庭为单位的社会结构，发展出一套独特的伦理经济体系。

政治哲学视角：保障财产权是自由社会的前提

在大西洋的另外一边，英国清教徒的后代，哲学家约翰·洛克（John Locke）在其划时代的著作《政府论》（1689年）中，系统阐述了自然权利的理论。他明确指出：财产权不是政府赋予的，而是人类与生俱来的自然权利之一，与生命权、自由权并列，神圣不可侵犯。

洛克认为，在“自然状态”中，每个人拥有自己身体的主权，而劳动正是人对自然施加主权的行为。他写道：“人通过把自己的劳动与某物结合，从而将它从自然状态中取出，使之成为他的财产。”这一“劳动创造财产”理论，首次为私有产权确立了道德与哲学基础。

更重要的是，洛克提出政府的根本目的，不是为了统治，而是为了保护这些自然权利。如果政府越界，不仅未能保障生命、自由与财产，反而成为侵犯这些权利的工具，那么人民就拥有“起义”的正当权利，可以推翻旧政府，建立一个更正义的新体制。

这一思想不仅在英国掀起宪政革命的浪潮，更跨越大西洋，对北美清教徒移民及其后代产生深远影响。美国的《独立宣言》中，“生命、自由和对幸福的追求”实际上便是洛克所说的“Life, Liberty and Property”的延伸。

1787年制定的《美国宪法》进一步将财产权写入法律。《第五修正案》明确规定：“未经正当法律程序，不得剥夺任何人的生命、自由或财产。”这一条款确保了私有财产权不受政府随意侵犯，为美国经济的长期繁荣提供了制度保障。从建国初期到19世纪，美国通过保护财产权吸引了大量移民和资本，推动了工业化和商业发展。

历史经验：财产权变化与经济盛衰之间的因果关系

荷兰与英美：财产权保障带来资本积累与繁荣

历史反复证明，一个国家若想实现长期的经济繁荣，财产权的保障必不可少。17世纪的荷兰是这一路线的先行者。自《乌得勒支联合宣言》（1579年）确立共和政体后，荷兰强调契约自由与财产不可侵犯。政府不得随意征用私人财物，商人可以自由交易、投资、借贷，从而吸引了大量国内外资本。这一制度环境孕育出现代金融制度的雏形，荷兰东印度公司（VOC）成为全球第一家股份有限公司，阿姆斯特丹建立起世界上最早的股票交易所。至17世纪中期，荷兰不仅在航运与贸易中占据主导地位，其人均收入也居欧洲之首，成为“资本主义之母”。

英国与美国在18世纪承袭并发展了这一传统。1688年光荣革命后，英国通过议会立法限制王权，并在《权利法案》（1689年）中确认了财产权的不可侵犯。这为资本积累和工业革命提供了坚实的制度保障。与此同时，美国建国者受洛克等人思想影响，在宪法中明确将“财产”列为核心权利之一，保障私人产业不受非法征用。

这一法律环境吸引了全球移民与资本，催生了农业、制造业与基础设施的飞跃发展。到19世纪中叶，美国已崛起为世界经济强国，其根基便是在私有财产权之上的自由市场。

苏联与委内瑞拉：财产权的毁灭性崩溃

相反，忽视乃至摧毁私有财产权的国家，往往陷入经济瘫痪甚至国家崩溃。苏联在1917年十月革命后实行全面国有化，土地、企业与银行统统归于国家控制。斯大林时代更将农民土地强制集体化，取消自由竞争与市场经济，导致农业生产效率大幅下滑。1932至1933年间，乌克兰发生人为制造的大饥荒（Holodomor），约400万人丧生，整个苏联陷入长期的经济停滞。到1991年解体之际，苏联人均 GDP 仅为美国的四分之一，堪称财产权崩塌带来体制性失败的典型。

委内瑞拉是另一个鲜活案例。1999年查韦斯上台后推行“21世纪社会主义”，大规模没收私人企业，特别是外国能源资产，并实施价格管制和出口限制，严重扰乱市场机制。其继任者马杜罗更进一步加剧国有化，掀起投资恐慌。资本迅速撤离，企业关闭，供应链断裂。2018年，通货膨胀率飙升至惊人的1000万%，本币玻利瓦尔彻底崩溃，九成民众陷入贫困。这一切，正是财产权遭系统性摧毁的直接后果。

中国的改革与反复：模糊产权导致经济回落

中国的历史轨迹则展现出财产权变动与经济走势之间更为复杂但同样清晰的关联。1978年改革开放以来，中国通过恢复农民对土地的使用权、推动乡镇企业发展、城市住房改革等措施，初步确立了准私有制体系。这一阶段释放出巨大的经济潜力，吸引外资涌入、内需迅猛增长，令中国成为世界第二大经济体。1978年至2010年间，中国 GDP 年均增速接近10%。

然而进入2010年代后，房地产过热与产权模糊的问题日益突出。政府依赖“土地财政”，通过人为控制土地供应推高房价，严重抬高民众购房成本。同时，“土地使用权70年到期”的制度设计引发产权不确定性，投资者信心受到冲击。2020年起，房地产市场开始剧烈调整，恒大等巨型房企相继违约，引发系统性风险。资本开始撤离，居民消费疲软，外资流出显著。根据国际金融协会数据，2023年中国经济增速降至4.5%，外资净流出达870亿美元。

与房地产泡沫同步恶化的，是私营企业所面临的制度性不安和权利边界的收缩。过去十年，“国进民退”的趋势愈发明显。阿里巴巴、腾讯、美团等一批原本蓬勃发展的民营科技巨头，相继遭到监管整顿。2020年，蚂蚁金服上市被紧急叫停，随即面临反垄断调查，马云一度“消失”数月。之后，滴滴出行被下架，教培行业被“一刀切”清除，字节跳动不得不大规模裁员。这些行动并非源于企业违法，而是权力对市场空间的再次收编。

更为根本的问题在于——司法缺乏独立性，私有财产失去终极保障。近年来大量企业家、富人因“涉嫌经济犯罪”被“带走”，在未经正当司法程序裁定的情况下，资产被冻结乃至充公。这导致资产阶层的集体性不信任和资金外逃潮。根据瑞银（UBS）与胡润联合发布的数据，2022年中国有1.3万名高净值人士（资产超过3000万美元）选择移民或筹备转移资产，为全球最多。2023年，中国个人境外购房资金规模创下历史新高，香港、新加坡、迪拜成为最受欢迎的财富避风港。

国进民退，不仅扼杀了市场信心，更扼杀了社会上升通道与创新活力。私有财产得不到保障，资本只能用脚投票，而这个投票的方向，必然是走向更自由、更法治、产权更明确的社会。

美国近代对私有财产权的蚕食

税收政策，是影响私有财产权最直接也最容易被忽视的手段。美国建国初期，联邦政府并不征收个人所得税。整个19世纪，美国财政主要依赖关税与消费税维持运转，这一轻税负制度为自由市场营造了健康生态，极大激励了个人奋斗、企业创新与资本积累。

美国的开国先父们对税收问题极为敏感。他们深知，税收不仅是经济议题，更是自由与暴政之间的界线。正是由于对英国“未经代表即征税”的反感，才点燃了波士顿倾茶事件与独立战争的导火索。托马斯·杰斐逊曾警告：“政府一旦可以决定你应得多少，那它也就决定了你能留下多少。”他坚信，对财产的保护是自由的根基，而滥征税则是对自由的最大威胁。

詹姆斯·麦迪逊同样指出：“历史告诉我们，政府对财富的侵犯，往往是以‘公共利益’为名。”因此，美国宪法设计之初，就刻意将征税权交给民选的国会，以防止行政权力直接向人民索取财富，变相剥夺自由。

1862年，为支付南北战争费用，林肯政府短暂设立所得税制，战后随即废除。这一举动体现了当时社会对“政府不得随意干预个人财产”的宪政警惕。直到1913年，《第十六修正案》通过后，美国才正式确立联邦个人所得税制度，税率仅为1%-7%，相对温和。即便如此，当时人们仍将所得税视为特殊时期下的“权宜之计”，而非常态政策。

税负剧增：每一美元可能被征收多达八次

然而，20世纪以来，随着政府规模不断膨胀、福利支出不断加码，美国税负也迅速上升。如今，美国纳税人所承担的税种涵盖几乎所有财富形态。一笔收入可能被重复征税多达八次，包括：

- 联邦与州所得税
- 社会保障税与医疗保险税

- 销售税
- 财产税
- 资本利得税
- 遗产税

图表 23：每一美元被多次征税。

以2023年为例，在加州，高收入群体的联邦与州边际所得税率合计可达53%。再加上1.2%左右的房产税与10%以上的销售税，这意味着一个人辛苦赚来的每一美元，可能有一半以上被税收“吞噬”。税收已从国家运转的工具，变成削弱财产权的“隐形镰刀”。

以加州为例，其企业税率高达8.84%，联邦企业税为21%，两者叠加几乎达到30%。面对高税收和加州的各种对企业苛刻的法规，企业与资本开始“用脚投票”。2020至2023年，大量企业将总部从加州、纽约等高税高监管州迁往德州、佛州等商业友好型州。最具象征意义的莫过于特斯拉将总部迁往德州，马斯克直言：“我们已经无法在加州呼吸。”

据德州经济发展局数据，仅2023年，该州便吸引了超过500家企业迁入，新增就业岗位超过20万个。这种资本迁移潮表明，财产权的实际保障，不在于宪法条文，而在于税制与制度环境是否稳定、可信。

当一个社会开始视“纳税人”为提款机而非公民，当税收与监管成为“再分配”或政治斗争的工具，财产权便不再稳固，经济也必然步入衰退。

国际财产权指数（IPRI）

正因为财产权是经济发展的根本，所以量化它非常重要。国际财产权指数 IPRI 由总部位于美国华盛顿的产权联盟（Property Rights Alliance）每年发布，评估全球125个国家和地区的财产权保护状况，涵盖全球93.4%的人口和97.5%的GDP。该指数从以下三个维度进行评分：

法律与政治环境（Legal and Political Environment）：包括司法独立性、法治水平、政治稳定性等。

物理财产权（Physical Property Rights）：涉及财产登记的便利性、产权保护的实际执行等。

知识产权（Intellectual Property Rights）：涵盖专利、著作权、商标等的法律保护和执行力度。

每个国家的得分范围为0到10分，分数越高，表示该国对财产权的保护越完善。

根据2023年《国际财产权指数》（IPRI）报告，全球财产权保障最完善的前十个国家主要集中在北欧及其他法治成熟的发达经济体，依次为：芬兰（得分8.1）、新加坡（8.0）、荷兰（7.9）、丹麦（7.8）、新西兰（7.8）、挪威（7.7）、瑞典（7.7）、瑞士（7.6）、德国（7.5）以及加拿大（7.4）。这些国家的共同特征在于司法体系独立、政治环境稳定，且拥有历史悠久的私有财产保护传统。美国虽然依然位居前列，但其排名近年来有所下滑，目前处于第14位附近，主要受到政治两极化与监管不确定性影响。而中国的整体得分处于中等偏低区间，在125个国家和地区中位居第64位，反映出财产权制度建设尚不完善，尤其在司法独立性与政策透明度方面仍有待提升。

值得一提的是，北欧国家实行高税收政策。严格来说，税收确实在一定程度上体现了国家对私人财产的占有。然而，目前的《国际财产权指数》（IPRI）并未将“税收负担”作为直接评价维度，而是更侧重于法治环境、司法独立、产权登记、政策稳定性与知识产权保护等指标。

因此，排名最末的十个国家主要集中在政局动荡、法治薄弱的非洲与拉美地区，分别是：委内瑞拉（得分1.9）、也门（2.4）、海地（2.7）、刚果民主共和国（3.1）、乍得（3.1）、苏丹（3.2）、安哥拉（3.3）、津巴布韦（3.4）、利比亚（3.5）以及中非共和国（3.6）。这些国家普遍存在政府对私有财产的随意干预、法治执行力不足、产权制度不明确等问题，严重抑制了资本积累与长期投资。

IPRI报告还指出，财产权保障水平与经济发展高度相关：得分位于前20%的国家，人均GDP是排名后20%的国家的19倍。此外，财产权指数与全球创业指数（相关系数0.90）及全球创新指数（0.88）呈高度正相关，显示出私有财产权的强弱不仅关乎公平正义，也直接关系到国家的生产力与未来竞争力。

在全球资本日益流动、投资者风险意识增强的时代，IPRI指数正成为判断一国制度健康与经济吸引力的重要参考坐标。

在这个全球动荡、通胀回潮、资本寻找避风港的时代，财产权的清晰与稳固，早已成为资本走向与国家命运的风向标。投资者用脚投票，历史早已给出答案：资本只会流向尊重产权的土地，自由只会生长在制度可信的土壤。

7-3
从经济自由指数预测经济的走向

在上一章中，我们讨论了私有财产权，作为自然权利的重要组成部分，是个体对抗国家权力、保障家庭财务稳定和推动经济繁荣的第一道防线。然而，仅仅“拥有”财产是不够的。一个人若不能自由使用、交换、投资和管理自己的财产，那么所谓的“所有权”就只是名义上的权利，而非实际的自由。

自由使用财产，是自然权利的下一步。

因此，本章将进一步探讨“经济自由”这一关键概念。所谓经济自由，指的是一个人能否在不受政府过度干预的前提下，自主使用其合法财产，自由地交易、雇佣、投资与创业。这并不仅仅是经济政策上的技术安排，而是关乎政治哲学的根本问题——一个社会是否真正承认并捍卫个人作为“自由人”的道德地位与自然权利。

在全球化背景下，判断一个国家经济是否健康，光看 GDP 或就业率已经不够了。我们需要一个更深层次的指标，来洞察一个社会是否真正鼓励财富的创造与自由的交换，这就是我们要介绍的“经济自由指数”。

经济自由指数的结构与意义

经济自由指数不仅反映市场机制的健康程度，更预示着一个国家财富的走向与经济的命运。资本是聪明的，它总会流向自由的土地；而在政府高度干预的地方，不仅财富会逃跑，经济发展也将受到威胁。

经济自由指数（Index of Economic Freedom）由美国传统基金会（Heritage Foundation）和加拿大的弗雷泽研究所（Fraser Institute）长期编制，是衡量全球各国经济自由程度的权威指标。这个指标通过实证数据反映一个国家市场运作的健康程度。它从五大核心维度出发，全面评估政府与市场的关系：

第一，法治与财产权。包括司法独立、产权保护和政府廉洁程度。没有清晰的产权界限，就没有真正的经济自由；如果法庭不独立，契约和财产就失去了保障。

第二，政府规模。涵盖政府支出、税收负担和国有企业干预。如果政府掌控资源太多，必然压制民间活力。用一句通俗的话说：政府的手越长，市场的手就越短。

第三，监管效率。包括企业注册流程、劳动力市场的灵活度与价格控制政策。繁琐的审批制度、不透明的劳动法规，往往成为扼杀创新的“隐形税”。

第四，市场开放度。涉及贸易自由、外资准入、金融服务流通。自由贸易和开放投资是财富流动的“动脉系统”，而贸易壁垒、外汇管制则像血栓一样危害经济健康。

第五，货币稳定性与政策干预程度。如果一个国家货币政策反复无常，政府干预汇率或利率过多，不仅会引发通胀，也会让投资者失去信心。

这些维度共同构成了一幅国家“经济自由”的画像。而结论再清楚不过：得分越高，表示政府越尊重市场规律、干预越少、法治越健全；这样的国家，越能吸引资本、技术与人才的汇聚。

经济自由指数与《走向奴役之路》

奥地利学派经济学家弗里德里希・哈耶克（Friedrich Hayek）在1944年出版了他的名著《走向奴役之路》。这本书写于第二次世界大战期间，是对当时西欧国家广泛推行的中央计划经济和社会主义思潮的有力警告。他的核心观点可以浓缩为一句话：“凡是政府干预过多的地方，自由便会死去，财富也会远离。”

在哈耶克看来，经济自由不仅仅是市场机制是否高效的问题，而是人类自由的制度基石。如果一个国家放任政府干预价格、管制企业、操控货币甚至“再分配”个人财产，那最终的后果不是平等，而是“温和形式的独裁”。当国家掌握了生产资料、压制市场竞争、由官僚决定价格与资源配置，个人就不再拥有选择的权利，社会也不再拥有进步的动力。

哈耶克称这是一条“通往奴役的道路”。经济自由指数的本质，就是测量一个国家是否已踏上“通往奴役之路”。每一项打分都能在哈耶克的理论中找到呼应：

财产权是否被清晰界定并有效保护？这是防止政府任意征用和再分配的前提。

政府支出是否膨胀？财政赤字是否常态？意味着干预和依赖已取代市场与契约。

市场是否开放，货币是否自由流动？封锁、配额、资本管制正是奴役之路的路标。

如今天中国、阿根廷、土耳其等国都出现了高通胀、资本外逃、政府干预频繁等现象，正是经济自由衰退后的自然结果。而在瑞士、新加坡、爱尔兰等高分国家，政府对市场的“谦卑”换来了资本的青睐和财富的聚集。

绿色管控背后的政府权力扩张

气候变化，尤其是“全球变暖”的说法，近年来被高度政治化。本是科学讨论的议题，却逐渐演变成一种“不可质疑的信仰”。在国际气候组织、主流媒体和教育体系的共同塑造下，任何对气候模型、温室气体因果关系，或政策效果提出质疑的声音，往往会被打上“反科学”、“否认者”、“不负责任”的标签，而不被理性讨论。这种现象，使气候议题失去了应有的科学开放性，反而成为意识形态和政府干预的工具。

在这种氛围下，政府便以“气候紧急状态”为名，推动一系列强制政策——从碳税到能源管制，从限制汽油车到“绿色城市规划”——不仅剥夺了个人的消费自由，也扭曲了市场的自然调节机制。环保由此不再是技术革新的目标，而成了“扩大国家权力”的幌子。

图表 24：加州环保法规猛如虎。

在美国加州，环保法规演变为高度的市场管制工具。该州强制推动电动车比例、关闭化石能源工厂、实施建筑碳标准等，尽管这些举措初衷良好，但由于行政主导、速度过快，大量中小制造业难以承担成本被迫外迁。这种不顾市场反馈的“绿色计划经济”，正是哈耶克所警告的“以美德之名行专制之实”的体现。

德国的例子更为典型。在“去核化”和“全面能源转型”的政策鼓励下，德国大力发展风能与太阳能。然而由于能源成本居高不下，工业用电价格不断飙升，德国制造业竞争力遭遇重创。2023年，德国经济陷入技术性衰退，部分原因正是对市场调节的系统性忽视。

在经济自由指数中，这种绿色干预大幅拉低了“政府规模”与“监管效率”两项得分。一方面政府支出暴增用于补贴新能源，另一方面私营企业面临更严厉的审查、审批与义务，劳动市场弹性降低，创新空间被压缩。

最终，我们看到的不是“拯救地球”的胜利，而是自由市场机制被架空、个人经济选择被限制、全球产业链被扭曲的后果。环保本可成为市场创新的机会，但当它沦为政治控制的幌子时，其代价不只是电价上涨，更是自由的后退与经济的停滞。正如哈耶克所警告的，政府常以道德名义（如气候正义）为干预自由寻找借口。气候政策，正在成为21世纪最隐秘而广泛的管控借口。

一个国家，两种命运

如果你想观察政策差异对经济的真实影响，美国本身就是一个“活体实验室”。在同一个联邦宪法下，不同州却走出了截然不同的经济路径——这正是“经济自由指数”在微观层面最直观的体现。

以马萨诸塞州为代表的“蓝州”（即民主党执政州），普遍倾向于高税收、高福利以及严格监管。在马萨诸塞，个人所得税较高，房价长期居高不下，环保与劳工法规日益繁复，严重压缩了中小企业的生存空间，也打击了创业者的积极性。许多技术人才与企业主因此选择“用脚投票”，迁往更自由、成本更低的州份。

与之对比，德克萨斯和佛罗里达这类“红州”（共和党执政州）则走的是另一条路：低税负、宽松监管、企业友好。德州没有州所得税，营商门槛低，土地便宜，电力价格也合理。这些优势让它成为企业迁徙的热土——从特斯拉到甲骨文，越来越多的大公司将总部从“管控蓝州”迁往“自由红州”。

数据显示，2021至2023年间，德州和佛州是全美人口净迁入最多的州之一，而马萨诸塞、加州、纽约等州则连续多年出现人口净流出。这不仅是“搬家”，更是一场真实的制度投票——用脚投票、用资产投票、用未来投票。

这场“州与州之间的制度竞赛”，已经悄悄地描绘出两种美国的不同未来：一个靠自由吸引财富，一个靠管控驱逐资本。谁胜谁负，趋势已明。

指数预视未来

2024年《经济自由指数》提供了一张全球经济健康的体检报告。排名靠前的国家，包括新加坡、瑞士、爱尔兰、台湾和卢森堡，普遍具备小政府、低税负、产权清晰、市场开放的特征。这些国家不仅经济自由指数得分在80分以上，人均 GDP 也高居世界前列，往往是后段国家的7到10倍。

更关键的是，这些“自由经济体”在新冠疫情后的复苏速度明显更快：失业率迅速回落，外资回流强劲，创新能力保持旺盛。例如新加坡不仅吸引了谷歌、字节跳动等跨国公司设立亚太总部，还成为全球资本避风港。

反观排名垫底的国家，如朝鲜、津巴布韦、委内瑞拉和古巴，则普遍陷入政府高度干预、资本管制、法治崩坏的泥淖。它们经济自由指数常年低于40分，伴随着高通胀、货币崩溃、投资萎缩与人口外逃。

美国在2024年经济自由指数中的全球排名为25位，得分为70.1，与其历史地位略显不符。原因主要包括：政府开支庞大、债务高企、监管趋严，尤其在一些州如加州与纽约，过度管制与高税收拖累了整体评分。但美国依然凭借强大的法治体系和创新活力维持在“较为自由”的区间。

中国则排在150位（总共184国），得分仅为48.7，属于“多数不自由”的国家。其评分较低的原因包括：国有经济主导、财产权保障不足、资本流动受限、贸易壁垒与产业政策干预频繁，此外，司法独立性差也使得经济活动的不确定性高涨。近年来，中概股退市潮、富人资金外流和外资减少正是对这一现状的直接反映。

这一切说明，经济自由指数并非纸上谈兵的排名游戏，而是现实中财富、人才、投资流向的晴雨表。谁尊重市场，谁就赢得未来；谁滥用权力干预市场，谁就注定被市场抛弃。

一个国家是否繁荣，不取决于国家能分配多少资源，而取决于人民是否拥有自由去工作、去创造、去交换、去积累。

在这个充满不确定的时代，唯一能确定的是：尊重经济自由的国家，会持续吸引资本、人才与技术，引领下一轮繁荣；而侵犯自由、执着管控的国家，只会在增长放缓、创新枯竭与财富外逃中步入衰退。

7-4
华人如何在中美贸易战中自保？

过去几十年，中美关系虽然波澜起伏，但总体维持在“竞争中的合作”轨道。然而，自2018年中美贸易战爆发以来，这一格局已被彻底打破。进入2020年代，两国之间的摩擦早已超越贸易本身，延伸至科技、安全、意识形态等层面。美国将中国视为“最主要的战略竞争者”，中国则加速推进“制度自信”与“科技自主”。这种深层次的结构性冲突，注定不会很快平息。

在这场大国博弈中，身处美国的华人群体正首当其冲地承受着前所未有的双重压力。一方面，制度性收紧与外交紧张使得学生签证愈发难以获得，许多中国留学生申请材料被反复审查，签证审批周期被大幅拉长；另一方面，新移民在职场上也面临前所未有的困境——就业机会骤减、工作签证更加紧缩，而通过正常渠道将人民币兑换成美元也愈发艰难，资金流动受限，进一步压缩了他们的生存空间。

与此同时，那些已在美国生活多年的美籍华人也未能置身事外。在当前的政治氛围中，华裔群体在族裔认同与国家立场之间日益撕裂。华人被裹挟进“政治正确”的风暴中，不得不在主流价值和自身文化认同之间左右为难。

无论是初来乍到的新移民，追求学术梦想的留学生，还是已经扎根本土数十年的美籍华人，他们都被不同程度地卷入这场文化与价值观的冲突中。作为个体的我们，如何在道德、法律、财富与身份之间取得平衡？这篇文章将尝试提供现实的建议与理性的判断。

了解 WTO 的实质和精神

很多人可能听说过 WTO（世界贸易组织），但对它背后的核心理念不甚了解。其实，WTO 的制度设计与前面我们讲到过的诺贝尔奖经济学家哈耶克的思想不谋而合。他强调自由市场、自发秩序，反对政府过度干预经济。他认为，最有效率的经济运作，不是靠政府计划，而是让市场参与者根据价格信号自由交易。

WTO 的设立，就是为了让各国按照一套公开透明的规则来开展贸易，而不是靠政府间的“私下协调”或“权力较量”。WTO 试图通过制定统一规则来限制国家干预，推动各国在“公平竞争”和“非歧视原则”下进行贸易合作。

具体来说，WTO 的基本规则建立在三个核心原则之上：

1. **非歧视原则**（最惠国待遇和国民待遇），即不得对外国商品设置不公平壁垒；
2. **市场准入原则**，即各国应逐步取消关税、配额等进入壁垒；
3. **透明和可预见性原则**，即各国政府不得随意干预市场，要为外国企业提供公平、稳定的营商环境。此外，WTO 还强调知识产权保护、公平竞争和反补贴政策，要求成员国杜绝国家干预带来的不公平优势。

WTO 的核心精神是限制国家对市场的过度干预，推动贸易在公平、透明、可预见的规则下进行。它不仅要求成员国逐步降低关税，更强调**去除“非关税壁垒”**——例如强制技术转让、行政审批歧视、补贴倾销、国企特权、外资准入限制等。这些隐性干预措施虽未直接征税，却实质上扭曲了市场竞争，违背了 WTO 倡导的“公平竞争”和“国民待遇”原则。

中美贸易战的背景概览

中美贸易战并非川普“任性出招”的偶发冲突，而是全球多边贸易体系逐渐失效的体现，是对 WTO 功能停滞的深刻反思，也揭示了一个不容回避的现实：中国式国家资本主义与美国传统自由市场制度之间的根本冲突。

中国在加入WTO后，继续沿用国家资本主义的管理方式：

第一，**国企补贴与政府干预**。中国至今仍维持大规模的国家产业补贴，尤其在钢铁、铝、电动车、太阳能等行业，通过财政输血、低息贷款、用地优惠、税收减免等方式支撑国企和“冠军企业”，对国际市场形成倾销，没有逐步取消国家对市场的干预。

第二，**市场准入严重不对等**。外国企业进入中国仍面临行业限制、强制合资、技术转让要求，以及无法公平参与政府采购。相比之下，中国企业在美欧市场享有开放待遇，这种不对等被视为系统性的不公。

第三，**知识产权和透明度问题突出**。尽管中国名义上建立了知识产权法院，但执法力度有限，侵权成本低，司法不独立，导致跨国企业多年投诉无门。此外，中国的经济政策往往缺乏透明性，政府干预和“红头文件”主导一切，违背了 WTO 强调的透明和可预期的市场原则。

此外，中国在2001年加入 WTO 时曾承诺实现服务业开放、取消农业补贴、完善市场化汇率机制、推进国企改革。然而，20多年过去，很多关键领域依然停滞不前。

在服务业开放方面，金融、电信、保险等领域依然设有隐性壁垒，外资难以进入。比如，美国的 Google、YouTube、Facebook、Instagram 等平台在中国长期被屏蔽，无法开展正常业务，哪怕是学术搜索引擎都受限；而中国的微信（WeChat）、抖音国际版 TikTok 却能在美国自由运营、获取用户数据并开展商业活动。表面上看，双方都有科技公司，实际上开放程度与市场准入完全不对等。这种“双重标准”的存在，正是美方在贸易谈判中屡次指出的“结构性不公”。

在汇率机制上，人民币仍受中央控制，未形成真正市场化的浮动汇率制度。国企改革更是名存实亡，所谓“混合所有制改革”只是形式上的资本引入，实质权力仍牢牢掌握在党政系统手中。

从美方角度看，这些做法违背了 WTO 的基本规则，损害了公平竞争。川普政府发起贸易战，正是要向中国施压，迫使其回到规则之内。

最近，在伦敦的中美谈判中，中方表示将进一步履行开放市场的承诺，包括放松稀土出口限制，川普政府则同意缓解对芯片设计软件和乙烷的出口限制，并推迟加征新关税，给予更多谈判空间。双方已于2025年6月签署初步协议，并期望在后续会谈中取得更多正面成果。这无论对两国经济，还是普通百姓生活，都是好消息。

华人的经济风险：夹缝中的危机感

在中美关系持续紧张、全球供应链加速重组的背景下，华人所面临的经济风险不仅真实，而且具有深层的结构性。尤其是许多华人企业聚焦于跨境电商、进出口贸易或制造业供应链的中段环节，这些领域在中美贸易战和技术封锁中往往首当其冲。无论是受到出口限制、还是遭遇企业制裁，产品发不出去、货款收不回来，原本稳定的商业模式一夜之间就可能变得灰色甚至高危。

与此同时，新移民家庭也常常在资产配置上出现严重失衡。许多人仍将大部分财产留在中国，投资渠道也局限于熟悉的银行、房产或亲友企业，几乎不了解美国本土的金融系统。退休计划、税务结构、保险配置大多是一片空白，401(k)、IRA、Roth账户这些美国人熟悉的概念，对不少华人来说却完全陌生。在中美脱钩趋势日益加剧、资金跨境流动受限的现实中，这种“中重美轻”的资产格局，未来恐将成为家庭经济安全的隐患。

自保之道之一：经济多元化与资产配置的再思考

华人必须清醒地认识到，中美之间曾经互为市场和工厂的高度互补格局正在瓦解，取而代之的是更加复杂的地缘竞争。这意味着，依赖中美之间套利的商业模式将难以为继。要想保障家庭的长远财务安全，就必须主动进行经济多元化的布局。这种多元化包括两个维度：

一是地理多元化。除了美国本土，拉美、东南亚、印度等地正在因全球“去中国化”趋势而迅速崛起，成为新的投资与产业机会所在。

二是产业多元化。不应再把所有资源押注在单一行业或单一供应链环节上，而应考虑向教育、医疗、绿色能源、本地制造等更具政策支持和抗风险能力的领域拓展。

同时，在资产配置方面也应回归美国主流策略。如果选择长期在美生活，就要学会使用本地的理财工具，如设立公司退休账户（401k）、个人退休账户（IRA）、购买低成本ETF、积累美元储备，并通过合法方式进行税务优化与通胀对冲。要尽可能避免将资产固化在中国、香港或难以自由兑换的金融灰区，因为那是潜在的高风险区域。

自保之道之二：顺应政策方向，用好本土经济机会

自川普政府上台以来，他大力推动减税和放宽企业监管，显著改善了美国本土的投资环境。2017年通过的《减税与就业法案》（Tax Cuts and Jobs Act）将企业所得税率从35%降至21%，并允许企业在设备投资中使用“100%快速折旧”政策，这不仅激励企

业扩大在美业务，也吸引了大量外资重新评估美国作为产业基地的战略价值。

进入第二任期后，川普继续强调减税与减少政府壁垒，这使得美国成为全球资金的“避风港”。以科技为例，日本软银与美国OpenAI 和 Oracle 合作发起的“星门计划”（Project Stargate），计划投资高达5000亿美元，用于人工智能基础设施建设，显示了 AI 在政策引导下的巨大潜力。

类似的还有：苹果公司承诺投资5000亿美元扩展美国制造与技能培训，在德州新建工厂；英伟达宣布将在未来四年投入同等规模资金打造本土 AI 超级计算机。这些巨额投入表明，美国不仅欢迎高科技企业，更在主动构建一个更本地化、更安全的创新生态。

然而，值得注意的是，高科技领域也正面临更严格的国家安全审查与技术出口限制。出于对“战略技术外泄”的担忧，美国政府对半导体、AI、大数据等关键行业的对外投资、技术转让、供应链结构都设置了更多防火墙。这并不意味着 AI 不能投资，而是意味着：AI 必须是“美国制造”、“美国数据”、“美国控制”的 AI。

因此，真正的机会并非消失，而是从“全球供应链套利”转向“本土战略部署”。除了高科技，美国还重点扶持以下两类产业：

其一，小企业与本地创业。政府通过税收减免、低息贷款、简化审批流程，为地方经济注入活力，特别是在中部和南部传统工业州；

其二，传统产业的数字升级。在“阳光带”等地，基础设施建设、清洁能源、智能物流、自动化制造等领域，正在迎来政策扶持和投资窗口。

在这样的政策风向中，如果华人企业依旧固守旧模式，依赖跨境贸易和“中国工厂”，无异于逆风而行。真正的自保之道，是主动对接美国本地经济，参与地方招标、融入商会、建立合规网络，从“华人企业”转型为“美国本地企业”。这不仅是经营方向的调整，更是身份的再定位，是从“生意人”走向“社区成员”的升级路径。

三个转型成功的案例

在风云变幻的中美格局中，已经有一些华人企业迈出了转型的步伐，逐渐脱离对中美跨境模式的依赖，成功融入本地经济体系。

位于洛杉矶的华兴食品，原本主营亚洲食品的进出口生意。中美贸易战开打后，面对关税上涨与通关延误，企业于2024年转向美国本土建设仓储与批发渠道，加入加州本地商会，积极参与社区美食节（如2025年洛杉矶华埠节）与学校捐款活动，逐步由“外来批发商”转型为“社区熟人”。他们不仅保住了15%的利润，还赢得了文化认同与政府合作资源。

另一边，总部位于深圳的科技品牌影石（Insta360），则在美国市场建立了完整的运营与服务体系。他们于2024年10月在加州设立售后中心，2025年1月与 Amazon、BestBuy 签署独家分销协议，组建50人本地化团队，逐步摆脱对中国工厂和物流的依赖，稳住了品牌在北美的增长曲线（2024年占总收入30%）。

而在纽约，一家原本为中国工厂做代工设计的华人企业 NYC Silk Art，则趁势自创品牌，将生产环节迁回美国。他们主打“东方美学+美国制造”，通过 Etsy 和2024年布鲁克林手工艺展打入本地市场，参与文化创业孵化项目，如今成为 Etsy“Oriental Craft”品类的小众爆款（2025年5月销售额增25%）。

这些企业的共同特征是：不再固守“中美套利”的旧模式，而是主动投身本地经济，建立文化认同，走上合规、透明、可持续的发展道路。他们用行动证明，危机中确实存在新机会，前提是要敢于转向、深耕本地。

结语：从“机会式移民”到“责任型公民”

不少华人来到美国，是为了抓住经济机会，而非追求价值认同。但时代已经变了，如今的美国社会，不再欢迎仅把美国当成跳板的人，而更希望看到真正愿意在此扎根、共建社区的责任型移民。

这意味着，华人不能再做沉默的大多数，或左右逢源的骑墙派。必须参与政治文化生活，在家庭价值、教育自由、宗教权利等议题上发出自己的声音。政治参与不仅限于投票，还体现在社区建设中：加入学区会议、参与城市规划、支持真正代表传统价值的候选人。只有这样，华人群体才能在制度中获得真正的安全感与尊重。

我们正处于一个全球秩序重构、制度理念冲突的时代。在这样的时代洪流中，华人必须选择：是继续做夹缝中的边缘者，还是成为负责任的参与者与建设者?

历史证明，唯有那些真正融入主流社会、勇于承担公民责任的移民群体，才能为自己和后代赢得安稳与尊严。今天的华人也当如此。正如一句话所说：“哪里有自由，哪里就是我安全的家乡。”真正的安全，不在于地理位置，而在于我们是否站在正确的价值根基之上——那根基，是自由、法治、诚信与归属感所共同筑成的。

第八章

战争与外交

“若想和平，必先备战。”
“If you want peace, prepare for war.”
—— 罗马谚语

“若想和平，必先备战。” 这句罗马谚语揭示了一个朴素而深刻的真理：和平不是自然的恩赐，而是通过实力与警惕来维护的成果。 邪恶的存在使战争成为难以避免的现实，但战争的最终目的，必须是为了实现更持久的和平。

在这一章中，我们将介绍正义战争的12个原则以及美国外交政策的历史演变。然而，我们的重点将放在保守主义外交思想的核心主张——以实力求和平上。

随后，我们将探讨新保守主义带来的战争狂热的兴起，如何背离了这一原则，以及川普的反击。最后，我们将以批判性的视角审视亨廷顿的“文明冲突”理论，并深入分析中东冲突的真正根源。

8-1
正义战争的十二个原则

当今世界，战火不断：以色列和哈马斯打得不可开交，俄乌战争久拖不决，台海局势同样暗流涌动。而在全球华人圈里，大家的立场也同样分裂：支持哈马斯的，支持以色列的；支持乌克兰的，支持俄罗斯的，各自为战，吵得不可开交，甚至有人因此反目成仇。

可在讨论这些战争谁对谁错之前，我们首先需要搞清楚一件事——什么是正义战争。只有弄明白什么是正义，什么是邪恶，我们才不会在各种舆论、信息和情绪中迷失方向。这不只是对战争的讨论，更是一次关于正义和文明底线的较量。

正义战争理论简史

正义战争理论的历史可以追溯到几千年前，从古罗马的哲学家西塞罗（Cicero）开始，一直到今天的学者们，大家都在思考一个问题：战争在什么情况下是正当的？又该如何进行？

在古罗马，西塞罗提出了一个简单的想法：战争只有在自卫或保护他人才是正当的。换句话说，只有当自己或家人面临直接生命威胁时，为了消除危险才可以采取极端手段。

这个想法像一颗种子，后来被基督教思想家奥古斯丁（Augustine）浇灌。他进一步强调，战争必须有正当的理由和正确的意图，比如为了和平而战，而不是为了掠夺或报复。

到了中世纪，神学家阿奎那（Thomas Aquinas）把这颗种子培育成了一棵大树。他提出了更系统的原则，比如战争必须由合法权威宣布，必须是最后的手段，而且必须有成功的可能性。这些原则就像树干，支撑起了正义战争理论的基本框架，而“枝叶”则象征着这些原则在实践中的具体应用，比如通过明确的国际法限制战争行为，或者制定道德准则指导战争后的重建工作。这棵大树不仅扎根于历史，也为未来的战争伦理提供了丰富的启发。

进入现代时期，思想家们开始面对新的挑战。比如，迈克尔·沃尔泽（Michael Walzer）在20世纪提出，战争不仅要考虑开战的正义，还要考虑战争中的行为是否正当。这意味着，即使战争的理由是正当的，战斗中也必须遵守规则，比如不伤害平民，不使用不必要或过强的武力。

同时，学者们开始讨论“战后的正义”，也就是战争结束后如何重建社会，如何确保正义和和解。例如，在二战结束后，美国实施了著名的马歇尔计划，向德国和日本提供了大量经济和技术援助。这不仅帮助这两个国家迅速恢复经济，也通过引入民主制度和经济改革，为两国的社会稳定和长远发展奠定了基础。

以具体数据为例，德国在马歇尔计划实施后的十年里，其工业产值增长了超过150%，被称为“经济奇迹”；而日本在1945年至1955年间的经济年均增长率超过9%，工业生产迅速恢复并实现现代化。这些成就展现了马歇尔计划作为战后正义实践的重要价值和深远影响。

总的来说，正义战争理论的核心始终是：战争的起因、过程和结局必须是正义的，受到道德的约束。

正义战争理论现代著作

在正义战争理论的研究领域中，有一些重要的著作帮助我们理解这一理论的深刻内涵及其在历史和现代社会中的演变。其中，《正义战争思想家：从西塞罗到21世纪》（Just War Thinkers: From Cicero to the 21st Century）是一部不可多得的经典之作。

这本书就像一部思想史，从西塞罗关于正义战争的早期论述出发，追溯到基督教神学家奥古斯丁（Augustine）和中世纪的阿奎那（Thomas Aquinas），最终来到当代学者如沃尔泽（Michael Walzer）的现代伦理探讨。全书通过19位思想家的研究，展现了正义战争理论的演变、应用及其挑战。

与《正义战争思想家》类似的书还有《战争的道德：理论与实践》（The Ethics of War: Theory and Practice）。这本书深入探讨了战争中的伦理问题，并且关注现代国际冲突的实际案例，如阿富汗战争和伊拉克战争。另外，沃尔泽的经典著作《正义与非正义的战争》（Just and Unjust Wars）则是现代正义战争理论研究的里程碑，书中通过大量历史案例对战争的伦理底线进行了系统的分析。

在这些书籍的帮助下，我们不仅可以理解历史中战争的复杂性，也能更好地应对现代世界中的战争伦理问题。这些作品提醒我们，无论战争多么不可避免，它都必须受到道德的约束。正如沃尔泽所言，战争的规则不仅是约束，更是保护人类价值的最后屏障。

这些作品共同构建了一个理解正义战争理论的知识框架，为学者、政策制定者以及普通读者提供了深刻的思考工具。我们在这里总结一下这个知识框架下的十二个原则。

正义战争的十二个原则

现代正义战争理论可以分为三个阶段：宣战前、战争中和战争后，每个阶段都有明确的原则来规范战争的正当性。

第一阶段：宣战前的六个原则

在决定是否发动战争之前，必须逐一考量以下问题：

1. 正当理由（Just Cause）

战争的理由必须经得起道德和理性的考验。

比如，当一个国家遭遇入侵或无辜生命受到威胁时，战争才可以被视为正当。如果只是为了报复或者掠夺资源，那么发动战争就毫无正义可言。

2. 合法权威（Legitimate Authority）

战争的决策必须由合法的政府或被国际社会承认的机构作出。个人或团体无权擅自发动战争，否则将导致混乱和无序。比如，联合国安理会批准的国际行动往往被视为具备合法权威。

3. 正当意图（Right Intention）

发动战争的目的应该是为了实现正义，而非追求私利或复仇。比如，1991年海湾战争中，多国部队的意图是解放被入侵的科威特，而不是为了掠夺石油资源。

4. 胜利可能性（Probability of Success）

战争的发动需要考虑实际的成功可能性。如果战争只会导致无谓的牺牲而看不到胜利的希望，那就是不负责任的行为。例如，面对远超自己力量的敌人，鲁莽开战可能会带来更大的灾难。

5. 最后手段（Last Resort）

只有当所有的和平解决手段都尝试过并失败后，战争才可以作为最后的选择。这一原则强调战争应被视为极端情况下的迫不得已。

6. 比例性（Proportionality）

战争带来的好处必须超过它可能造成的伤害。如果一场战争的代价过于高昂，无论其理由如何正当，都不应继续。例如，在讨论对某个国家实施军事干预时，必须仔细权衡其对平民的潜在影响。

第二阶段：战争进行中的三个原则

当战争开始后，这一阶段的原则确保战争的行为仍然符合道德。

7. 区分原则（Distinction）

战斗的目标必须是敌方的军队和军事设施，而绝不能针对平民或非军事人员。例如，在现代战争中，精准制导武器的使用就是为了尽量减少平民伤亡。违反这一原则的例子包括二战中的一些轰炸行动，如对德国德累斯顿的空袭，导致大量无辜平民死亡。

8. 比例性原则（Proportionality）

所使用的武力必须与军事目标相匹配，避免造成不必要的破坏。举例来说，如果为了摧毁一个敌方哨所却炸毁整座城市，这显然违背了比例性原则。相反，美国在军事行动中尽量通过精准空袭来达成目标，便是符合这一原则的努力。

9. 军事必要性（Military Necessity）

所有军事行动都应有明确的战略目标，而不是为了单纯制造恐惧或痛苦。例如，在海湾战争中，盟军的目标是解放科威特，而不是无端攻击伊拉克的非军事目标。军事必要性要求行动必须具有清晰的目的，而非随意破坏。

第三阶段：战争后的三个原则

战争结束后，并不意味着一切都完结了。这个阶段的原则确保和平能够得以维持，并为受战争影响的地区提供公平的机会重新开始。

10. 公平的和平协议（Fair Peace Agreement）

胜利的一方在达成和平协议时，不能趁机对战败国施加过度的惩罚，比如要求过高的战争赔偿或签订不公正的条约，因为这样可能会导致新的冲突。例如，一战后《凡尔赛条约》的过高赔偿要求被认为是二战爆发的一个诱因。而二战后对德国和日本的处理则相对公平，避免了过度压迫，促进了和平的长期稳定。

11. 战后重建（Post-War Reconstruction）

战后的国家和地区往往需要全面的基础设施和社会秩序重建。例如，二战后的马歇尔计划不仅帮助欧洲各国恢复了经济，还稳定了社会，为持久和平奠定了基础。战后重建的关键是帮助受战争摧残的国家恢复元气，而不是让它们陷入更深的贫困。

12. 追究战争罪行（Accountability for War Crimes）

那些在战争中犯下严重罪行的人必须被追究责任。例如，纽伦堡审判和东京审判为那些在二战中犯下战争罪行的个人提供了公正的审判。这不仅是对受害者的尊重，也为未来树立了对战争罪行“零容忍”的基准。通过追究责任，可以让人类更好地警惕战争的残酷，减少类似悲剧的再次发生。

通过这十二个原则，正义战争理论不仅帮助我们判断一场战争是否正当，还提醒我们，即使在最黑暗的时刻，也应该保持对道德的坚持。战争并非没有底线，而这些原则正是人类在冲突中寻找正义的努力体现。

美国独立战争：正义战争的典范

美国独立战争是一场在历史与道德层面上都具有高度正当性的战争，其过程和结果体现了正义战争理论的诸多核心原则。从战争爆发前的动机，到战争进行中的行为规范，再到战后的政治建构，这场战争不仅是一场争取主权的革命，更是一场在正义与信仰框架内展开的自由斗争。

在战争爆发前，北美殖民地曾多次尝试通过和平手段争取基本权利。殖民地既无议会代表权，却被强行征税，其贸易自由和地方自治亦被层层剥夺。《印花税法》、《强制法案》等苛政引发民怨，而《橄榄枝请愿书》的遭拒则宣告和平已无可能。大陆会议作为人民代表机构，展现了合法权威，而《独立宣言》清晰表达了正义的出发点——“生命、自由与追求幸福的权利”源于造物主，不容侵犯，并逐条列出英王的三十余项暴政罪状。

在战争过程中，大陆军努力遵守战争道德。乔治·华盛顿强调军纪与克制，严令禁止攻击平民和无差别破坏，体现了“区分原则”与“比例原则”。1776年特拉华河战役便是一次精准打击的典范，既有效打击敌军，又避免无谓牺牲。这种以道德自律为边界的军事行动，不仅提升了士气，也赢得了国际支持。

战后，美国通过《巴黎条约》实现合法且稳定的和平，英国正式承认美国独立，并划定疆界。随后，《邦联条例》和《美国宪法》确立了民主政体，为自由世界奠定制度基石。尽管战后面临财政与社会重建的挑战，美国并未滑入暴政或军人干政，反而坚定迈向宪政与法治。

历史上有一则未被证实但广为流传的轶事，二战期间丘吉尔访问美国时，一位记者半开玩笑地问他："首相先生，作为英国人，您怎么看待美国独立战争？那不是反叛吗？"丘吉尔一笑作答："若我生在十八世纪的美国，我一定会站在华盛顿一边。"

正义战争理论：美国军事伦理的基石

如今，正义战争理论成为了美国西点军校等军官学校的正式课程内容。在"军事伦理"、"领导哲学"和"战争哲学"等课程中，学员系统学习正义战争的五大核心标准：正当理由（Just Cause）、合法权威（Legitimate Authority）、正当意图（Right Intention）、最后手段（Last Resort）以及区分原则（Discrimination）。西点认为，一个真正的军官不仅要懂得如何作战，更要知道"为何作战"、"是否该战"。

这种教育目的在于不是教军人迷信国家意志，而是让他们在良知和正义的边界内行动。士兵可以被命令去杀敌，但不能放弃道德。

外交政策背后的"伦理默契"

虽然正义战争理论并不是美国宪法的组成部分，它却是美国总统和国务卿在向公众解释战争时反复使用的道德语言。

例如，1991年海湾战争时，布什总统强调多国部队是在"阻止侵略、保卫无辜"；这明显呼应了"正当理由"与"正当意图"的原则。而2003年伊拉克战争在道义上饱受批评，正是因为不少人认为它缺乏“最后手段”的证明，也未经过明确授权（无安理会明确许可），违反了“合法权威”的标准。

换言之，正义战争理论构成了一种“非书面宪法”：不写在条文里，却约束着美军的正当性边界。

美军制度中的伦理轨迹

美国军人不仅接受这套理论的教育，也在制度中践行它。诸如《统一军事司法法典》（UCMJ）、《交战规则》（Rules of Engagement）等规章制度，虽不直接引用正义战争理论，却在比例性原则、非战斗人员保护、必要性判断等方面体现出相通的精神。美军的“士兵守则”中，也反复强调对“合法命令”的服从与“非法命令”的抵制义务——这些理念，正出自正义战争传统。

正义战争和恐怖主义

在当代国际关系中，恐怖主义的蔓延和“正义战争理论”的冲突，构成了现代战争伦理中最复杂而尖锐的问题之一。恐怖主义的兴起——尤其是基地组织、伊斯兰国（ISIS）、哈马斯等非国家行为体的暴力手段——打破了这一框架。他们通常不代表任何主权国家，也不承认国际法秩序，而是以宗教、族群、历史复仇等理由发动袭击，直接针对平民，制造恐惧。这种行为从根本上违背了正义战争的基本伦理。

2023年10月7日，哈马斯对以色列发动了血腥恐怖袭击。事后，以色列军方组织国际记者、外交人员观看由哈马斯武装分子体摄像机、保安录像和现场录影汇编而成的视频。录像揭示了恐怖惨状：受害者被绑缚后烧死，尸体肢解严重，有的被投入垃圾桶。许多记者在观看后情绪失控。

这不再是军事冲突或政治争端，而是赤裸裸的邪恶。对无辜妇孺下手、将婴孩杀戮的暴行，不是出于“抗争”，而是出于撒旦般的残忍。没有信仰、没有良知、没有底线的人，才干得出这样的事。

恐怖主义不是中立的，它是邪恶本身。

那些试图将哈马斯的暴行合理化的人，无论是左翼知识分子、主流媒体评论员，还是在大学校园里举起“反殖民主义”标语的学生，他们或是无知，或是被意识形态洗脑。这是我们这个时代一个令人痛心的现实。

更令人震惊的是，哈马斯等恐怖组织不仅在居民区设立武装阵地，而且在医院、学校等人道设施中部署火箭发射平台。甚至有情报指出，一旦空袭警报响起，他们便将妇女儿童带入最危险的区域，蓄意作为人肉盾牌。而一旦伤亡发生，恰恰成为他们操控舆论的筹码，好配合主流媒体早已预设的叙事结构——渲染以色列“滥炸平民”。哪怕以色列提前发出警告、留足撤离时间，这种策略依旧让道德与战争的界限变得模糊。

其结果是，“正义战争理论”中原本保护无辜的“歧异性原则”（即在战争中区别战斗员与非战斗员的义务），在现实中几乎演变为一种道德陷阱：若不出击，则国家安全难以保障；若果断打击，则反被指控“侵犯人道”。恐怖分子蓄意违背规则，却让守规则的一方陷入困境。

当美国背离了正义战争精神

另一方面，近几十年来，美国本应作为正义灯塔的国家，却逐渐偏离了自己的道德指南。新保守主义者（Neocon）在冷战结束后迅速崛起，他们主张在全球范围内“推广民主”，但实际操作中，却演变为一场又一场毫无节制的干预战争。

请继续阅读下一篇文章：《新保守主义与战争狂的崛起》。

8-2
新保守主义和战争狂的兴起

“美帝国主义”是一个情绪色彩浓厚、带有强烈政治意味的词汇，通常用来形容美国通过军事、经济和文化影响力，在全球范围内进行干预和扩张的行为。在许多批评者看来，新保守主义正是这一称号背后的重要推动力之一。

如果你最近关注2024年美国总统大选，你可能经常听到一个词：“Neocon”。在川普和小罗伯特·肯尼迪等人的言论中，“Neocon”已成为一个带有贬义的标签，用来指代那些热衷战争和海外干预的建制派政客。这个词是“Neo-Conservatism”的缩写，中文译为“新保守主义”。要理解美国的战争史与外交政策，我们必须首先回顾美国的传统保守主义思想，然后再深入认识新保守主义的异变。

美国传统的保守主义外交思想

在第五章中，我们已经探讨了保守主义思想的起源及其核心原则（如对传统和道德的保守等）。美国的内政理念长期以来便深深植根于这些保守主义原则之中。而这一思想，同样深刻地塑造了美国的外交政策。

其核心精神可以概括为：以道义约束权力，以实力守护和平。这一理念并非近代才有的产物，而是自建国之初便已萌芽，深受清教徒信仰与自然法思想的滋养。它强调：正义必须有力量捍卫，而力量必须受道德规范的节制。

乔治・华盛顿在告别演说中劝诫国人“避免永久的外国联盟”，强调道德自主与战略独立。这种早期的孤立主义，并非出于怯懦，而是一种源于谦卑与责任感的自我克制。美国被视为“山上之城”，其使命是以德行为世人示范，而不是贸然干预全球事务。

随着国家的成长，保守主义外交逐渐确立了三大支柱：

国家主权优先：反对极端的国际主义，主张每个国家应有独立决策权；

以实力求和平：“Peace Through Strength”（以强制和平）成为战略核心，强调以实力威慑敌对势力，维护和平；

道德与现实并重：既追求正义与秩序，也尊重战略现实与国家利益。

保守主义外交并非冷酷的现实主义，而是一种有信仰根基的现实主义。它既反对盲目的扩张主义，也警惕犬儒式的孤立主义。扩张主义常常借口“传播民主”，将国家拖入无休止的战争泥潭；而犬儒孤立主义则完全退回国门，认为“世界事不关己”，对他国命运冷漠无感，只讲利害得失，不问善恶是非。

例如在二战爆发前，一些美国政客面对纳粹德国的扩张便持犬儒立场，认为那是“欧洲的事”。即便在纳粹大屠杀的消息传来后，仍主张观望。这种回避最终导致邪恶势力坐大，美国也不得不付出更大代价来阻止灾难蔓延。

保守主义的外交主张正是在这两种极端之间寻找平衡：在信仰与道义的指引下，节制而有责任地使用国家力量，为自由与和平守望。它既不盲目干预，也不逃避责任，而是基于对人性堕落的洞察与对真理公义的坚持，在合宜的时机采取恰当行动。这种平衡在冷战时期里根提出的“以强制和平”战略中展现得尤为清晰，构成了美国外交政策中独特且稳定的传统。

然而，冷战的结束不仅重塑了全球政治格局，也深刻动摇了美国的文化与意识形态。在这一转型期，美国基督教信仰的社会影响力显著衰退。这不仅体现在宗教参与率的下降，更反映在社会对人性罪性的认识淡化、对传统保守主义价值的忽视，以及对有限政府理念的遗忘。

与此同时，新保守主义（Neoconservatism）的崛起与工业军事复合体（Industrial Military Complex）的膨胀，使美国的外交政策逐渐背离了基督教所倡导的谦卑、公义与克制，使国家更容易滑向激进、干预与战争的道路。

20世纪的新保守主义（NeoCon）

在2000年前的几十年，美国已开始将“推进民主”作为外交政策的核心。这不仅体现在军事干预上，也包括借助大规模机构推动的选举机制与制度改革，可视为新保守主义推动“全球民主扩张”的前奏。以下是一些代表性案例：

拉丁美洲与中美洲（1980年代）

在尼加拉瓜、萨尔瓦多、危地马拉等地，美国通过1979年的《中美洲特别援助法案》（Special Central American Assistance Act）提供经费、训练与武装支持，资助反共势力并推动形式上的民主进程。同一时期的“里根主义”通过CIA和特种部队援助反共武装，是新保守主义“政权扶植”策略的典型实践。

东欧与苏联解体国家（1990年代）

1992年，《支持自由法案》（Freedom Support Act）为俄罗斯和独联体国家提供近150亿美元援助，推动其市场化与民主化。美国国家民主基金会（NDI）和国际共和研究所（IRI）也在智利、菲律宾、波兰等国积极介入选举，为其提供技术、资金与监测支持。

巴尔干与海地的军事介入

1994年，美国发动“维持民主行动”（Uphold Democracy），出兵海地推翻军政府，恢复民选总统阿里斯蒂德。在波斯尼亚内战中，美国领导北约实施关键性军事干预，并促成战后选举与民族和解机制的确立。

这些案例体现了新保守主义的核心理念：通过军事手段与民主援助，输出美国价值，重塑全球格局。新保守派认为，美国负有道义与历史责任去“引导世界走向自由”，特别是在苏联解体后的地缘空白中尤为明显。

然而，这些实践也暴露出严重问题：

- 多数“民主转型国家”治理混乱，民主退步严重；
- 缺乏文化基础与制度准备，外部强行植入制度反致国家动荡；
- 美国承受巨大的财政、道义与国际声誉代价，国内也引发持续争议。

早期新保守主义代表人物

第一代新保守主义者，如欧文·克里斯托（Irving Kristol）、诺曼·波德雷茨（Norman Podhoretz）等，最初为民主党人，甚至接近社会主义阵营。他们因1960年代左翼激进化（性解放、反战、文化马克思主义）而感到幻灭，对美国外交的软弱也深表担忧，逐渐右转。

1980年代里根执政，为新保守主义提供舞台。尽管里根本身更偏传统保守主义，但其政府内部已有新保守主义的声音。到了2000年代，小布什政府彻底将其作为外交指导思想，伊拉克战争的“自由扩张主义”便是代表。

值得注意的是，新保守主义虽起源于民主党知识分子群体，但最终在共和党内落地生根，尤其在外交政策与国家安全议题上。然而，在文化、道德与信仰方面，他们与共和党内的宗教保守派存在张力。

换句话说：新保守主义者多是“思想右转”的自由派，而非“信仰右转”的基督徒。这也解释了为何许多基督徒保守派日后对新保守主义持批判态度——正如我们前文所强调，真正可持续的民主必须从内在的文化信仰与公民秩序中生发，而非由外力强行植入或武力干预得来。

21世纪的新保守主义

进入21世纪，无论是在布什、奥巴马时期，乃至更以后的阶段，新保守主义（Neoconservatism）仍持续发挥影响力，主张以“民主输出”为口号，通过军事干预推动全球重构。以下是几项标志性的外交行动：

2003年伊拉克战争

2003年，在“新美国世纪计划”（Project for the New American Century, PNAC）等政策智库的推动下，美国发起了对伊拉克的军事行动。战争的主要理由是防止萨达姆政权拥有并使用大规模杀伤性武器（WMD），但战后并未发现核武证据。虽然萨达姆政权被迅速推翻，但战争导致伊拉克社会陷入大规模的人道危机，加剧了宗教与族群冲突，并间接催生了“伊斯兰国”（ISIS）等极端势力。其长期后果至今仍是国际政治争议的核心之一。

阿富汗战争与“反恐代理战”

2001年“9・11”事件后，新保守主义迅速占据美国外交核心，主张通过军事干预维护国家安全与全球自由秩序。在阿富汗，美国发动战争打击塔利班与“基地组织”，获得国内外初步支持，并持续多年。

奥巴马政府虽在语言上弱化“全球反恐战争”的提法，实际上却继续扩大无人机空袭、特种作战等手段。在叙利亚和伊拉克，美国在新保守主义影响下支持部分反对派，以“人道主义干预”为名介入战局，同时通过第三方渠道为一些团体提供物资与军事支援。

2011年利比亚干预

在“保护平民”与推进民主转型的名义下，新保守主义倾向的政策团体倡议美军与北约对卡扎菲政权采取军事行动。干预在短期内阻止了针对平民的镇压，但也导致利比亚政权迅速垮台，国家陷入权力真空与长期混乱，班加西恐袭等事件接连发生，引发国际社会对军事干预后果的广泛反思。

总体来看，新保守派始终坚信“美国力量可以推动民主”，但从伊拉克混乱到叙利亚代理战争、再到利比亚失控，事实表明：武力无法创造秩序，民主无法强行移植。正如历史学家们的批评所指出的那样，新保守主义鼓吹全球军事主导，却往往带来代价高昂、难以终结的“永远之战”。

工业军事复合体和深层政府

推动这种意识形态的背后，是工业军事复合体（Military-Industrial Complex）的持续膨胀。这一概念由艾森豪威尔总统在1961年告别演说中首次提出，并郑重警告：“我们必须警惕工业军事复合体对自由与民主构成的潜在威胁。”

所谓工业军事复合体，是军工企业、五角大楼及政界高层之间形成的共生结构。它通过游说、政治捐款和“旋转门”（政商之间互换职位）机制，不断推动战争政策，以维持庞大的军费预算。

冷战结束后，尽管苏联解体，美国依然维持甚至增加国防开支：1997年美国国防预算为2,660亿美元，2010年，在伊拉克与阿富汗战争高峰期增长至7,200亿美元。到2024年，这一数字已达8,160亿美元，占全球军费近40%。

大量资金流向“五大军工承包商”：洛克希德·马丁、雷神技术公司、波音、诺斯罗普·格鲁曼和通用动力。这些公司不仅生产武器，更在政策制定中发挥游说作用。2022年，它们在华盛顿的游说支出超过8,600万美元，雇用大量前议员、退役军官与国防顾问，构建出事实上的“影子政府”。

伊拉克战争中的利益交易

以伊拉克战争为例，政治经济的纠缠极为明显。

时任副总统迪克·切尼（Dick Cheney）曾担任哈利伯顿公司（Halliburton）CEO。该公司在战争中获得超过390亿美元的重建合同，许多并未公开招标，广受诟病为“裙带资本主义”的典型。战争初期，哈利伯顿股价暴涨，切尼虽设立信托基金规避直接持股，但仍遭舆论质疑“以权谋私”。

布什政府也被批评利用“9·11”事件煽动恐惧、扩张行政权力，在缺乏确凿证据证明对方拥有大规模杀伤性武器的情况下出兵伊拉克。据布朗大学“战争成本项目”统计，此役共造成超过46万人死亡，战争总支出超过2.4万亿美元。

此外，媒体还揭示布什家族与卡莱尔集团（Carlyle Group）之间的密切联系。该集团为私募投资巨头，曾持有多家军火企业股份，股东包括沙特王室，布什家族曾直接参与其事务。外界普遍质疑：战争背后是否还有巨大利益网络在运作。

新保守主义是对传统保守主义的背叛

传统保守主义并不是顽固守旧，而是一种基于人性真相与社会现实的政治哲学。它深植于基督教文明，对人性有深刻认知：人是堕落的，理性无法完美塑造人类社会。

因此，传统保守主义主张限制政府权力，因为人性不可完全信赖；主张非干预主义的外交，因为战争往往是人类悲剧的源头，只有在极端必要时才应动用武力；强调国家主权，反对全球主义与所谓“世界政府”，警惕将美国价值观强行输出到他国。

这正是里根提出的“以实力求和平”（Peace through Strength），也是乔治·华盛顿在告别演说中的忠告：“远离他国的纠纷”。

与此形成鲜明对比的是，新保守主义虽然披着“保守主义”的外衣，实则推动一条激进的帝国主义路线。它背离了传统保守主义的初心，以“输出自由与民主”为名，积极推动战争、政权更替与军事干预；以维持美国全球霸权为目标，实则服务于工业军事复合体与跨国金融利益集团。正如那句警世格言所言：“绝对的权力导致绝对的腐败”，新保守主义正是陷入了这种权力膨胀的陷阱。

在这种理念主导下，伊拉克战争、阿富汗战争、叙利亚干预、利比亚政变等都被包装成“捍卫自由”的正义行动。然而，现实结果却是：数万美国士兵的牺牲、数万亿美元的纳税人支出、无数平民的流离失所，以及由此带来的恐怖主义扩散和难民危机，一波未平、一波又起。

川普的反击：保守主义的回归

川普的崛起，代表着民意的觉醒，是对建制派新保守主义的一次历史性反击。他明确反对无休止的海外战争，提出“美国优先”（America First）纲领，主张国家的首要职责是服务本国人民，而非在全球维稳或输出价值观。他认为，美国士兵的生命不应牺牲在遥远的中东沙漠，而应当守护自己的家园与社区；美国纳税人的血汗钱，不应流入军火商和承包商的腰包，而应投入教育、制造业与基础建设这些真正造福国民的领域。

这种“川普主义”本质上是对传统保守主义的回归。它继承了华盛顿的中立主义、杰斐逊的有限政府理念、林肯的联邦宪政精神与里根的经济保守主义。它强调：自由必须扎根于信仰，与责任同行，并受制于一个受限的政府结构。而恰恰是那些权力泛滥、滥用武力、推行全球干预的行为，才是真正危害自由的陷阱。

从2024年的总统竞选中就能看出，美国人民已经对新保守主义主导的战争路线感到疲惫和反感。这一点从军队招募的热情可见一斑：拜登任期内，军队招募持续低迷，不得不放宽身体和教育标准，靠高额奖金吸引应征，甚至被舆论称为“没人愿意当兵”，军队形象濒临崩塌。

而川普在2025年重新执政后，军队士气迅速回升，招募热情显著增强。2025财年，美军设定的征兵目标为61,000人，却在年中就提前完成，展现出军队威望的恢复和社会信心的回归。

川普政府重申“以实力求和平”的传统战略，减少无必要的海外干预，强化国防备战，同时通过外交与经济手段维护地区稳定。他强调军人荣誉，重建国防信心，并以传统价值观为基础，唤起人民“愿为国家而战”的爱国情怀。

美国全球责任与“美国优先”的平衡

总结一下，美国在世界舞台上的角色，始终游走在两个张力之间：一边是“全球责任”，另一边是“美国优先”。这一张力的根源，既在于美国的实力，也在于美国的信仰与理念。

作为世界最强大的国家之一，美国在两次世界大战与冷战中发挥了关键作用，扶持民主、重建秩序、遏制极权。这段历史塑造了“全球责任论”——即美国应主动维护国际正义与稳定。然而，这种责任一旦被过度扩张，极易落入一个危险的陷阱：绝对的权力，带来绝对的腐败。

而“美国优先”（America First）并不是一种狭隘的民族主义，而是对国家本职的正当强调。政府首先应保护自己的人民、边界、产业和文化，不应为他国混乱长期买单。人民的纳税钱与子弟兵的生命，不是全球社会实验的代价。

真正的智慧在于平衡。美国不应完全退缩为孤立主义者，更不能堕落为霸权主义的帝国。保守主义的外交传统早已给出答案：有限的力量，节制的责任，强大的国防，克制的出手。

8-3
亨廷顿错了：文明之间没有冲突

萨缪尔·亨廷顿（Samuel P. Huntington）是20世纪末最具影响力的政治学家之一。他在1996年出版的《文明的冲突与世界秩序的重建》（The Clash of Civilizations and the Remaking of World Order）闻名了学术界和国际社会。这本书源于他1993年在《外交事务》（Foreign Affairs）杂志发表的文章，在冷战结束的背景下，亨廷顿提出了一个大胆而富有争议的观点：未来的全球冲突，不再是意识形态或经济主导，而是不同文明之间的文化和宗教差异引发的碰撞。

然而，亨廷顿并未真正触及问题的核心。他过于强调不同文明之间的对立，却低估了各个文明内部的张力与裂变。他将“文明”视为一个稳定而封闭的整体，忽略了其中所蕴含的多样性和动态演变。例如，今日中国大陆所呈现的文化面貌，实际上早已深受西方马克思主义的冲击与改造，许多传统文化精髓被破坏殆尽。相较之下，中华文明的正统脉络在台湾却得以相对完整地保存。

同样地，西方文明也并非铁板一块。近年来全球主义与文化马克思主义的兴起，与以传统基督教价值观为代表的西方保守主义之间，形成了激烈的内部张力。这些冲突并不亚于所谓“文明冲突”，反而是塑造当今世界秩序变化的重要驱动力。

亨廷顿虽然是一位温和的保守派，作为一名中间偏左的民主党人，他在许多问题上比激进自由派更为谨慎。但即便如此，在对文明演变路径的整体把握上，他未能预见到这些内部分化与冲突的深远影响，这也成为他理论的一个关键局限。

亨廷顿到底讲了什么？

《文明的冲突与世界秩序的重建》是一本围绕“文明冲突”这一核心概念展开的著作。亨廷顿在书中提出，随着冷战的结束，全球格局发生了根本性变化：意识形态之争（如资本主义与共产主义）已成为历史，取而代之的是文明之间的矛盾成为国际关系的主导因素。

亨廷顿将“文明”定义为文化与宗教认同的集合体，并将世界划分为多个文明区域。他认为，文明认同比国家认同更根深蒂固，因此，未来国际政治的焦点将是不同文明之间的摩擦与碰撞。

亨廷顿预测，西方文明与伊斯兰文明、中华文明之间将形成最持久、最危险的对抗。他认为，西方试图将自身的价值观和制度模式推向全球，但这种做法往往与其他文明的文化传统和价值体系发生冲突，这种冲突是不可避免的。

亨廷顿的这一预测确实有一定的前瞻性，但他忽略了一个更深层的现实：所谓的“文明冲突”，在某些情况下不过是利益集团精心策划的棋局。这正是我们在上一章提到的新保守主义与美国的战争机器——它打着“民主”的旗号，实际上却是在通过战争攫取经济与地缘政治利益。

亨廷顿还提出了“伊斯兰之血”（Islam's bloody borders）的理论，认为伊斯兰文明有一种“边界冲突”的天然倾向，在与其他文明的交界地带，暴力冲突往往频繁发生。然而，这一观点虽然有一定的历史依据，却忽视了一个关键问题：不是所有的伊斯兰国家都有这样的血腥边界。这些冲突的背后，不仅仅是宗教和文化的摩擦，更是不受制约的政教合一的野蛮权力。

亨廷顿还对中华文明的复兴做出了预测。他认为，随着中国的崛起，西方将面临来自中华文明的挑战，而这种挑战不仅仅局限于经济或军事层面，更是文明价值观与政治秩序之间的根本对立。

但亨廷顿在这一点上显然存在误判。中华文明真的相信零和博弈吗？ 今日“保存最完好的中华文明”其实在台湾，而大陆的“儒家文化”早已被西方输入的马克思主义意识形态掏空殆尽。

亨廷顿将集体主义（儒家文化）与西方个人主义之间的对立视为文明冲突的根源，但他的分析仅仅停留在表面。真正的问题在于：**没有自由与法治的集体主义，最终会沦为极权；缺乏道德约束的个人主义，则会滑向无序与混乱**。文明真正的危机，往往不是来自外部，而是源于其内部的崩塌与腐蚀。问题的关键在于如何让政府的权力受到制约。

亨廷顿的偏差

虽然亨廷顿为人们提供了一种解读全球动荡的视角，将“文化和身份”纳入国际事务的核心讨论中。他的理论存在一些明显的缺陷和偏差。

一是过度强调文明冲突，忽视内部矛盾。亨廷顿将国际冲突归结为文明对立，但许多全球危机的根源其实是内部的政治腐败、权力斗争和政府失能，而非文明之间的不可调和。例如，叙利亚内战、利比亚动荡以及阿富汗的长期混乱，并非简单的“文明冲突”，而是极权政府、腐败精英和宗教极端主义联手制造的悲剧。

二是忽视极权政府对文明的操控。亨廷顿没有深入剖析极权政府如何利用文明冲突作为转移内部矛盾的工具。例如，共产主义国家今天仍然利用民族主义和“外部威胁”来维持权力，这种手法与亨廷顿提出的“文明冲突”并不直接相关。

三是忽略人民的共同价值与抗争。亨廷顿将文明割裂为对立的整体，却忽略了不同文明中的人民其实有着共同的价值追求。伊朗、埃及、香港等地的民主运动证明，即便是在文化和宗教背景截然不同的地区，人们对自由、尊严和公正的渴望依然是普世的。文明并非不可跨越的鸿沟，真正的冲突往往是人民与不受制约的权力之间的较量。

文明之间真的有冲突吗?

亨廷顿的最大错误是把文明之间的差异视为无法调和的矛盾。他的理论暗示，不同文明之间必然会发生冲突，因为它们的价值观、历史记忆和社会组织方式不同。然而，事实并非如此。文明之间并不必然对立。以美国人民和中国人民为例，尽管他们的文化、语言和生活习惯截然不同，但普通人骨子里都渴望和平和安定。几百万华人在美国安家立业，贡献社会，和美国邻居和睦相处。

同样，美国与伊斯兰文明的关系也并非完全敌对。我的一位穆斯林邻居温和友善，我们常一起聊天气和孩子，他在美国生活几十年，从没表现出亨廷顿所说的“文明敌意”。事实上，大多数穆斯林也是爱好和平的普通人，他们想要的无非是一个安稳的生活，而不是与西方展开冲突。无论是纽约的白领，还是迪拜的商人，或者上海的工程师，他们的日常生活方式越来越相似，都希望社会稳定、经济繁荣、家庭幸福。这种现实与亨廷顿所描绘的“文明冲突”形成了鲜明对比。

真正的冲突并非发生在人民之间，而是存在于政府之间，更确切地说，是不受制约的野蛮权力之间的博弈与冲突。亨廷顿将“文明”视为铁板一块，却忽略了一个关键的事实：人民与权力之间的天然分隔。 无论来自哪个文明，普通人的共同愿望是安居乐业、家庭安稳，而战争与冲突往往是掌权者出于政治利益或权力野心而挑起的，而非民心所向。

的确，有一个不容忽视的事实： 某些文明（如集体主义文化或伊斯兰文化）在历史与制度演变中，更容易催生极权政府，而某些文明（如崇尚个人自由的西方文化）则在建立极权政权方面相对困难。然而，这种倾向并不意味着极权就绝对不会在其他文明中出现。

即便是看似民主与自由扎根的社会，也未必能完全抵御“软极权”或“深层政府”（Deep State）的渗透与操控。

真正的冲突是不受制约的野蛮权力之间的冲突

文明之间的冲突并不是天然的，而常常是极权政府和腐败政权制造的。他们为了巩固自己的统治，不惜制造外部敌人，将自身的失败归咎于外部文明。

冷战是典型的“文明冲突”的样本：苏联代表“共产主义阵营”，美国代表“自由世界”，两者在意识形态和全球影响力上展开了长达半个世纪的对抗。但问题是，这场冲突真的是苏联文明与美国文明之间的敌对吗？

答案是否定的。

苏联人民从来没有投票选择“对抗美国”，他们的日常生活并不希望与世界隔绝，也不渴望将自己的生活方式强加给别人。真正推动冲突的，是苏联共产党这个不受制约的极权机器。苏联政府垄断了所有信息渠道，通过控制媒体、教育和舆论，不断向人民灌输“美国是帝国主义敌人”“资本主义腐朽堕落”等思想，从而制造一种“全民敌意”的幻象。

但事实上，苏联人民并没有选择这条道路。他们没有自由的选票，没有独立的媒体，甚至没有选择领导人的权利。正如前苏联持不同政见者索尔仁尼琴所说：

> **“人民只是在极权机器下的沉默多数，他们没有办法决定国家的方向，只能忍受来自政府的命令。”**

苏联政权制造与西方的敌对，目的并非维护国家利益，而是维护统治精英的权力。极权政权最害怕的不是外部敌人，而是内部人民的觉醒。他们深知，一旦人民意识到外面的世界更自由、更繁荣，极权的统治就会岌岌可危。因此，苏联不断塑造外部威胁，以此来转移国内的不满情绪：

经济失败？归咎于西方的“封锁和遏制”。

粮食短缺？怪罪资本主义国家“阻止苏联发展”。

社会动荡？甩锅给“西方势力策动分裂”。

正如里根总统所言：

> **“我们与苏联人民没有冲突，我们的敌人是那个把人民囚禁在极权体制中的政权。”**

亨廷顿天真地认为冷战以后这种冲突就没有了。其实历史总是在不断重复，今天的共产主义国家都有同样的制度基因，并且现在权力的腐败程度，高科技的应用和对自由世界的渗透已经远远超过了前苏联。

伊斯兰极端主义：另一种不受制约的野蛮权力

在当今世界，“伊斯兰极端主义”常常成为西方媒体报道中的焦点。从9·11事件到伊斯兰国（ISIS）的恐怖袭击，这种极端思想似乎成了西方与伊斯兰世界对立的象征。然而，这种“文明冲突”的叙述，忽略了一个关键事实：伊斯兰文明并不是天生与西方对立，穆斯林世界也不天然地敌视自由与繁荣。

相反，绝大多数穆斯林，无论是生活在中东、北非，还是在东南亚的印度尼西亚、马来西亚，甚至在西方国家的穆斯林移民，他们的追求与全世界人民没有区别：他们渴望自由、和平、发展与稳定的生活。那么，为什么在一些伊斯兰国家，反西方的极端思想却大行其道，甚至成为政府意识形态的一部分？答案可能在于——宗教被极权政府操控，成为巩固统治的工具。

在一些伊斯兰国家，尤其是中东地区，腐败的政府和权力精英将宗教工具化，用极端思想塑造民众的世界观，以便将外部敌人当作内部问题的替罪羊，从而掩盖自身的失败与腐败。他们通过官方媒体、学校教育和清真寺的布道，向民众灌输一种“西方是异教徒，穆斯林必须与之斗争”的观念，把政治统治包装成“捍卫伊斯兰信仰”的神圣事业。

在这些国家，任何试图进行宗教改革、倡导宽容与自由的声音，都被极端政权打压、污名化。例如，伊朗的异见者和温和派学者常常遭受监禁或处决，沙特阿拉伯等国也对自由主义知识分子实行严厉打压，这让温和与宽容的声音在穆斯林世界难以生根。

除了政治因素以外，伊斯兰世界中频繁出现恐怖主义现象，这背后有其复杂的历史和宗教根源。至于其成因与内在机制，我们将在下一篇文章中作更详细的探讨。

自由世界里的冲突：天赋人权没有了“天”

自由世界曾建立在“天赋人权”的信仰之上，这一理念认为人的权利来自上帝，而非政府的恩赐。然而，当“天”被逐出公共领域，天赋人权失去信仰的根基时，自由世界迅速走向极端主义与腐化的深渊。这种衰退所带来的冲突，正体现在两个层面：意识形态的撕裂和大政府与军工复合体推动的全球动荡。

首先，自由派与保守主义者之间的对立愈演愈烈。保守主义者坚持基督教传统，反对堕胎、同性婚姻和非法移民，维护神圣的道德秩序。但自由派已不再是宽容的倡导者，而是推动极端主义的力量。他们将堕胎视为“女性选择”的绝对权利，将身份政治和觉醒文化变成打压异见者的工具，削弱了自由世界的共同道德价值观。这种撕裂让美国乃至整个西方社会陷入了内部分裂和文化战争。

其次，大政府与军工复合体的操控，将自由世界拖入永无休止的战争与动荡。深层政府、情报机构、跨国资本和军火巨头共同操纵选举、制造战争，将民主变成金钱和权力的工具。伊拉克、阿富汗和乌克兰的战争，背后都有军工企业获取暴利的影子。甚至恐怖主义的滋生，也与西方对某些极端势力的扶持有关。自由世界一面高喊“反恐”，一面在背后扶持极端组织，为自身利益服务，导致全球陷入持续混乱。

结语

文明之间并不存在天然的冲突，真正的冲突来自于不受制约的野蛮权力。 这种权力可以以各种形式存在——它可以是极权主义的共产政权，也可以是滥用武力的国家恐怖主义，甚至可以是美国的深层政府。这些形式虽然不同，但它们有一个共同点：政府凌驾于公民之上，将权力扩张置于自由与权利之上。 当权力不受制约时，不论在哪种文明中，都必然导致压迫、腐败和暴力。

真正的文明，不是用权力征服他者，而是保障人的自然权利，赋予每个人思想、言论、宗教信仰的自由，并让政府受到民众的制衡和管理。 当这样的秩序得到维护，不同文明之间就不会发生不可调和的冲突，因为人性深处的渴望——自由与尊严，是超越文明边界的共同价值。例如韩国、日本等东方国家，虽属于集体主义文化传统，但与美国之间并不存在本质冲突，正是因为它们采纳了尊重和保障自然人权的文明体系。

亨廷顿的“文明冲突”理论忽视了这一根本真理。 他的视角局限于人文主义的高度，未能洞察权力失控才是世界动荡的真正根源。正因为缺乏信仰的深度，他无法预见到今天世界的混乱，更无法理解，自由与秩序的失衡，才是世界真正的冲突之源。只有当权力受到约束，人类才能超越冲突，建立真正的和平。

8-4
谁在给恐怖主义输血：中东问题的出路

从加沙火箭战、耶路撒冷的自杀式恐怖事件、黎巴嫩真主党的军事袭击，到911恐袭、ISIS崛起，再到如今以色列与伊朗的公开交战——中东问题从未真正远离全球舆论的聚光灯。战争、恐怖主义、宗教冲突、难民潮此起彼伏，接连不断。每当人们以为局势或将缓和，新的冲突却迅速爆发。以色列与伊朗如今的军事交火，已不仅是代理人冲突，而是国家之间的直接军事对抗，标志着中东局势再一次全面升级。

许多人习惯性地将中东的混乱归因于宗教纷争、资源争夺或领土矛盾，认为这是一个无解的历史死结，和平几乎没有希望。然而，我们必须回到一个更根本的问题：恐怖主义，本身是一种彻底反人性的邪恶。谁天生愿意成为“人肉炸弹”？是谁教导孩子去砍头、肢解尸体、实施强暴，并把这些行为视为“道德”与“荣耀”？这种非人性的暴力行为背后，离不开从小灌输的仇恨教育与系统洗脑。

恐怖主义如同癌细胞，它的扩散并不全依靠自我繁殖，而依赖于外部的“能量供应”。就像癌细胞依赖葡萄糖才能扩张生存，恐怖主义也依赖舆论庇护、金钱资助、媒体美化与制度性纵容。只有“切断供应”，它才能真正枯竭。

本篇文章试图从一个关键视角切入：谁在为恐怖主义输血？换句话说，中东要走出混乱，首先必须追问——谁在养活这场邪恶？正视这一问题，也许才是迈向和平的第一步。

中东问题的宗教根源：从亚伯拉罕开始的分歧

要理解中东冲突的起点，我们必须回到几千年前的一位历史人物——亚伯拉罕（Abraham）。这位生活在古代美索不达米亚的游牧族长，被犹太教、基督教和伊斯兰教共同尊为“信仰之父”。然而，正是他家庭生活中的一段插曲，成为今日宗教纷争的根源之一。

根据《圣经·创世记》的记载，上帝应许亚伯拉罕将成为“多国之父”，他的后裔将如天上的星、海边的沙。然而，他年老无子，其妻撒拉不能生育，于是他听从妻子的建议，与使女夏甲（Hagar）生下了以实玛利（Ishmael）。之后，撒拉在神迹中生下以撒（Isaac）。以撒成为上帝应许之约的承继人，其后裔发展为以色列民族；而以实玛利则被视为阿拉伯民族的祖先。神的应许没有落空，但亚伯拉罕因一时的不信与偏行己意，也埋下了人类历史中深远的宗教冲突。换句话说，中东的宗教对立，从一开始就是人与神之间关系破裂的延伸。

两种诠释：犹太人与穆斯林的分歧

在犹太教与基督教传统中，以撒被视为“应许之子”，承接上帝与亚伯拉罕之间的圣约。他的儿子雅各后改名为“以色列”，其后裔成为今日犹太民族。耶路撒冷因此成为信仰中心，是圣殿之地，也是弥赛亚再临之处。

而在伊斯兰教传统中，穆斯林认为以实玛利才是亚伯拉罕的长子，也是信仰的真正传人。他被视为阿拉伯民族的始祖，穆罕默德则自称是其后裔。麦加与麦地那因此成为伊斯兰最神圣的城市，而耶路撒冷则因穆罕默德“夜行登霄”的神迹被奉为第三圣地。

这两种传统，体现了两种神圣地理与民族身份的差异。一方强调“拣选与应许”，一方强调“顺服与传承”。这不是简单的历史误解，而是两种文明从根本上路径分歧。

宗教对立的现代延续

这种古老的宗教分歧，在现代国家政治中被放大与固化。犹太人将以色列复国视为神的应许成就，而许多穆斯林则认为这是对巴勒斯坦土地与信仰的冒犯。尤其是对耶路撒冷的控制，常常点燃宗教情绪与政治冲突。这不只是领土之争，更是关于“谁拥有神的应许”的冲突。

现代恐怖主义的兴起

二十世纪见证了现代恐怖主义作为政治工具的兴起，从孤立的无政府主义袭击演变为有组织的意识形态、宗教或民族主义运动。虽然恐怖主义并非某一意识形态独有，但二十世纪末标志着伊斯兰主义和恐怖主义的显著崛起，其驱动力是激进的伊斯兰教义的解读。1979年的伊朗革命是一个关键时刻，建立了一个成为全球恐怖主义资助者的神权政权。伊朗伊斯兰共和国通过其革命卫队（IRGC）资助和训练了真主党、哈马斯以及后来的胡塞武装等组织，构建了一个输出其革命意识形态的代理网络。

到20世纪80年代和90年代，基地组织与伊斯兰圣战等极端团体将“圣战”推向全球，不再局限于本地的冲突，而是将攻击目标扩展到“西方和以色列的利益”——这包括其公民生命、海外使领馆、军队驻地、企业、基础设施乃至象征性建筑物等一切承载着国家权力、财富与影响力的对象。

哈马斯作为被美国、欧盟等认定为恐怖组织的团体，在此背景下崛起，融合了巴勒斯坦民族主义和伊斯兰主义意识形态。伊朗作为恐怖主义的重要资助国，本身是幕后最大的金主。据估计，伊朗每年向哈马斯提供1亿至3亿美元的资金支持，同时提供武器和军事训练。这种援助直接促成了2023年10月7日的袭击行动，其中所使用的火箭弹和战术手段，很大程度上依赖于伊朗的支持。国家层面的伊斯兰主义与恐怖主义在此交汇，构成持续的安全威胁，并通过煽动意识形态认同为暴力行为进行辩护。

极端的伊斯兰国家与组织

在以色列与伊斯兰世界的冲突中，表面看似民族与领土之争，实则往往根植于深层的神学分歧与意识形态冲突。这种冲突不仅存在于战场和边境上，更深深植根于许多伊斯兰国家的政治体制、教育体系、媒体叙事和文化心理中。

以哈马斯为例。作为加沙地带的实际统治者，哈马斯在其1988年宪章中就明言“以色列将继续存在，直到伊斯兰将其彻底摧毁”，彻底否定以色列的合法性，主张通过“圣战”手段收复全部巴勒斯坦领土。在哈马斯统治下，教育与媒体完全受审查和控制。从小学起，教材中即灌输“以色列是非法国家”、“殉教者将进入天堂”等观念，宣扬暴力作为荣誉之举。对平民的袭击被包装成“神圣的回报”，而实施袭击者的家属则获得金钱与社会尊荣。

在伊朗，反犹情绪更上升至国家意识形态的高度。最高领袖哈梅内伊曾多次称以色列为“癌症肿瘤”，必须“从地球上抹除”。这一国家不仅在外交层面否认以色列存在，还直接资助并武装多个代理组织，如黎巴嫩真主党、哈马斯和也门胡塞武装，对以色列形成持续性军事威胁。伊朗国内几乎没有真正的言论空间，社交平台如 Twitter 与 Facebook 被长期封锁，仅限官方机构使用。教育与媒体由宗教与政府联合管理，网络设有“伊斯兰防火墙”，青少年从小便被教导“以色列是恶魔国家”，并鼓励参与“反犹日”等极端活动。

黎巴嫩的真主党则是伊朗在地中海方向的“代理人”。这一什叶派武装组织掌控黎巴嫩南部，其党纲公然宣称“摧毁以色列国家、解放耶路撒冷”为终极目标。它长期向以色列北部发射火箭弹，其宣传片和清真寺讲道充斥着赤裸裸的反犹主义，致力于塑造下一代“圣战者”。

叙利亚历届政权从未承认以色列合法性，与以色列爆发过多次战争。该国媒体完全国有化，学校教育强调“复仇正义”，将以色列描绘为西方帝国主义的前哨。

也门胡塞政权亦是伊朗扶植的代理武装，其标语就包含“诅咒以色列，诅咒美国”，控制区几乎无言论自由可言。

在伊朗、叙利亚、黎巴嫩及也门胡塞控制区，任何以色列人乃至公开身份的犹太人都将面临严重威胁。这些地方不仅几乎完全没有犹太社区的存在，甚至有些地区设立“无犹区”标志，教育体系则普遍将犹太人妖魔化。

在哈马斯控制的加沙，乃至一些巴勒斯坦城市，杀害以色列人的袭击者被称为“烈士”，其家属获得“烈士抚恤金”，由巴勒斯坦权力机构发放。伊朗政府同样为此类袭击行为提供财政支持，用于奖励自杀袭击者的家庭。

由此可见，在这些极端的伊斯兰国家与组织中，反犹主义不仅是群众情绪，而是被制度化、宗教化、政治化的意识形态武器。这种体制化的仇恨教育不仅不断激化冲突，更彻底扼杀了任何和平的可能性。而必须正视的核心问题是：一个将“杀死另一族群”写入宪章的政权，是否能够参与现代国际秩序的建设？是否真正承认每一个人不可剥夺的尊严？这正是我们必须直面并回答的问题。

温和的伊斯兰国家与组织

尽管中东地区充斥着激烈冲突和敌对言论，但并非所有伊斯兰国家都以仇恨和极端为行为基础。在伊斯兰世界中，也存在一批更为务实、克制，甚至倾向合作的“温和派”成员。这些国家在处理以色列问题时，展现出更高程度的现代化、世俗化与制度理性，提醒我们：伊斯兰信仰本身并不必然导向仇恨与暴力。

沙特阿拉伯长期以来因向伊斯兰世界各地传播瓦哈比派教义，并资助许多清真寺与宗教学校而受到广泛批评。瓦哈比派是一种源自18世纪的伊斯兰复兴运动，主张回归最原始的伊斯兰教义，强调字面遵守《古兰经》和圣训，对异教徒与教内异端持极端排斥态度。这种排他性与激进色彩，使得瓦哈比主义被认为是许多现代极端组织的思想根源之一。

但在王储穆罕默德·本·萨勒曼（MBS）主导下，国家政策迎来重大转型，以“愿景2030”为蓝图的改革推动其吸引投资、发展旅游、遏制极端思想。虽然沙特尚未正式建交以色列，它已在情报、安全、反伊朗事务上与以色列展开幕后合作，还讨论共享科技和投资项目。教育和媒体领域也出现调整，曾经将犹太人形象妖魔化的教材正逐步清理，宗教节目主导权转移至国家控制。

埃及与约旦则是阿拉伯国家与以色列和平共处的先驱。埃及于1979年签署《戴维营协议》成为第一个与以色列建交的阿拉伯国家，约旦随后于1994年达成和平协议。尽管两国国内舆论仍对以色列存在抵触，政府层面却维持持久的合作，尤其在安全、能源和水资源领域。埃及与约旦的宗教传统以苏菲派与温和逊尼派为主，强调内心修养、社会稳定与协作关系。它们虽保留较为保守的信息控制，但并不将反犹主义写入国家行为逻辑，相较于激进势力更关注国家治理和实际利益。

为什么这些国家能够保持相对温和？关键在于其宗教观更多强调“仁慈、秩序与责任”，而非极端的“复仇或殉教观念”。在政治实践中，它们更重视经济发展和国际声誉，而非意识形态对抗。在媒体与网络管理方面，它们相比伊朗或加沙更为开放，允许一定程度的不同意见在社交平台上流通，同时致力于将青年引导到技能培训与经济建设领域。

这也意味着和平并非空想。2020年在沙特默许下，以色列与阿联酋、巴林、摩洛哥达成川普开启的《亚伯拉罕协议》，标志着温和派国家愿意寻求现实利益，而非继续为抗争牺牲本国未来。这些国家所展现的外交务实和现代伊斯兰态度，提醒人们伊斯兰并不等同于哈马斯、ISIS式极端，它可以与现代价值相融共生。

以色列的宪政实践与穆斯林的公民权利

中东战火纷飞，仇恨似乎无处不在。但在冲突的另一端，也存在一片土地，其中犹太人与穆斯林、基督徒和其他少数族裔在法治与自由的体制下共同生活、展开合作——这就是以色列。

一个犹太国家，保障普世权利

以色列作为犹太民族之国，确立了犹太教文化为国家认同的核心。然而，其宪政体制建立在自由民主基础之上，承认并保障所有公民的基本权利。以色列拥有多党民主制度、独立司法系统、言论自由的媒体环境，以及严格保护的基本自由。这些权利不仅适用于犹太群体，也包括该国约200万阿拉伯裔公民，占总人口约21%。他们是真正在以色列享有选举权、言论自由和宗教自由的中东少数民族之一。

这些阿拉伯裔公民中包括穆斯林、基督徒与德鲁兹人。他们担任国会议员、出任高等法院法官，在各大高校、医院、科技公司任职。即使在以巴冲突最激烈的时刻，他们的基本权利依然得以保障。在以色列大学的阿拉伯裔学生人数逐年增加，许多医院中也有阿拉伯籍医生和护士与犹太同事并肩工作。

即便是居住以色列控制区之外的巴勒斯坦人，也能在以色列社会中找到就业机会。每天约有十万巴勒斯坦劳工合法进入以色列，参与建筑、农业、清洁和医疗等行业，从事薪资和福利均高于加沙与约旦河西岸的劳动工作，他们的收入往往成为家庭的经济支柱。这种和平共处现实已持续多年，仅在极端情况发生后才会暂时收紧安全检查。

从自治到恐怖主义：加沙的沉沦

回看历史，2005年时任总理沙龙下令全面撤出加沙，拆除所有定居点，并将当地交由巴勒斯坦人自治。以色列还留下现代农业温室、工业设施与基础配套，以支持该地区的经济起步。然而，这一机会在2007年被哈马斯政权夺控后被彻底错失。哈马斯将加沙变成恐怖主义温床，兴建地下隧道、制造火箭弹、设立儿童军事训练营、宣传“殉教教育”。原本供农业与工业使用的温室和厂房多数被改造用于武器制造，经济发展被极端化取代。

在以色列，网络自由畅通，媒体持开放态度，多种声音并存并受法律保护。阿拉伯媒体正常运行，教育体系鼓励尊重多元与个人权利。相比之下，加沙在哈马斯统治下，网络和媒体被严格控制，儿童从小学阶段就接受反犹教材——在这里，他们学到的不是现代文明，而是“为真主殉教是最高荣誉”。

文明与野蛮有区别

事实胜于雄辩。在以色列这片土地上，不同宗教与族群的人们正在法治与制度保障下努力共处。即便是那些对以色列实施恐怖袭击的加害者，如果在行动中受伤或被捕，也会在以色列医院中接受与普通人一样的救治与人道待遇。这不是妥协，而是对“每个人都有尊严”信念的实践，是一个文明社会的基本底线。

当然，我们并不是说以色列政府所作所为都是正确的。它同样需要被监督，也并非没有争议——历史上一些重大恐袭事件也曾有猜测指向以色列特种部队可能参与其中，并试图嫁祸阿拉伯世界。然而，关键的区别在于：以色列拥有相对自由的媒体和言论空间，这使得对政府的监督成为可能，历史的真相有机会被揭示，正义有可能见光。

而在许多极权或恐怖主义势力主导的社会中，媒体被彻底控制，言论被严密封锁，任何揭露真相的尝试都会被打压，甚至招致生命危险。正是在这种制度性的封闭之下，暴力得以被美化，仇恨得以被灌输，历史被扭曲。这正是文明与野蛮的根本区别。

谁在给恐怖主义输血?

在许多西方左派眼中，中东冲突被简化为“殖民者与被压迫者”的对立。他们将以色列描绘为帝国主义前哨，将哈马斯、伊朗等组织包装成“反抗压迫的自由战士”。这种叙事不仅在舆论上为恐怖行为开脱，还通过政策与资金层面对这些组织进行支持。奥巴马政府在2015年签署伊朗核协议，解冻了超过1000亿美元资产，并释放数十亿美元现金。然而，这些资金并未改善伊朗民众的生活，反而被用于支持伊斯兰革命卫队和中东代理战争。拜登政府上台后进一步放宽对伊朗的制裁，间接助力黎巴嫩真主党、也门胡塞等代理组织。

同样的问题也出现在对巴勒斯坦的援助中。长期以来，美国、欧盟等西方国家每年通过联合国近东巴勒斯坦难民救济和工程处（UNRWA）向巴勒斯坦提供大笔人道援助，仅2022年，美国就向UNRWA 提供了约3.4亿美元的资助，欧盟则长期维持在2.5亿至3亿美元之间。若按人口比例计算，这意味着每一位加沙居民平均每年可获得可观的国际援助，远高于全球其他难民群体的平均水平。

但这些资源并未真正用于改善民生，而是频繁被挪用于极端主义活动。UNRWA 早已被多方曝光与哈马斯勾结：不仅多所由其资助的学校被用作火箭发射基地，教材中也公然出现反犹内容与“烈士精神”赞颂，甚至被发现有相当一部分职员为哈马斯成员，其中部分人直接参与了2023年10月7日对以色列的恐怖袭击。

援助资金也往往通过亲哈马斯的 NGO 渠道流转，用于挖掘地下隧道、制造火箭弹、策划袭击行动，以及制作宣传“殉教英雄”的媒体内容。这些所谓的“人道组织”在国际舞台上以义工、难民工作者自居，实际上却成为恐怖主义的灰色金融网络。

与此同时，西方左派媒体与学界却对这些事实选择性失明。他们对哈马斯在教育体系中灌输仇恨、压迫妇女、迫害宗教少数群体的行为保持沉默，却在以色列进行自卫时高呼“战争罪”，把道德标准反过来使用。这种道德颠倒，不仅为恐怖主义提供舆论庇护，更在实际上成为它赖以生存的另一种“输血”。

值得一提的时，一些恐怖组织是我们前面提到的新保守主义政客推动“民主输出”、干涉他国内政过程中应运而生的。当美国以“自由”与“人权”为名，试图强行改变中东的政权结构时，往往未能真正理解当地宗教、部族与文化的复杂性。伊拉克战争推翻萨达姆后，留下的权力真空和社会崩溃环境直接催生了“基地组织伊拉克分支”，最终演变为更为极端的ISIS。类似的情况也发生在利比亚、叙利亚和也门——政权崩溃但秩序未建，结果便是恐怖主义趁虚而入，反噬“解放者”本身。

当然，另一类为恐怖主义持续“输血”的力量则更具战略性——那就是以中共和俄罗斯为代表的极权国家。他们并不真心关心中东的稳定，也并不认同恐怖主义的宗教诉求，而是出于地缘政治的考量，将美国视为首要敌人。因此，他们选择以金钱、武器、外交支持等方式暗中扶持反美武装和恐怖组织，目的在于削弱美国的国际影响力，分散其战略资源，令其陷入“无休止的干预与撤军循环”。比如，俄罗斯长期与伊朗结盟，向叙利亚政权输送武器，默许真主党行动。

总结

总的来说，我们真正可以通过选票和舆论影响的，是那些在西方政坛、媒体、学界和国际援助系统中，为恐怖主义提供合法性与资源的左派力量。他们打着“反压迫”的旗号，美化恐怖行为、资助极端组织、纵容仇恨教育，甚至在平民遇害之后依然公开声援，形成一整套“道德颠倒”的意识形态联盟。讽刺的是，伊斯兰极端主义本身与西方左派所宣扬的“自由价值”完全背道而驰，但他们却因共同的敌人——以色列与基督教文明——而结成事实上的“联手反美”同盟。

正如我们前文所说，恐怖主义如同癌细胞，其扩散依赖外部持续的“能量供应”。而这能量，往往不是来自中东自身，而是来自那些在国际社会中为其辩护、资助与开脱的西方极左势力。唯有教育公众认清这种“左派与恐怖主义联姻”的荒谬现实，通过选票选下纵容恐怖组织的政客，公开反对那些为暴力洗白的学者与媒体话语体系，切断一切对恐怖主义的资源与舆论供应，中东问题的解决才真正有希望。

第四部分

政治智商的逻辑与应用

“当整个世界都在奔向悬崖时，选择反方向奔跑的人，
才是真正有逻辑的人。”

—— 作者

（注：此警句改编自梭罗《论公民的不服从》等思想，
强调理性与逆向思维的价值。）

第九章

伦理学和社会议题

“除非你以某种道德标准来衡量进步，
否则‘进步’这个词毫无意义。”

—— C.S.刘易斯（C.S. Lewis）

我们现在进入本书的最后一部分：政治智商的逻辑与应用。社会议题，正是当今美国最具撕裂性的公共话题。著名基督教哲学家C.S. 刘易斯曾提醒我们：如果没有道德原则作为衡量标准，所谓的“进步”可能恰恰是社会伦理的倒退。

本章首先从伦理学的视角出发，确立“以原则为主，结果为辅”的分析框架，尝试从道德根基的角度审视当代社会的关键议题。我们聚焦于四个核心问题：堕胎、非法移民、选举诚信与华人参政。

贯穿这些议题的主旋律不言而喻——当一个社会背离伦理原则时，人们将失去判断自由与堕落之间界限的能力。在这种价值真空之下，政府极易滑向腐败与专断，而大众则往往在不知不觉中被意识形态牵引，走向自毁的道路，对国家秩序的崩塌毫无察觉。

9-1
伦理学导论：原则，还是结果？

当我们讨论社会议题时，大部分争论可以归结为一个基本问题：“伦理是应以原则为导向，还是以结果为导向？” 这一核心分歧，在教育、医疗、司法、社会公平等诸多领域都有明显的体现。

以大学升学的平权问题为例，共和党人秉持原则导向（Principle-based Ethics），主张择优录取，所有人遵循同样的标准，不以肤色或族裔为考量因素。而民主党人则倾向于结果导向（Outcome-based Ethics），要求大学招生时确保不同族裔的学生比例与人口构成相匹配。为达到这一“公平结果”，往往对亚裔学生施以更高的录取标准，而对黑人学生则降低标准。

本文将探讨这两大伦理学派的基本理念、经典理论、现实应用以及各自的局限性，并融入基督教的伦理观，尝试分析在现代复杂社会中，我们应如何在“遵循道德的原则”与“追求良善的结果”之间找到真正的平衡点。

一、原则主义——道德原则的守护者

在道德哲学中，原则主义（Deontology） 始终扮演着维护道德底线的坚定守护者。原则主义认为，行为的道德价值不取决于结果，而取决于其是否遵循普遍适用的道德法则。 这一理论的奠基者，德国哲学家 伊曼努尔·康德（Immanuel Kant） 提出了著名的“绝对命令”（Categorical Imperative），强调行为的正当性必须基于普遍化原则。康德认为，“行为只有在符合普遍化原则时才是道德的。” 也就是说，一个行为是否正义，不能取决于它带来的结果，而是要看它是否可以作为普遍适用的行为准则。

康德的伦理思想深受他早年的信仰背景和家庭影响，尤其是母亲安娜·蕾吉娜（Anna Regina Reuter）的虔诚信仰。安娜是一位虔诚的路德宗敬虔主义者（Pietist），这种信仰强调个人内在的道德自律、对神的敬畏以及对邻舍的爱与服务。安娜不仅教导年幼的康德诵读圣经，还培养了他对道德律法和敬畏神的深刻理解。康德曾表示，他的母亲安娜·雷吉娜通过虔诚的教导影响了他的道德观念，这种影响在他的人生和哲学中留下了深刻的痕迹。

尽管康德日后在哲学上强调理性高于宗教权威，他的“道德律与星空”之名言却揭示出他对宇宙秩序背后神圣存在的深刻敬畏。在《实践理性批判》中，康德写道：

> **“两样东西，我愈是常常深思，愈感到惊奇和敬畏：我头上的星空，和我心中的道德律。”**

图表 25：德国哲学家 康德

这句流传甚广的哲思名句，道出了他对自然与道德两种秩序的庄严认知，也暗示了他对一位道德立法者——即上帝——的理性敬畏。他的宗教观可以说是“反教会制度的束缚，而不反对上帝本身”。

康德的伦理理论虽然为世俗道德奠定了坚实基础，但基督教伦理观 更进一步强调，真正的道德原则不是出自人类的理性推导，而是源自神的律法。出埃及记中的 “十诫”（The Ten Commandments） 是基督教道德的基石，它不仅为人类社会奠定了道德秩序，更成为永恒不变的行为准则。

比如第五诫 教导我们“当孝敬父母，使你的日子在耶和华你神所赐你的地上得以长久。”，第六诫 明确规定“不可杀人”，第七诫 告诫“不可奸淫”，第八诫 则强调“不可偷盗。“（出埃及记20:3-17） 这些诫命不仅是道德的基石，也是维护社会秩序与人际关系和谐的重要准则。

应用场景：坚持原则的力量

在现代社会，产权保护是道德原则在法律和社会实践中的具体体现。根据基督教伦理观和康德的“绝对命令”，财产权作为个人基本权利，具有不可侵犯的神圣性。在美国，保护个人财产权的案例历来很多。

在宾夕法尼亚州，一群阿米什人（Amish）农民因拒绝安装现代污水系统而被环保部门起诉。政府要求他们必须使用国家标准设备，否则就必须搬离农场。但阿米什人出于基督教信仰，坚持过简朴、非技术化的生活方式，认为安装现代设备违背了他们的信仰。虽然案件看似涉及“公共卫生”，但实质上是关于个人信仰、私有财产权与政府权力之间的根本张力。

阿米什人没有妥协，他们宁可坐牢，也不愿背叛信仰。最终，联邦法院在2018年判定：政府不能强迫他们以违背良心的方式使用财产，此举将构成对《宪法第一修正案》（宗教自由）与第五修正案（财产权）的双重侵犯。

这个案例展现了一种以信仰为导向的坚持原则——财产权不是孤立存在的，它嵌在人的道德良知与宗教信念中。当政府试图“以善之名”强迫执行时，正是信仰和原则为个人提供了抵抗的力量与合法性。

二、结果主义——追求最大化的善

在道德哲学的版图中，结果主义（Consequentialism）以其独特的立场成为一个重要的流派。结果主义认为，行为的道德价值取决于它所带来的结果。换句话说，如果一个行为能够带来积极的结果或最大化整体福祉，那么这个行为就是道德的。结果主义的核心理念是“目的可以证明手段的正当性”，只要最终结果是好的，行为本身的过程或手段就可以被接受。

功利主义（Utilitarianism）是结果主义最具代表性的理论，由 杰里米・边沁（Jeremy Bentham）和 约翰・斯图尔特・密尔（John Stuart Mill）提出并发展。功利主义的核心原则是“最大多数人的最大幸福”（The Greatest Happiness for the Greatest Number），它主张通过计算一个行为所带来的快乐与痛苦的总量来衡量该行为的道德性。边沁认为，一个行为之所以是正确的，是因为它能够带来更多的快乐，并减少更多的痛苦。因此，只要一个行为能够让“最大多数人”受益，即便这个行为对少数人造成伤害，也可以被视为道德的。

这一观点与许多现代社会的文化逻辑不谋而合。在许多国家和地区，人们往往将“让大多数人生活得更好”作为社会发展的最高目标。例如，政府制定经济政策时，通常会考虑如何让最大多数的公民享受物质繁荣，即便某些群体在这一过程中受到损害。

应用场景：结果主义的实践挑战

在现代社会，结果主义的逻辑广泛应用于公共政策、科技伦理、医疗资源分配和战争决策等领域。然而，这种方法虽然可以在短期内带来较好的社会效益，但它往往会忽视个体的权利和尊严，导致道德困境。

案例：疫情中的封锁政策——保护大多数人还是维护个体自由？

COVID-19疫情爆发后，全球多国纷纷采取大规模封锁措施，试图以限制流动来遏制病毒传播。这些政策在短期内确实在一定程度上减缓了疫情的蔓延。然而，它们也带来了深远且复杂的社会后果：公民的基本自由被大幅限制，如禁止外出、强制集中隔离等，导致一些重症患者错过最佳治疗时机，临产孕妇因交通封控无法及时入院。同时，经济活动陷入停滞，引发大规模失业与经济衰退，普通家庭生计受损，社会普遍出现焦虑、孤独与抑郁等心理健康危机。

从结果主义（Consequentialism）的视角来看，封锁政策虽然牺牲了个体的自由与经济福祉，但如果它在总体上挽救了更多人的生命，那么这种“代价”就是可以接受的。因此，在这一逻辑下，封锁措施被视为正当甚至必要的道德选择。然而，这种立场也引发了强烈争议：在牺牲健康与自由的代价下所获得的“集体利益”，究竟是否值得？——这是结果主义伦理所必须面对的根本挑战。

结果主义的道德缺陷

结果主义面临着一个根本性的道德缺陷——它很容易在“集体利益”面前牺牲个体的尊严与权利。从逻辑上看，如果最大多数人的幸福可以证明手段的正当性，那么，哪怕牺牲少数人的生命、自由甚至尊严，也似乎可以被合理化。这种思路看似“务实”，实则危险。

最典型的反例就是生命原则的优先性。试想一辆救护车在闹市中紧急通行时，所有车辆与行人都必须让路，交通被短暂打乱，大多数人的利益因此受到损害，但没有人会质疑这种“特殊对待”。为什么？因为人们普遍承认，个体的生命尊严远高于简单的利益计算。一个人的生命，远比一百人的便利更重要。

再比如，民主党人主张在大学招生、就业录用等方面，必须确保不同族裔的“最终结果”与人口构成相匹配。为达到这一看似

“公平”的统计结果，必须对亚裔学生施加更高的录取标准，同时对黑人、拉美裔学生降低标准。

表面上，这似乎是在追求“种族平等”，但实际上，这正体现了结果主义的道德缺陷：为了大多数人眼中的“好结果”，个体的尊严、努力与权利被牺牲掉了。亚裔学生即便成绩优异、竞争力强，却因为“种族比例已超标”而被人为设置更高门槛；黑人学生虽然获得录取，有的却因学习基础不够扎实，跟不上进度，只好辍学。而优秀的黑人学生即使毕业了，也会被人怀疑是不是分数降低特招进去的“工农兵学员”。

这正是典型的“为了结果合理化不公”的逻辑陷阱。结果主义忽视了过程中的公平、个人权利与尊严，最终反而破坏了社会对真正平等的信任，也让种族关系变得更加紧张与对立。

因此，真正健康的社会治理，不能只靠冰冷的结果计算，更要坚守对个体生命、自由与尊严的基本敬畏。这也正是为什么，以原则为根基、以结果为参考，才是更有智慧、更值得信赖的路径。

伦理学的第三条道路——善意引发的灾难

在伦理学的讨论中，除了以原则和结果为导向的两大主流理论，还有一些值得关注的“第三条道路”。我们可以从德性伦理、双重效应原则和责任伦理三个理论来探讨，但每条道路都隐藏着潜在的危险，最好的善意可能会引发灾难性的后果。

以品德为导向：德性伦理的局限性

亚里士多德（Aristotle）的德性伦理（Virtue Ethics）强调人的品德和道德修养，认为良好的品德可以引导人做出正确的选择。然而，这种理论的局限性在于“品德”的标准往往是主观的，容易受到社会风气和个人偏见的影响。比如，现代西方社会在“包容”和“平等”的旗号下，纵容了诸如色情泛滥、毒品合法化、性别混乱、青少年堕胎自由化等文化现象。这些行为不仅严重冲击了家庭与伦理秩序，还常常被包装为“进步”、“多元”或“人权”。这种对堕落文化的美化，正是德性伦理被滥用的典型表现。

以动机为导向：双重效应原则的风险

托马斯·阿奎那（Thomas Aquinas）的“双重效应原则”（Doctrine of Double Effect）认为，如果一个行为的动机是出于善意，即便该行为不可避免地带来负面结果，这种行为在道德上依然可以接受。例如，为了自卫而杀人是保护自己和家人的行为，属于正当的道德行为。然而，今天的社会对“善意”的定义早已变得极端主观，甚至被滥用。比如，民主党在推行“进步主义”议程时，可以宣称“为了保护民主，我们必须打压不同声音”，这种扭曲的“善意”往往是压制异见的借口，让社会滑向极权的深渊。

以责任为导向：责任可以被强加

德国社会学家马克斯·韦伯（Max Weber）提出的“责任伦理”（Ethics of Responsibility）试图在原则与结果之间找到平衡。他强调，责任伦理要求人们不仅要遵循道德法则，还要权衡行为的后果，并对社会负责。然而，这种“平衡”常常成为权力者操纵道德的工具。在今天的语境中，责任被重新定义，沦为政治正确的工具。例如，在“环境保护”运动中，为了达到减少碳排放的目标，政府可以随意增加税收、控制企业运作，而这种所谓的“责任”最终压垮的是普通百姓。

医生协助自杀：善意的危险

“医生协助自杀”（physician-assisted suicide）是一个典型的例子。目前在美国11个州是合法的。表面上，这种做法可以帮助失去生活尊严、痛苦不堪的患者结束生命，从德性、动机、责任和结果的角度看，似乎符合伦理要求。然而，从更高的原则角度来看，这却打开了“潘多拉的魔盒”。人性是堕落的。医生可能为了图省事，子女可能为了争夺遗产，提前结束老人的生命。甚至那些本还有自理能力的老人，也可能在不知情的情况下被悄悄剥夺了本应属于自己的生存权。

类似的，以欧洲为例，最初安乐死仅限于患有绝症、极度痛苦的病人，但随后扩大到包括“精神疾病”、“抑郁症”、“生活失去意义”等非身体疾病的群体。比如荷兰甚至允许未成年人和新生儿进行安乐死，只要被认为“生活质量无法改善”，医生便可做出终止生命的决定。这种标准的不断放宽，让“自愿死亡”变成了“方便死亡”。

历史上的前车之鉴

更可怕的是，这种以“结果”为借口、以“减轻社会负担”为理由牺牲个体生命的逻辑，历史上并非没有前车之鉴。纳粹德国正是走到了这种结果主义伦理的极端。

在希特勒治下，纳粹政权大肆推行所谓“种族净化计划”，其中最恶名昭著的，便是 T4 行动——一项针对“生命不值得生存者”的灭绝政策。纳粹口中的“社会不适合者”，包括残疾人、精神病人、慢性病患者乃至部分少数族裔，成千上万的人被强制绝育、送往“安乐死”中心，最终惨遭屠杀。

希特勒政权正是打着“减轻社会负担”、“提升国家整体健康水平”、“保障优良人口素质”的旗号，彻底践踏了个人尊严与生命价值的底线。这种极端的结果主义思维，最终带来的不是福祉，而是历史上最黑暗的人道灾难之一。

今天，若我们在讨论安乐死、资源分配等问题时，仍旧只盯着“整体结果”、“社会效益”，而忽视了对每一个个体生命的基本敬畏，那么，无论初衷多么善意，结果主义都可能悄然滑向历史的老路。

原则为主，结果为辅

前面我们谈到了结果主义的危险，但必须承认，现实生活中有些时候我们也不得不看结果。比如，大家都知道“诚实”是一条基本的道德原则，撒谎被普遍视为不道德。但在复杂的现实中，单纯坚持形式上的诚实，有时候反而会带来更糟糕的后果。

二战时期德国商人奥斯卡·辛德勒的故事，正是这种道德两难的最好注解。

在电影《辛德勒的名单》中，辛德勒利用自己的人脉和工厂，千方百计从纳粹集中营中“买”下了上千名犹太人，保住了他们的性命。为了做到这一点，辛德勒不得不不断行贿、撒谎，甚至伪造文件，把这些犹太人伪装成自己“急需的技术工人”。否则，他们早就被送进毒气室，惨死其中。

如果我们机械地看待撒谎本身，辛德勒的做法当然是不道德的——他说了无数谎话，欺骗了纳粹官员。但如果我们站在更高的道德层面，回到“人的生命不可侵犯”这一根本原则来看，辛德勒的选择不仅是正确的，甚至是伟大的。

这正体现了“原则为主，结果为辅”的真正含义。

所谓“原则为主”，是指人的基本权利、尊严与生命，这些不可妥协的底线，必须作为最高标准。所谓“结果为辅”，是指在不违背这些根本原则的前提下，当然可以、也应当追求良好的结果。

辛德勒面临的选择，不是简单的“诚实”与“撒谎”之争，而是在残酷的现实中，坚守生命至上的道德原则，哪怕不得不暂时牺牲表面上的“诚实”。

这，正是我们面对复杂问题时，必须具备的智慧与勇气。“原则为主，结果为辅”，不仅是处理现实难题的准则，更是上帝赐予人类的智慧与良知。

9-2
堕胎：撕裂美国的伦理问题

在讨论政治时，人们往往更关注经济、战争和外交等“硬核”议题，因为这些领域直接影响国家安全和经济利益。然而，社会议题往往才是压倒骆驼的最后一根稻草，引发社会重大变革，甚至决定国家的未来走向。

以2022年美国中期选举为例，原本许多人预期共和党将掀起一场席卷国会的“红潮”，但结果却大大出乎意料。普遍认为，造成这一结果的关键因素是堕胎问题。就在那一年，美国最高法院推翻了“罗伊诉韦德案”（Roe v. Wade），将堕胎合法化的决定权交还给各州。堕胎议题迅速成为中期选举的焦点，动员了大批自由派选民投票，阻挡了共和党的势头。

堕胎、同性恋、变性等社会议题表面上看是“个人选择”的问题，实际上与基督教的伦理观密不可分。对于许多华人移民而言，这些议题往往显得“隔岸观火，雾里看花”。由于对基督教和圣经的陌生，华人群体很难理解这些社会议题背后的深层伦理逻辑。他们习惯用功利主义的角度看待政治，对堕胎、同性恋、变性等议题抱持“各人做各人的选择，政府不要干预”的态度。

更离谱的是，主流媒体将所有持保守立场的 MAGA（Make America Great Again）基督徒描绘成“极右派”，给他们贴上“仇恨”、“不宽容”、“歧视”等标签，进一步加深了公众的误解与偏见。实际上，这些基督徒并不是极端主义者，而是坚持传统的道德秩序，反对进步主义带来的道德颠覆。然而，受到主流媒体单方面的引导，许多华人群体将MAGA基督徒与极端右翼混为一谈，无法真正理解他们的立场。

因此，在这一章中，我希望以堕胎为例，用普通读者可以理解的语言，深入剖析这个社会议题，带领读者从科学、历史和基督教伦理的视角，理解这些问题背后的深层道德含义。

胎儿在母腹中的发育——生命是个奇迹

所有人都会同意，杀人是死罪。那么问题是，还没有出生、在母腹中的胎儿，是不是人？ 这个问题，我们先从科学的角度来看胎儿在不同阶段的发育。

在3周时，胚胎在受精后的21天就开始出现心跳。此时的心跳可以通过超声波检测到，这也是“心跳法”（Heartbeat Bill）设定法律依据的科学基础。

在6周左右，胎儿的大脑开始出现电波活动。虽然此时胎儿的神经系统尚未完全成熟，但基本的神经反射和大脑活动已开始形成。

到8周时，胎儿的手脚开始形成，并对外界的刺激产生轻微反应。到了10周，胎儿的神经系统更加复杂，可以对疼痛、声音、触觉等外部刺激做出基本反应。

在怀孕12周左右，胎儿已具备基本的痛觉感知能力。这一阶段，胎儿的神经系统进一步发育完善，对外界刺激表现出明显反应，尤其对刺痛和压力产生不适。

15周后，胎儿的神经系统更加完善，不仅能感受到疼痛，还能对母亲的情感和声音产生反应。研究表明，胎儿在15周后已具备所有感知疼痛的必要神经结构，并且能够对外部刺激做出应激反应。

在20周后，胎儿的大脑皮层开始活动，具备初步的意识和记忆能力。此时胎儿可以分辨母亲的声音，并对母亲的情绪变化产生反应。

24周后，胎儿的肺部开始分泌表面活性物质（Surfactant），使肺泡不再塌陷，具备一定的自主呼吸功能。到了25周左右，胎儿的器官功能更加成熟，存活率可达80%左右。虽然早产儿仍需在NICU（新生儿重症监护室）接受长期护理，但存活的可能性大大增加。

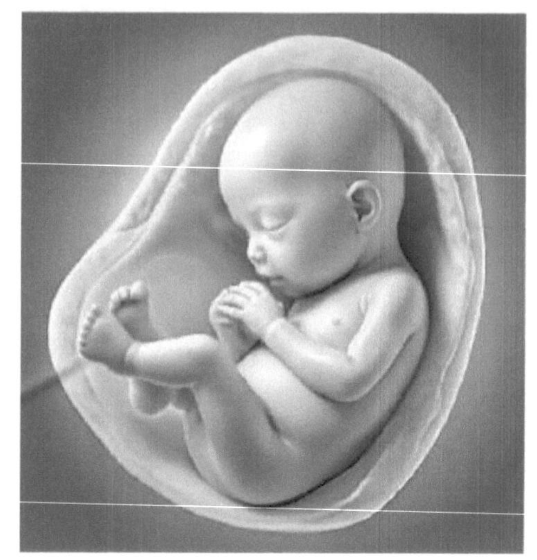
图表 26：24周的胎儿

24周以后的堕胎在美国被称为“晚期堕胎”（Late-term Abortion）。有医学专家指出，在怀孕24周以后进行堕胎时，胎儿经历的痛苦相当于成年人承受极度疼痛的折磨。这一过程不仅残忍杀害胎儿，也对母亲的身体和心理造成不可逆创伤。

调查显示，美国人不分党派，大部分人在了解这些科学事实后，都反对晚期堕胎。然而，主流媒体和学校对胎儿的痛苦绝口不提，只谈论“妇女的堕胎权利”，完全不把胎儿视为一个活生生的生命。事实上，很多州的法律允许晚期堕胎，甚至在直到出生那一刻都可堕胎，这种现象令人痛心。

另一个亟待回答的问题是：在哪一周可以定义胎儿为“人”呢？任何人为定义的“生命开始点”都是主观的、缺乏逻辑基础的，无法经受理性和伦理的考验。事实上，胎儿的发育是一个迅速渐进的过程，没有一个清晰的分界线。

从受精后24小时开始，胎儿的细胞以惊人的速度分裂，3-4天形成桑椹胚（morula），5-6天发展为囊胚（blastocyst），细胞数量迅速增加。8周时，胎儿的细胞已突破 10亿个，并以每小时数百万个的速度持续增长。12周时，细胞数量达 100亿个，大脑神经元以每分钟 25万 的速度生成。24周时，大脑和器官系统基本形成，胎儿具备感知能力。到了足月出生时，胎儿的细胞数已超过100万亿个。

这种惊人的增长速度不仅彰显了生命的复杂性，更是神奇妙创造的明证。

“我未成形的体质，你的眼早已看见；你所定的日子，我尚未度一日，你都写在你的册上。”（诗篇 139:16）

生命是一个奇迹，无论是从科学的角度，还是从圣经的启示，我们都可以明白，胎儿的生命自受孕那一刻便已开始。即使在最微小、最初的阶段，这个生命仍然是神圣的，值得我们用心珍惜和坚定捍卫。

拜偶像与堕胎——杀婴献祭自古就有

过去由于医学技术的限制，杀害母腹中的胎儿并不容易。然而，历史上堕落的人类并未因此放过那些已经出生的婴孩。正是因为婴孩的微小与软弱，他们成了人类历史上最无辜、最惨烈的牺牲品。

旧约圣经中清楚地记载了古代摩洛（Moloch） 崇拜的邪恶行为。摩洛是一位要求活人献祭的偶像，以色列人在背离神的律法之后，竟然仿效周围外邦民族，将自己的儿女“经火献给摩洛”，以换取丰收、财富与权力。这种亵渎生命的行为被神严厉谴责。

“你不可将你的儿女经火献给摩洛，免得亵渎你神的名。”（利未记 18:21）

神多次警告以色列人，不可陷入偶像崇拜的网罗，耶利米书 32:35 更明确指出，以色列人的堕落使他们行了神所“未曾吩咐，也未曾起意”的恶事，将儿女献祭给偶像。

令人痛心的是，古代杀婴献祭的罪恶并未消失，今天只是换了一种更加隐秘、现代的形式。堕胎，作为当今社会推崇的“女性权利”和“身体自主”的象征，本质上是拜“自我”和“欲望”之神。现代人不再把孩子献给摩洛，但他们却为了追求自由、享乐和个人欲望，无情地牺牲尚未出生的胎儿，继续着古代杀婴献祭的罪行。

进一步说，今天的堕胎成为了一种“快感文化”的祭品，女性以“身体自主权”为借口，将胎儿视为累赘，甘愿以堕胎的方式换取无拘无束的生活方式。这种自我中心的文化，掩盖了生命的神圣性，把神赋予的奇迹降格为随时可以抛弃的“选择”。

古今对比，堕胎与拜偶像杀婴的本质并无不同，只是现代人祭拜的偶像，不再是铜制的摩洛，而是人类的“自我”和“欲望”，将胎儿的生命献祭在享乐与放纵的祭坛上。

堕胎的血腥产业：Planned Parenthood的黑暗内幕

美国堕胎行业的幕后推手之一，就是所谓的“计划生育协会”（Planned Parenthood，简称 PP）。这个打着“女性健康”旗号的组织，不仅成为堕胎行业的巨头，还通过巧妙的政治游说，从联邦政府获取了巨额资金。PP 每年从美国纳税人手中拿走大约 6亿美元 的联邦补助资金。这些资金本应用于妇女健康、避孕服务等领域，但事实上，这个组织的主要业务是堕胎手术，并且通过夸大所谓的“女性健康服务”的名义掩盖其罪行。

PP 坚称其提供的“服务”包括性教育、避孕、乳腺癌筛查等，但数据显示，堕胎手术占该组织主要收入来源的很大比例。2019年，该机构执行了超过 34万件堕胎手术，占全美堕胎总数的40%以上。而更令人发指的是，这个组织并不满足于通过堕胎获取利润，他们还通过贩卖胎儿的器官和组织来牟取更大的利益。这一惊天丑闻在2015年被“医学进步中心”（Center for Medical Progress, CMP）曝光，秘密录像显示 PP 的高管讨论如何精确提取胎儿的器官，以便更好地出售给医学研究机构。这一暴行揭示了 PP 的真实面目——一个将无辜生命变成金钱机器的血腥工厂。

联邦资金：政府在资助杀婴

更可怕的是，美国政府的补助资金成了 PP 运营的命脉。虽然《海德修正案》（Hyde Amendment）明文规定联邦资金不得用于直接支付堕胎费用，但 PP 却巧妙地通过“拨款转移”的方式，将这些资金间接用于支持堕胎业务。联邦政府的补助资金为该组织提供了大量的行政费用和设施维护资金，从而间接为堕胎提供了支持。每一个纳税人的钱，都在无形中被用来助长这个堕胎巨头的罪恶事业。

2025年4月，川普政府已扣留 Title X 项目中分配给9个 PP 分支机构的资金，共计约 2,060 万美元，约占该项目总预算的四分之一。这一资金冻结措施迅速造成冲击，包括犹他州和密歇根州在内的多个地区已有诊所宣布关闭。

堕胎手术的残酷性：血腥的“医疗”过程

堕胎行业不仅是金钱机器，更是一个践踏生命、毫无人道的血腥屠宰场。堕胎手术的残忍程度，超乎大多数人的想象。堕胎通常分为药物堕胎和外科手术堕胎两种。药物堕胎使用的米非司酮（Mifepristone）会阻断孕激素供应，使胚胎无法生存，然后通过米索前列醇（Misoprostol）促使子宫收缩，将胎儿排出。即便是这种“非侵入性”的堕胎，也会导致女性在家中承受数小时的剧烈疼痛和大出血，胎儿被排出的景象惨不忍睹。

这些情节在电影《未曾计划》（Unplanned）中都有极其真实而震撼的展现。这部影片改编自美国堕胎诊所前主管艾比·约翰逊（Abby Johnson）的真实经历，她曾亲眼目睹无数堕胎过程，并协助进行了超过两万起堕胎手术。然而在一次超声引导下的中期堕胎中，她看到胎儿挣扎逃避器械的画面后，彻底崩溃并决定离开计划生育协会（Planned Parenthood）。影片深刻揭露了堕胎行业的黑暗内幕，也展现了女性在堕胎后所承受的身心创伤。

而更为残酷的是外科手术堕胎，尤其是妊娠中期和后期的手术。中期堕胎通常采用扩张与刮宫术（D&E），医生会使用钳子将胎儿的肢体一一撕碎，然后取出头骨。这种手术不仅对胎儿极其残忍，还对母体造成巨大创伤。更令人发指的是“活产堕胎”（Partial-birth Abortion），在这种极端的堕胎过程中，胎儿几乎完全娩出时，医生会刺破婴儿的后颅部，吸取脑髓，让婴儿在痛苦中死去。

“母亲生命危险”的神话：被极端夸大的理由

堕胎的支持者常常将“母亲的生命危险”作为合法化堕胎的理由，声称堕胎是“保护母亲健康”的必要手段。然而，真实数据却证明这种说法完全是谎言。根据美国妇产科医师协会（ACOG）的统计，因母体生命危险而进行的堕胎手术的比例极低，占所有堕胎案例的不足 1%。绝大多数堕胎，并不是因为母亲生命受到威胁，而是因为未婚先孕、经济困境、或个人选择。事实上，大多数堕胎的动机是为了“方便”，是因为受到宣传、缺乏责任感、或担心孩子影响前途。这种对“母亲生命危险”的过度夸大，成为堕胎合法化的遮羞布，为血腥的杀婴行为提供了看似“正义”的理由。

“未婚先孕文化”与堕胎的产业链

更深层的问题在于，美国的娱乐媒体、教育体系和流行文化从小就在性化（Sexualize）儿童，使青少年误以为在青春期发生性行为是“正常的”、“成熟的”表现。近年来，好莱坞电影、流行音乐、社交媒体等渠道不断向青少年灌输“随意享乐”、“性解放”的观念，导致越来越多的年轻人缺乏对性行为后果的认识，进而导致未婚先孕的情况激增。而 Planned Parenthood 等堕胎机构正是靠着这种放纵文化获得了源源不断的客户。

不仅如此，美国的公立学校还强制推行“全面性教育”（Comprehensive Sex Education），不仅教授孩子避孕，还在儿童尚未成熟的年纪向他们灌输 LGBTQ+、多性伴侣、变性等思想。这些课程通过“性别流动性”、“性探索”的概念，让孩子们误以为不论年龄大小，性行为都是“个人选择”。这种性解放的观念直接导致了青少年性行为的激增，也为堕胎机构培养了下一代客户群体。

结语

现代自由主义高举“个人选择”的旗帜，将“个体意志”置于道德律之上，宣扬所谓的“自我解放”，却完全忽视了传统的道德秩序。特别是当基督教信仰被抛弃，自由主义就不可避免地堕落为随心所欲，将整个社会引向毁灭的边缘。

堕胎不是“女性的选择”，而是现代版的“献婴祭”。Planned Parenthood 以及整个堕胎产业，通过操控政府资金、操纵媒体文化、歪曲“女性自主权”的概念，将美国社会一步步推向堕落的深渊。这一切的背后，是邪灵通过“性解放”、“身体自主”等口号，将人类带入悖逆的道路。

> **“凡流人血的，他的血也必被人所流，因为神造人是照自己的形象造的。”（创世记9:6）**

美国若继续在这条亵渎生命的道路上走下去，终将无法逃避上帝公义的审判。

9-3
非法移民与选举诚信：亡国的一盘棋

美国的非法移民问题自2021年拜登上台以来，以一种有计划、有预谋的方式持续恶化。超过两千万的非法移民涌入南部边境，形成了严重的边境危机。这是什么概念？这相当于美国人口在短时间内骤增了6%到8%，也等同于一个越南（约1亿人口）突然整体涌入中国，这种突如其来的规模变化给社会治理、资源配置和文化认同带来了前所未有的冲击与压力。

仅在 2021年，美国边境巡逻队就逮捕了超过 250万名非法移民，这一数字在 2022年 和 2023年 继续攀升，创下历史新高。这些非法移民不仅对社会、经济和公共资源 造成巨大压力，还直接威胁到国家安全与法治秩序。

然而，非法移民的影响远不止于此，更深层次的危机在于它对选举诚信（Election Integrity） 的巨大威胁。由于缺乏严格的选民身份认证和选民名单清理机制，大量非法移民可能在不知情的情况下被错误登记为选民，其身份信息被盗用，用于填写并投递邮寄选票，非法参与了选举过程。此外，由于人口的增加，非法移民还间接增加了民主党控制州在国会的席位，进一步改变了美国的政治格局。这种现象不仅扭曲了选举结果，还严重侵蚀了美国民主制度的根基。

非法移民与选举诚信的关联，不仅关乎国家主权与法治，更直接决定着美国未来的民主、公平与正义。一旦选举诚信被破坏，民主制度将失去其公平性和合法性，国家将陷入无法挽回的混乱与分裂。

边境危机的开端：拜登废除川普边境政策

2021年1月20日，拜登总统上任的第一天，迅速推翻了川普政府实施的多项边境安全与移民控制政策，直接导致了边境危机的恶化。首先，拜登终止了“留在墨西哥”政策（MPP），让原本必须在墨西哥等待庇护申请结果的移民可以进入美国境内等待审理。许多非法移民在进入美国后“人间蒸发”，形成了庇护制度的漏洞。

拜登还立即停止了边境墙的建设，大幅削弱了边境安全防线，让毒贩、人贩子和非法移民得以大规模涌入。同时，他取消了“公共负担规则”，允许潜在的公共福利依赖者获得绿卡和入籍，这为非法移民打开了进入美国福利体系的大门。

此外，拜登恢复了“捕获后释放”（Catch and Release）政策，使非法移民在等待庇护结果期间可以被释放进入美国。这一政策导致大批非法移民逃避追踪，形成长期滞留的隐患。

图表 27：拜登执政之间，美国南部边境涌入了大量非法移民。

拜登政府的这些政策调整不仅直接导致非法移民人数激增，还对美国的国家安全、选举诚信和社会资源构成了巨大威胁。短短四年内，美国南部边境涌入了超过几千万非法移民。这是一场有计划、有目的的亡掉美国的大棋。

非法移民的激增：对社会与经济的巨大冲击

非法移民的激增对美国的公共资源造成了巨大的压力，特别是在医疗、教育、住房、福利 等关键领域。根据美国移民改革联合会（FAIR） 的数据，非法移民每年给美国纳税人带来的财政负担高达1500亿美元。这些费用主要用于紧急医疗服务、公共教育、社会福利和刑事司法系统。

医疗体系 首当其冲，非法移民享受紧急医疗服务，但由于无法支付医疗费用，这些负担最终落在了美国纳税人身上。2019年 的数据显示，仅加州为非法移民提供的医疗费用就高达 10亿美元，而在拜登政府扩大对非法移民的医保覆盖之后，这一数字还在持续上升。

教育系统 也不堪重负，大量非法移民儿童涌入公立学校，迫使地方政府增加教育经费，同时导致教学质量下降。根据美国教育统计中心（NCES） 的报告，非法移民儿童的教育成本每年超过 600亿美元，这些经费本应用于改善美国本土学生的教育资源。

美国政府效率部（DOGE）最近发现，2024年在社会安全号数据库里面增加了几百万非法移民，这些人有了社会安全号以后可以享受到美国联邦政府提供的各种福利，而同时我们有成千上万的退伍军人还睡在大街上。

因此，住房与福利体系面临严峻挑战，非法移民的大量涌入加剧了低收入群体的住房危机，同时挤占了本应给予美国公民的福利资源。许多低收入家庭因为福利资源被分配给非法移民而陷入更深的贫困中，加剧了社会分裂，使底层公民的生活更加艰难。

非法移民的激增不仅造成了经济压力，还严重威胁到了社会治安。由于边境政策的放松，毒品、人口贩卖、暴力犯罪 等问题迅速蔓延。大量毒贩趁机将芬太尼（Fentanyl） 等致命毒品大规模走私进美国，导致美国毒品危机进一步恶化。据美国缉毒局（DEA） 数据，仅在 2022年，从墨西哥走私入美国的芬太尼就足以杀死 3亿人，而这些毒品的来源大多与非法移民的跨境活动密切相关。

人口贩卖 的现象同样令人触目惊心。根据美国国土安全部（DHS） 的数据，每年有数千名妇女和儿童通过非法移民的渠道被贩卖进入美国，成为性剥削的受害者。人口贩卖集团利用边境开放的漏洞，将无辜的人口作为商品进行交易，给美国社会带来了道德和人道主义的灾难。

此外，大量未经过背景调查的非法移民涌入美国，他们中许多人携带犯罪前科，对社区安全构成巨大威胁。根据德克萨斯州公共安全部 的统计数据，近年来被逮捕的非法移民中，有相当一部分曾经犯下重罪，包括谋杀、强奸、性侵、毒品交易等恶性犯罪。犯罪率的上升导致社区安全感下降。

非法移民的伦理问题

在与朋友的交流中，我常常听到这样的话："我们都是移民，为什么要反对非法移民？" 还有人说："他们已经在这里工作和生活了很多年，大部分人并不是坏人。"这些观点听起来似乎充满同情和善意，但当我们深入分析这些论点时，会发现这些想法虽然出自好心，却忽略了更深层的伦理原则问题。

在面对复杂的社会议题时，我们不能仅凭情感做出判断，而必须回到伦理学的基本原则。伦理的首要核心，是对秩序与正义的尊重。边界是国家主权与社会契约的象征；若连合法与非法都无法区分，所谓的"爱"就会滑向纵容，最终伤害的，是守法者的尊严和国家的正义。

1. "我们都是移民，为什么要反对非法移民？"

首先，我们必须明确一个关键的区别：合法移民与非法移民是不同的概念。 合法移民是遵循法律程序，经过审查、获得批准、持合法签证进入美国的人。他们来美国的一个主要原因正是因为美国是一个有着法治文明的国家。而非法移民则是绕过法律程序，未经授权进入美国，不仅破坏了法律秩序，还剥夺了那些遵循合法程序、耐心等待多年的人进入美国的机会。大量的非法移民还会被犯罪集团利用做走私毒品和人口贩卖。

2. “他们已经在这里工作和生活了很多年，大部分人不是坏人。”

有人认为，非法移民已经在美国生活多年，他们勤劳工作、融入社区，“并不是坏人”，因此我们不应驱逐他们。确实，不可否认，大多数非法移民勤劳善良，并非罪犯，但伦理问题不能仅仅以“好人”或“坏人”来衡量。“一个人的好坏”并不能成为违反法律的正当理由。违法行为本身就是错的，即使动机是善良的，也不能为非法行为洗白。另外，最近来的大量的非法移民没有工作机会，靠福利和纳税人的钱住在酒店里面，是政府造成的危机。

3. “这是一个给他们传福音的好机会。”

许多基督徒提出一个善意的观点：“非法移民来到美国，是神给我们传福音的机会。” 确实，耶稣教导我们要“广传福音”，但并不意味着纵容罪恶或忽视法律秩序。 我们当然可以向非法移民传福音，帮助他们了解神的爱和救赎，但这并不意味着我们应当支持他们违背法律的行为。“我们不可故意犯罪，叫恩典显多。”（罗马书 6:1-2）。

4. “圣经教导我们要爱人如己。”

“爱人如己”确实是耶稣基督对我们的重要教导，但爱必须与真理并行，而不是与罪妥协。 爱人如己不是纵容违法，不是让非法行为成为合法的特例。我们必须明白，真正的爱并不是纵容犯罪，而是引导人们回到神的正义之道。“爱是不喜欢不义，只喜欢真理。”（哥林多前书 13:6）

另外，“爱人如己”不仅仅意味着帮助陌生人，还意味着保护自己的家庭和社区。我们有责任保护家人免受伤害，不让罪恶侵入我们的家园。在2022财政年，美国移民与海关执法局 (ICE)逮捕了约143,000名非法移民，其中约86,000人有犯罪记录（包括逮捕和定罪）。这些犯罪包括暴力犯罪（如谋杀、袭击）、性侵、强奸和人口贩运。允许非法移民大规模进入，不仅是对法律的不尊重，更是对美国合法居民、妇女和儿童安全的巨大威胁。

5. 非法移民对社会和合法移民的不公

非法移民的存在也给美国社会带来了严重的不公平。许多合法移民等待多年，遵循所有的规定，缴纳巨额费用，才得以获得合法身份。而非法移民通过违法手段进入美国，却在某些情况下获得了与合法移民同样的待遇，这对那些合法守法的移民极为不公。此外，非法移民大量涌入，还对美国的医疗、教育、福利等公共资源造成沉重负担，间接剥夺了本地合法居民和退伍军人的权益。

选举诚信面临的威胁：非法移民如何影响选举

近年来，美国选举诚信面临着前所未有的威胁，其中最严重的隐患之一便是非法移民对选举结果的潜在影响。表面上看，美国的民主制度建立在全民投票和选举公正的基础上，但随着非法移民问题的日益严重，选民登记、选举诚信和选票安全正被一步步侵蚀。这一威胁不仅危及选举的合法性，更可能导致整个民主制度的崩溃。

非法移民与选民登记的灰色地带

非法移民之所以能够进入美国选民体系，部分原因在于“自动选民登记法案”（Automatic Voter Registration, AVR）的推行。AVR的初衷是为了方便合法公民登记投票，但在一些州，这一机制却成为非法移民进入选民名单的便捷通道。通过申请驾驶执照、社会福利或其他政府服务时，许多非法移民在不知不觉中被错误地登记为选民。

比如麻州自 2018年 开始实施自动选民登记法案，该法案规定，凡是在麻州机动车管理局（Massachusetts Registry of Motor Vehicles, RMV） 申请驾照或更新身份证的人，都会自动进入选民登记系统，除非他们主动选择退出（opt-out）。由于默认值是将申请人登记为选民，而相关选项仅以不起眼的小字呈现，许多人在申请或更新驾照时，在不知情的情况下被自动注册为选民。

2022年6月，麻州议会通过了“工作与家庭流动法案”（Work and Family Mobility Act），该法案允许非法移民申请驾照。尽管时任麻州州长查理・贝克（Charlie Baker）试图否决该法案，认为该法律可能导致非法移民误入选民系统，但在民主党占多数的州议会中，这项法案最终通过，并于2023年7月1日正式生效。这一政策直接打开了非法移民进入选民系统的大门。

根据公民记者 Mike Urban 的报导，仅2022年，麻州就出现了超过 750,000条选民登记错误（如重复记录、已迁移或已故选民未注销等）。这样的庞大数字意味着大量无效或不当选民可能留在名单上，给选举诚信带来巨大漏洞。

无证移民投票的漏洞：身份核查的缺失

由于美国许多州缺乏严格的选民身份认证（Voter ID）机制，非公民投票已经成为一种现实威胁。尽管一些州尝试推行选民身份证制度，以确保只有合法公民才能投票，但在民主党极左派的阻挠下，这些政策往往无法得到有效执行。许多州的选举官员拒绝执行严格的身份核查规定，导致非法移民可以轻松冒充合法选民进入投票站。

在2020年总统大选 期间，亚利桑那州和乔治亚州等关键摇摆州的选民名单管理引发了巨大争议。据报道，亚利桑那州 的马里科帕县（Maricopa County） 进行的审计发现，有超过 11,000名非法选民参与了投票，其中包括非法移民、非公民 和其他不具备投票资格的个人。

同样，在乔治亚州，司法监督组织 Judicial Watch 在2021年提出诉讼，指控乔治亚州的选民名单中存在 超过10万个不符合资格的选民记录，包括搬离州外的人、死亡人员以及潜在的非法移民。这些名单未能及时清理，为非法移民和无资格者提供了潜在的投票机会。

大规模选民欺诈的风险

非法移民投票不仅仅是个别现象，更可能在大规模操作下影响选举结果，导致整个民主制度的崩溃。在一些关键的摇摆州，选举结果往往取决于微弱的票数差距，哪怕只有一两个百分点的变化，也足以改变选举的最终结果。而非法移民的投票，正可能是左右这种微妙平衡的决定性因素。

根据皮尤研究中心（Pew Research Center） 的数据，美国有上千万非法移民，其中许多人已经通过各种手段进入了选民系统。即便只有其中1%的非法移民参与投票，在关键州就可能带来数万张非法选票，这对于任何选举而言，都是一个足以改变结果的数字。

在许多情况下，非法移民本人并没有参与投票，而是因为他们的选民登记信息被滥用，产生了大量邮寄选票，这些选票在他们不知情的情况下被用于投票。 大量的邮寄选票可以被批量打印，并分期分批地投入投票箱，导致选举结果被操控。

这一现象在纪录片《2000头骡子》（2000 Mules） 中被曝光，影片提供了投票点的监视录像作为证据，揭示了邮寄选票被系统性滥用的惊人事实。

更危险的是，民主党正在通过支持非法移民政策，为自己培养一个潜在的“票仓”。这些非法移民一旦被允许投票，将成为民主党的铁杆支持者，从而在未来几十年内改变美国的政治版图。民主党极左派深知，非法移民是他们维持权力的重要工具，因此他们不惜阻挠任何形式的选民身份认证措施，甚至将“清理选民名单”的行为污名化为“压制选民权利”。

美国选举舞弊的常态

很多人以为美国的选举体系非常安全、成熟，几乎不可能出现大规模舞弊。然而，事实却并非如此。过去二十年来，美国的政治极化日益严重，尤其是在民主党控制的媒体、教育体系和文化领域的长期洗脑下，许多左派人士被灌输一种危险的观念——“共和党人是恐怖分子”，甚至将川普与希特勒相提并论。在这种“结果导向的伦理”（Consequentialist Ethics）驱使下，他们相信“阻止希特勒上台”比维护民主制度更重要，因此，为了达到这个“更高的目标”，选举舞弊不仅是可以接受的，甚至被视为“道德的必要”。

在这种扭曲的道德观念影响下，选举舞弊在过去二十年里已成为一种“常态化”现象，远非主流媒体所宣称的“个别事件”。根据传统基金会（Heritage Foundation）提供的“选民欺诈数据库”（Voter Fraud Database），过去二十年中，美国各州已经有1000多起经法院判决定罪的选民欺诈案件，这些案件覆盖了选举舞弊的各个方面，包括非法投票、选票篡改、选民冒名顶替、邮寄选票欺诈等。令人震惊的是，这些案件不仅发生在关键摇摆州，而且在许多长期由民主党主导的州也屡见不鲜。

值得注意的是，虽然数据库中并没有明确统计涉案人员的党派背景，但大量的选民欺诈案件发生在民主党控制的地区，并且受益方往往是民主党候选人，这已经不是“偶然现象”能够解释的了。民主党在选举中使用各种不正当手段获取政治利益的案例层出不穷，从“幽灵选票”（Ghost Voting）到“收割选票”（Ballot Harvesting），再到“邮寄选票欺诈”（Mail-in Ballot Fraud），这些舞弊手段已经形成了一条完整的“地下选举产业链”，彻底颠覆了美国原本以诚信和透明为基石的民主制度。

非法移民如何改变美国政治版图

美国的国会席位分配基于每十年一次的人口普查（Census），根据人口变化调整众议院的435个席位。虽然只有美国公民 才有资格投票，但人口普查 统计时却将所有人口（包括非法移民、绿卡持有者和其他非公民）都计算在内。这意味着，无论一个州有多少非法移民，这些非公民的人口都会被纳入计算，从而影响众议院席位的重新划分。这种做法严重扭曲了美国的政治版图，使得非法移民高度集中的州不仅在众议院获得更多席位，还在总统选举中增加了选举人票的权重。

比如，加州是非法移民的首选目的地，全美大约 27% 的非法移民居住在加州。根据皮尤研究中心（Pew Research Center）的统计，加州拥有 220万非法移民，这些人口虽然无法投票，但他们的人数在重新分配国会席位时被计算在内。过去几十年，加州一直保持着 53个众议院席位 的规模，而其非法移民为其增加了至少 4-5个选举人票，这在总统选举中给予了民主党巨大的优势。

结语

非法移民问题并非孤立的社会现象，而是民主党政府精心策划的一盘大棋，目的是逐步侵蚀美国的主权，将这个曾经自由独立的国家引向全球主义的深渊。通过大规模引入非法移民，不仅改变了美国的人口结构，还为民主党培养了未来的“票仓”，确保其在未来几十年内继续掌控政治权力。

如果不是川普的回归，美国无疑将走向亡国的不归路。 川普明确表示，他的使命不仅是让美国再次伟大，更是要阻止深层政府对美国主权的侵蚀。他的责任是重新恢复边境安全，建立法律与秩序，并重建选举诚信。

9-4
华人政客专宰华人：华人该如何投票

中国有句俗话，叫“专宰熟人”——意思是，有些人做保险、代购、理财生意，最先“收割”的往往就是亲戚朋友，不仅不讲清楚条款，甚至把风险全部转嫁给熟人。用这句话来形容当今某些华人政客的表现，可谓再贴切不过。

在美国政坛，华人议员、市长的身影并不少见，但令人痛心的是，部分当选后的华裔政客，并未积极为华人争权益、护家园，反而频频成为推动损害华人利益政策的急先锋。从加州 SCA5 试图剥夺亚裔学生的公平升学机会，到立法削弱家长对子女教育的决定权；从纵容毒品合法化、支持“无现金保释”政策，造成华人社区治安恶化，到在议会中投票支持提高税负、鼓励非法移民——这些政策背后，竟然常能看到“自己人”的名字。

我们必须认真追问：华人政客，真的代表华人吗？投票给一个“长得像我们”的候选人，就意味着他会维护我们的价值与利益吗？

华人政客的崛起

在当今北美的政治舞台上，华人政客的身影越来越频繁地出现在聚光灯下。无论是在联邦层级还是地方政府，华裔参政者的数量均有显著增长。例如，波士顿市长吴弭（Michelle Wu）便是一位引人注目的华裔政客。她不仅是波士顿历史上第一位亚裔市长，也是首位女性担任此职，标志着华人已从传统的政治边缘，跃升至美国重要城市的权力核心。在加拿大，多伦多等地也陆续出现了华裔市长与市议员，显示出华人在北美政坛的影响力正从象征意义走向实质性参与。

在美国国会层面，根据国会亚太裔小组（CAPAC）及相关公开数据，目前约有22位亚太裔担任联邦议员，其中约有5至7位具华裔背景。尽管尚无华裔参议员，但在众议院中，朱迪·楚（Judy Chu）自2009年当选以来已多次连任，成为国会中最资深的华裔代表之一。在州级政治中，亚太裔州议员超过40位，其中华裔比例也颇为可观，特别是在加州表现尤为突出。这一趋势显示，华人在传统上被视为“非主流”的政治族群中，正迅速崛起。

这一现象反映出美国作为机会平等、多元开放国家的制度优势。华人通过教育、勤奋和积极参与，得以跻身主流政治圈，这是“美国梦”的真实写照，也是一项值得肯定的成就。然而，更值得我们深思的是：这些政治代表的增加，是否真的代表了广大华人群体的声音与核心利益?

政治代表不应是基于血缘的投票结果，而应是基于价值认同的责任托付。 如果一位华裔政客当选后，反而积极推动削弱华人家庭、破坏社区安全、损害子女教育前途的政策，那么他顶多只是“披着华裔外衣的左派代言人”。尤其值得警觉的是，这些在主流政坛活跃的华裔政客几乎清一色来自民主党。他们的政策立场，常常与华人传统文化中重视教育、守法、家庭伦理和个人奋斗的价值观背道而驰——从削弱家长对子女教育的知情权、放宽非法移民政策，到推动教育配额、削减执法资源，他们大多紧随民主党极左路线。

教育上的“亚裔惩罚”

在教育公平方面，“亚裔惩罚”（Asian Penalty）已成为不争的事实。最新的研究与司法案件揭示，亚裔学生在大学招生中面临系统性的不公。2023年，美国国家经济研究局（NBER）的一份报告显示：在SAT、GPA、课外活动等条件相同的前提下，亚裔学生被顶尖大学录取的概率比黑人学生低约25%。尤其在常春藤盟校，这种差距更加明显。更严重的是，“个性评分”等主观标准常被用来压低亚裔学生的综合评估，而这类评分缺乏透明度，极易受种族偏见左右。

更早期的研究也早已指出这种不公。2005年，普林斯顿大学的学者 Thomas Espenshade 发现，在同等条件下，亚裔申请者在名校中相当于“被扣分50到100分”，而黑人则获得+200至+230分的加分。2023年哈佛招生歧视案中披露的证据更清楚地表明，尽管亚裔学生在学术与课外活动上表现优异，但在“个性评价”环节屡屡被打低分，录取率因此显著偏低。

令人遗憾的是，在推动不公平政策的立法与辩护过程中，一些华裔政客不但没有为亚裔争取公平，反而站在压制公平的一边。2014年，加州曾提出SCA5议案，旨在恢复大学录取中的种族因素。该法案若通过，将直接取消以成绩为主的录取标准，对亚裔学生构成重大打击。而加州华裔参议员余胤良（Leland Yee）、刘云平（Carol Liu）及台裔参议员刘云达（Ted Lieu）竟然在参议院投票支持。后来但因亚裔社区强烈反对，三人随后联合要求暂停该法案。这说明亚裔选民一定要发声，不能成为政治上的“哑裔”。

从伦理角度看，教育制度应以原则为主，结果为辅。我们应该反对一切形式的种族歧视，支持“择优录取”作为最基本的公平原则。个人的背景、文化与努力应决定教育机会，而不是肤色或族裔标签。 **Affirmative Action（平权政策）本可以作为短期的历史修复工具，但若没有清晰的期限与检讨机制，最终会演变成制度化的新型歧视。**

我们必须坚持这样的底线：平权政策可以有，但必须有明确的期限和目标。一旦它伤害到其他群体的公平权利，就应当及时纠正、甚至终止。

只有这样，我们才能守住教育制度的公正与道德底线，让所有孩子都能以自己的才华与努力赢得应得的机会，而不是在身份政治的阴影下被扭曲命运。

治安问题——反亚裔歧视的虚伪

在治安政策上，许多左派政客大力推动“去警察化”（Defund the Police）和“无现金保释政策”（No Cash Bail）等激进立法，声称是为“社会公平”而努力，实则却严重破坏了法治秩序，直接导致犯罪率飙升。受害最重的，往往不是所谓的“弱势群体”，而是那些安分守己、不擅长自卫和爱在家里存放现金首饰的亚裔社区。特别是在2020年黑命贵运动后，从旧金山到纽约，亚裔商铺频遭打砸抢烧，长者无故被攻击，几乎每周都有新案件登上新闻头条。更令人震惊的是，许多施暴者在被捕后不久即因“无现金保释政策”而获释，复犯率极高，居民惶惶不可终日。

2021年11月9日，芝加哥大学24岁的中国留学生郑少雄（四川乐山人）在校园附近人行道上遭持枪抢劫并被枪杀。凶手奥尔顿·斯潘（Alton Spann）是一名19岁的非裔惯犯，早有前科，曾因持械抢劫和劫车被定罪。这一次，他在抢劫郑的笔记本电脑时开枪杀人，随后仅以100美元将电脑典当换钱。该案揭示了芝加哥南区治安恶化、枪支暴力频发以及青少年犯罪泛滥的严峻现实。

然而，更令人寒心的是，一些华裔政客并未为社区发声，反而在左派抗议浪潮中站队极端分子，为削弱警力辩护，将“政治正确”凌驾于选民生命安全之上。2022年，一位中国留学生在波士顿地铁上遭一名非裔男子持续辱骂数分钟，充满赤裸裸的种族歧视。多位乘客拍下视频上传网络。我亲自将此视频提交波士顿警察局及吴弭（Michelle Wu）市长办公室，要求查明责任、避免类似事件重演。但多次联系均未获任何回应。

这种沉默并非偶然，而是因为这起事件“不符合左派叙事”。若施暴者为白人，受害者为黑人，第二天恐怕就会登上全国头条，市长会亲自发声，组织记者会。但当受害者是亚裔，施暴者是非裔，便被“系统性忽略”。吴弭市长曾因举办“无白人参与”的圣诞派对而受到舆论质疑，在亚裔遭遇真实歧视时却冷漠回避，这种“双标”并非偶然，而是选择性的政治失明。

更令人失望的是，我将此事件也举报给了美国三、四个主要的反亚裔歧视组织，并附上视频证据，结果竟无一回应。这些组织并非真正在维护普世正义，而是在维系一种政治叙事：只有“白人压迫少数族裔”才值得谴责，“黑人施暴”则被视而不见。

在这样的意识形态操控下，华人成了美国“文化大革命”中的新牺牲者——不符合左派“种族正义”标准，就无权发声，无权被保护。这不是反歧视，而是一种戴着“正义”面具的全新压迫。

家长权利——边缘化亚裔父母

在家长权利方面，形势同样令人忧虑。不少华裔民主党政客追随左派极端性别意识形态，公开支持“家长无知情权”（Parents Don’t Need to Know）。他们主张公立学校可以在未经父母知情或同意的情况下，提供性别认同辅导，甚至进行激素干预或引导性别转变。这类政策打着“多元包容”的旗号，实则将父母从孩子教育与人格成长的核心环节中排除。

对华人家庭而言，这是对传统伦理根基的严重冲击。我们向来重视父母的教养责任，把子女的身心健康视为最高使命。但现在，学校与政客却视父母为“潜在威胁”，剥夺他们对子女教育的知情权与决策权。

令人痛心的真实案例并非罕见。一位华人母亲讲述她的儿子进入大学后，受校园“性别流动”文化影响，短短一年便开始穿戴女性服饰，并在未告知家人的情况下自认“女性”。当母亲察觉时，一切已无法挽回。此外，越来越多华裔青少年在校园中被“鼓励”接受性别表达自由，却未被告知这种转变可能引发的心理冲突、伦理疑惑和家庭裂痕。

在政策层面，不少华裔议员也在推动这类变革。例如，2024年，华裔议员 Ted Lieu 在联邦层面支持减少家长对未成年性别决策的干预；在州一级，加州通过的 Assembly Bill 1955 和 School Success and Opportunity Act（AB 1266）等法案，明确禁止学校在学生改变性别认同（如更换代词、使用新名字）时告知父母。这些华裔议员的投票与倡议，让亚裔父母在孩子教育与成长中被制度性边缘化。

这些极端意识形态披着“自由”的外衣，实则是对父母权利和孩子成长环境的深度干预与破坏。如果我们放任此类政策继续推进，下一代将不再理解什么是性别、家庭和责任。

经济上华人中产负重前行

在经济政策方面，许多华裔政客普遍追随民主党的高税收、高福利路线，打着“公平分配”的旗号，实则不断加重中产阶层，尤其是华人中产的税收压力。讽刺的是，华人中产阶层恰恰是这个国家“纳税最多、受益最少”的群体。他们勤奋工作、注重教育、节俭持家，却因“不够穷”而被剥夺各种福利；又因“没有特权身份”而得不到政策倾斜，最终在通货膨胀和生活成本飙升的夹击下进退两难。

这种经济制度的最大受益者，往往是那些长期依赖福利、缺乏纳税义务的群体。而高福利政策的长期后果，已在美国底层城市社区显现得淋漓尽致。以黑人社区为例，过去数十年的福利制度，尤其是对单亲母亲的持续补助，直接导致家庭结构的系统性崩解。

1960年代之前，黑人家庭的婚姻率与白人相差无几，绝大多数孩子在双亲家庭中成长；但今天，近70%的黑人儿童在无父亲陪伴的家庭中出生和成长。这种结构性的父爱缺失，带来了教育退化、青少年犯罪激增、毒品泛滥与贫困代际延续等严重后果。

这些现象，并非源于种族特性，而是由于制度设计鼓励父亲逃避责任。正如著名保守派经济学家托马斯·索威尔（Thomas Sowell）指出："福利制度可能是导致黑人家庭瓦解的最主要原因。"

如果华裔政客真正关心社区的长期利益，就应当倡导减税、鼓励创业、保护财产权与自由市场秩序，而不是盲目追随"大政府"思维，将辛勤纳税者当作提款机。他们应该成为争取制度公义、为下一代创造上升通道的守望者。

毒品政策——"人道"外衣下的文化灾难

最后，在毒品政策方面，不少民主党华人政客也毫无例外地紧随左派步调，积极推动毒品合法化，在大麻问题上尤为积极。在他们主政或支持下，如加州、马萨诸塞州等民主党主导的州，已全面开放娱乐性大麻，甚至开始尝试设立所谓"安全注射点"，允许吸毒者在政府监管下注射更强效的毒品，理由竟然是"减少感染风险"、"保护吸毒者的生命权"。

这些政客将此类政策标榜为"进步"、"包容"、"人道主义"的体现。他们辩称："在外买大麻不安全，不如政府监管"、"街头注射危险，不如设立干净的注射室"。这种说法听上去充满"关怀"，实则是对公共伦理与治理责任的彻底背离。政府的职责不是协助人民"更安全地上瘾"，而是引导他们走向责任、自律与健康。

对华人社区而言，这种"进步政策"是文化和道德的双重灾难。我们的文化传统强调克己、勤奋、节制，对毒品更是零容忍。**我们尊重自由，但绝不把放纵视为解放；我们珍惜生命，拒绝把自毁当作权利**。那些戴着"华人代表"标签的政客，在大麻合法化议题上却甘当先锋，完全无视长辈一代的忧虑，也漠视下一代在宽松氛围中堕落的风险。

越来越多华人家庭反映，大麻在校园中已变得唾手可得，孩子们被误导、被诱惑，甚至染上瘾癖。而校方和政府却以“合法”为由推诿责任，对毒品问题不闻不问。谁来为此负责？是谁将孩子们置于如此危险的环境中？

真正有良知、有担当的政治代表，不会为了迎合“进步”标签而牺牲青年的未来，更不会将吸毒权包装成“人权”。我们不需要会说中文、姓李或姓陈的政客——我们需要愿意捍卫社区健康、保护家庭价值、对孩子生命负责的公共领袖。

为什么华人政客背离华人利益？

许多华人政客在美国土生土长，接受的是美国过去几十年逐渐左倾的教育体系。他们一口流利英语，熟悉政治技巧，却对立国精神与伦理基础知之甚少。事实上，这一现象既反映了美国精英教育的“去历史化”倾向，也暴露出华人社区在政治选择上的盲点。许多选民高 IQ 却低 PQ（政治智商），常常只看重候选人的学历、形象和族裔背景，却忽视了其政治立场与价值取向。

美国建国的核心并非血缘或文化认同，而是对“自然权利”的信仰——即上帝所赐不可剥夺的人权。新教伦理强调人的堕落本性，因此必须通过有限政府、法治制度和公民责任来约束权力、保障自由。然而，许多华人政客却缺乏这种思想根基。他们并不敬畏自然法，也不了解为何宪法之下必须有道德信仰作基础。他们将政府视为“万能父母”，习惯用行政命令代替社会责任，用政策补贴掩盖家庭与教育的崩塌，最终落入“高税收，高福利”的大政府陷阱。

更严重的是，现代美国政治高度极化，民主党内部已被激进左派把持，“多元、公平、包容”的口号日益成为绝对政治正确。当华人政客进入民主党体系，往往面临极大的同化压力。为了获得党内支持与资源，他们不得不表态、站队，放弃价值、迁就舆论，从而一步步沦为“多元叙事”的工具人。这也解释了为何我们常见到一些华人议员，在“去警察化”、“无现金保释政策”、“性别自定”等议题上表态极其激进，却对华人社区的传统价值和现实痛点闭口不谈。

说到底，这是伦理原则的缺失所致。没有坚实的信仰与道德勇气，政客就只能随着政治风向起舞。而这对华人社区而言，意味着选出来的不是代表，而是打着“我们的人”旗号的墙头草。我们不能再满足于肤色认同，而应要求价值认同。唯有如此，华人参政才有真正的意义，华人群体也才能在美国公共生活中赢得应有的尊重。

华人投票该怎么投？从伦理原则出发

长期以来，华裔在美国政治中被视为“沉默的大多数”，其中一个重要原因是投票率普遍偏低。根据皮尤研究中心的数据显示，在2020年美国总统大选中，亚裔选民的投票率为59%，显著低于白人（71%）和黑人（63%）。这种“政治冷感”不仅削弱了我们在关键议题中的话语权，也直接影响了我们对社区和国家未来走向的影响力。

更令人遗憾的是，许多华人对候选人的关注仅停留在肤浅层面，总是在投票日临近时，才匆匆上网搜索、四处打听。这种临时抱佛脚式的投票方式，使我们错失了审慎评估候选人立场的机会。其实，我们完全可以通过参与候选人见面会、社区论坛，浏览其官方网站和社交媒体平台，或观看公开辩论视频，主动了解他们对教育、治安、经济等关键议题的真实立场。

投票不仅是权利，更是道义上的责任。我们需要回归到伦理原则和价值判断的核心。那么，什么才是负责任、有判断力的投票？你可以考虑从四个基本原则出发：

第一，是否尊重宪法与人的自然权利。通过候选人的政纲或公开演讲，判断他们是否坚定支持言论自由、宗教自由等核心宪政价值，是否愿意捍卫每个人作为自由公民的基本尊严。

第二，是否保护家庭与父母对子女的教育权。支持那些明确保障家长知情权、反对极端性别教育与意识形态灌输的候选人。教育应当服务家庭，而非取代家庭。

第三，是否捍卫法治与社区安全。拒绝支持“无现金保释政策”、“去警察化”或毒品合法化的政客。真正的正义，是保护守法者，而不是纵容犯罪分子。

第四，是否促进合法、公平的市场制度。拒绝高税收与“大政府”依赖，支持那些尊重财产权、鼓励创业、激励勤劳致富的候选人，才能保障社会真正的公平与繁荣。

另外，我们尤其要警惕那些口口声声“为华人争取福利”的候选人。她们常在竞选时许诺要为华人社区争取更多政府拨款、修公园、修路、改善老人中心等“看得见的小恩小惠”，似乎“很亲民、很体贴”，但一旦当选，却在宏观政策上支持高税收、高福利、大政府扩张，最终反而让中产华人家庭承担更沉重的经济负担。所谓“给你十块福利，收你三十块税”，往往就是现实的结果。

更重要的是，不要只听她们“说了什么”，而要认真去看她们“做了什么”。真正反映她们立场的，是她们过去投下的每一张选票，支持的每一项议案。

我们应主动查阅她们在市议会、州议会、国会中的投票记录，看看她们是否曾支持“去警察化”、“无现金保释政策”、“大麻合法化”或种族配额等伤害华人社区利益的法案。

华人是一个勤奋、自律、重视家庭与教育的群体，这些美德应该成为我们政治参与的价值锚点。我们要学会用原则来衡量政客，而不是被他们的语言包装所迷惑。唯有如此，才能选出真正代表我们价值与未来的政治领袖。

第十章

批判性思维和应用

“当所有其他的声音都被压制时，那唯一的声音便是谎言。”

—— 佚名

在第一章中，我们提出了“政治智商”的整体框架，其中逻辑被比喻为政治判断的“指挥司机”——引导我们在纷繁复杂的信息与原则之间做出清晰抉择。

面对多个看似矛盾的道德原则（比如“诚实”与“保护生命”），我们需要运用上一章介绍的伦理学原则来权衡取舍。而本章将进一步探讨：在真假难辨的信息时代，我们该如何借助批判性思维，辨析信息的真伪、洞察背后的立场与逻辑，做出理性、审慎的判断。

10-1
批判性思维的实用模型

当你听到专家在新闻里说新冠疫苗绝对安全的时候，会不会立刻相信？或者面对铺天盖地的指控，“川普就是希特勒”的时候，是不是觉得有些观点看似有理，却又无法完全说服你？这些时刻，批判性思维就像是大脑的“过滤器”，帮助我们在信息的海洋中找到真正的珍珠。

那么，什么是批判性思维呢？简单来说，批判性思维是一种理性分析、深入反思和科学判断的能力。它让我们不盲目接受眼前的观点，而是通过观察、提问、推理和验证，去发现问题的本质。就像剥开一层层洋葱皮，直到看清最内核的真相。

在今天这个信息爆炸的时代，批判性思维的作用显得更加重要。社交媒体让信息的传播变得前所未有的迅速，但也带来了大量的谣言、偏见和误导。人们常常迷失在纷繁复杂的观点之中，不知道哪些是值得信赖的，哪些又只是噱头和空谈。要在这样的环境中保持清醒，就需要用批判性思维来为自己“导航”。

在接下来的文章中，我们将一同探讨批判性思维的框架模型以及如何在实践中运用它，最终探讨它在提升“政治智商”中的重要作用。

传统批判性思维模型

多年来，学术界和教育界发展出一系列分析框架，如 CRAAP 测试、RAVEN 框架和 SMELL 模型，帮助人们评估信息的真实性与可靠性。

CRAAP 测试 是由加州州立大学奇科分校图书馆（California State University, Chico）开发，主要从时效性（Currency）、相关性（Relevance）、权威性（Authority）、准确性（Accuracy）和目的性（Purpose）五个方面评估信息，广泛应用于学术研究与信息检索入门课程中。

RAVEN 框架 出自美国教育研究机构“Critical Thinking Foundation”的相关出版物，用于分析论点的权威性（Reputation）、能力（Ability to observe）、偏见（Vested interest）、专业背景（Expertise）和中立性（Neutrality），适用于评估媒体或专家来源的可信度。可参考该机构教材《Critical Thinking: Tools for Taking Charge of Your Learning and Your Life》。

SMELL 模型 多用于中学教育中教授媒体素养，关注信息的来源（Source）、动机（Motivation）、证据（Evidence）、逻辑（Logic）和遗漏（Left out）等方面。该模型常出现在新闻素养课程教材中，如美国国家新闻素养中心（NAMLE）的教学材料中便有广泛应用。

这些模型在过去确实有效，但在当今政治高度极化、媒体操控日益加剧的环境下，它们的局限性也日益显现。传统的批判性思维框架通常假定“权威机构”的信息是可靠的。然而，在现代社会，这种假设已不再成立。例如，美国疾病控制与预防中心（CDC）和美国国立卫生研究院（NIH）等机构的公信力因受到各种政治和经济利益的影响而备受质疑。

再比如，主流媒体与社交平台长期宣称 “事实核查（Fact-checking）” 是评估新闻真实性的重要工具，但事实上，这些平台往往与主流媒体存在利益关联，甚至隶属于同一资本集团，难以真正保持中立。所谓“事实核查”在实践中常常带有强烈的立场倾向，有时甚至成为压制不同声音、维持舆论垄断的工具。

在这样的环境下，仅仅依赖传统的批判性思维框架已无法满足当今信息战的挑战。信息操控的手法日益复杂，我们需要更具针对性、更敏锐的分析工具来识别真相，并抵御信息操控的侵蚀。

信息操控的新形态

现代信息操控已不仅仅是“假新闻”的问题，而是高度精细化的认知战。政府、跨国企业、媒体和社交平台已经建立起庞大的信息过滤和操控系统，通过放大某些信息、压制其他信息，甚至利用“选择性事实”来误导公众。这种操控手段比传统的宣传更隐蔽、更具影响力，使得普通人难以察觉自己正处于信息茧房之中。

例如，2020年美国大选期间，社交媒体巨头封锁了关于亨特・拜登笔记本电脑的报道，导致关键信息在选举最敏感的时期被人为压制。《纽约邮报》（New York Post）报道此事时遭到Twitter和Facebook的封杀，主流媒体几乎一边倒地将此事件定性为“俄罗斯的虚假信息”。然而，经过多方调查证实，这些信息是真实的，但当真相水落石出时，美国大选的结果已成定局。

2021年1月6日美国国会山事件（J6）的处理同样暴露了信息操控的另一种形式。J6委员会（January 6 Committee）在调查过程中涉嫌销毁关键证据，而FBI 更被曝派遣百余名探员混入示威人群，煽动抗议者采取激进行动，但这些信息在主流媒体的报道中被刻意忽略。与此同时，提出异议的塔克・卡尔森（Tucker Carlson）和 梅根・凯利（Megyn Kelly）等知名媒体人，因敢于揭露真相而遭到 FOX 新闻 解雇。然而，多年后，越来越多的证据证明，他们的质疑和报道是准确的，这进一步印证了信息操控的深层复杂性。

新冠疫情期间，YouTube、Twitter 和 Facebook 曾广泛删除批评疫苗效果或质疑封锁政策的内容，许多科学家和医学专家的声音被压制，公众只能接受单一的“科学共识”。但两年后，多项研究表明，关于自然免疫、疫苗副作用和封锁政策负面影响的观点，当初被视为“阴谋论”的声音，实际上是符合科学的。

另一方面，一些被怀疑与情报机构有关联的自媒体账号频繁出现，例如2020年大选后与“Q” 相关的自媒体频道，经常散布未经证实的阴谋论与谣言。这类信息在社交平台上迅速传播，却几乎不承担任何后果，对公众舆论造成干扰与误导。

这些例子表明，传统的批判性思维模型已经无法适应这个信息操控的新纪元。当今的信息战不仅仅是控制“信息的真假”，更是通过操控“信息的选择性”和“话语权”来引导公众的思维和行为。在这种环境下，仅仅依靠 CRAAP 或 RAVEN 等传统分析框架已不足以洞察真相。

为了应对这种新的挑战，本书为大众提出了一个更实用的评估框架——TRAC 模型。这一模型将帮助读者在信息战中保持清醒，辨别真伪。

介绍 TRAC 模型：道高一尺，魔高一丈

TRAC 模型提供了一种系统化的方法，让我们从四个核心维度评估信息的真实性和可信度：透明性（Transparency）、记录（Record）、利益（Agenda）、审查（Censorship）。

透明性（Transparency）——信息的来源是否透明？是否清晰地公开了资金支持、政治立场或企业背景？例如，某些“疫苗独立研究”实际上由大型制药公司资助，这就可能影响其结论的客观性。在评估信息时，我们必须审视其背后的资金流动、政策支持和关联机

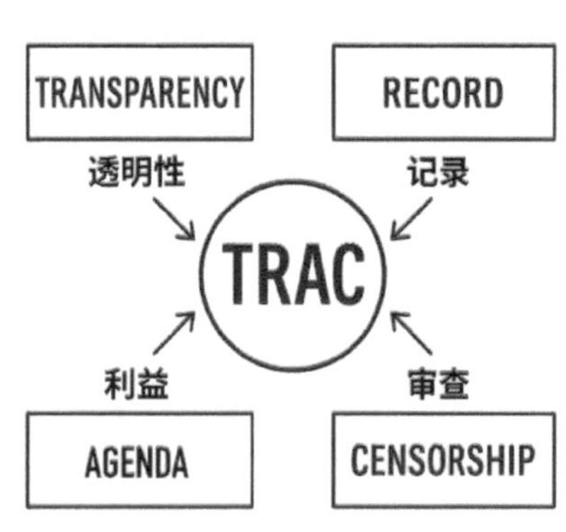

图表 28：批判性思维的 TRAC 模型

构。如果一个新闻来源隐瞒其赞助者或不愿透露研究方法，它的可信度就值得怀疑。

记录（Record）——发布者的历史记录如何？它过去是否发布过不实信息？例如，纽约时报在伊拉克战争前夕曾多次发表关于“萨达姆藏有大规模杀伤性武器”的报道，后来被证明是错误的。那么，今天当该报刊再次发布类似的战争宣传时，我们是否还应无条件相信？对比信息来源的过往报道，查阅其准确性和一致性，是判断可靠性的关键。

利益（Agenda）——谁会从这条信息中获利？任何一条信息的背后，都可能涉及利益交换。一个研究机构声称某种食品可以极大降低癌症风险，我们需要问：“它是否接受了该食品公司的资金赞助？”如果某家主流媒体反复强调“气候变化危机”，我们也需要考察它是否从绿色能源政策或相关企业中受益。追踪利益链条，能让我们看清信息的真实动机。

审查（Censorship）——某条信息是否被审查、封锁或打压？一个不寻常的现象是，许多被政府或科技公司审查的信息，往往恰恰是最接近真相的。例如，在2021年，美国政府和大型科技公司合谋压制关于新冠病毒可能来源于武汉实验室的说法，称其为“阴谋论”。但后来，多个国家的情报机构都承认，这是一个值得深入调查的合理假设。信息的被审查程度，本身可以成为一个判断其可信性的指标。

TRAC 模型的现实应用

TRAC 模型不仅适用于政治新闻，也同样适用于我们日常信息的筛选和辨别。例如，在2021年 COVID-19 疫情期间，媒体广泛报道“FDA（美国食品药品监督管理局）和医生恳请人们停止服用马用驱虫药伊维菌素（Ivermectin）治疗 COVID-19”的消息。然而，同一时期，皮埃尔・科里博士（Dr. Pierre Kory），一位重症监护专家兼新冠重症护理联盟（FLCCC）的联合创始人，公开声称伊维菌素对治疗 COVID-19 有显著疗效。面对两种截然不同的观点，我们应该相信哪一个？

在这种情况下，运用 TRAC 模型可以帮助我们做出更理性的判断：

透明性：信息的来源是否透明？

透明性是判断信息可信度的第一步。我们必须审视信息的来源、发布者的立场以及其背后可能存在的动机。

FDA 和 CDC 的立场：FDA 在2021年8月通过社交媒体发布了那句著名的推文："你不是马，也不是牛，真的，大家别吃伊维菌素。"这条信息迅速被主流媒体广泛引用，形成了"伊维菌素是马用药物"的公众印象。然而，FDA 本身并没有进行关于伊维菌素治疗 COVID-19 的深入研究，其依据的只是有限的实验数据和早期临床试验的结论。

科里博士的立场：作为新冠重症护理联盟的联合创始人，科里博士在美国参议院作证时明确表示，"伊维菌素是 COVID-19 的奇迹药物"，其效果远超预期。他的立场基于 FLCCC 的大量病例数据和一系列独立研究，尽管他的观点与主流媒体和政府立场相左，但他的研究数据明显更加透明。

记录：过去是否有类似事件的错误报道？

记录是检验媒体和机构的可信度的重要因素。媒体和官方机构的过往表现，能揭示他们是否存在夸大、错误报道或压制不同声音的历史。

FDA 和 CDC 曾多次在重大公共健康议题上误导公众：例如，在1980–1990年代，FDA 曾长期否认糖类摄入与肥胖、糖尿病之间的直接关系，反而错误地引导公众"远离脂肪"，鼓励高碳水饮食，导致美国肥胖率飙升。直到多年后营养学界逐步纠正这一观念，FDA 才开始调整指南，但造成的健康后果早已深远。

又如，在2020–2021年 COVID-19 疫情高峰期，CDC 多次更改口罩、防疫政策和疫苗传播机制的表述， 有时甚至前后矛盾。例如最初声称“接种疫苗后不会传播病毒”，但后来又承认即便接种者也可能携带并传播 COVID-19。这样反复变化的信息，在公众中造成了混乱与不信任。

利益：哪些机构或公司从中获利?

利益分析有助于揭示信息背后的潜在动机，特别是在涉及制药行业、政府政策和大规模公共卫生事件时。

疫苗制造商的利益： 疫苗生产商如 辉瑞（Pfizer） 和 莫德纳（Moderna） 等公司，在 COVID-19 疫苗推广期间，赚取了数百亿美元的利润。据《华尔街日报》报道，2021年辉瑞的 COVID-19 疫苗销售额超过 360 亿美元，成为全球最畅销的药品之一。在这种情况下，疫苗制造商自然倾向于打压廉价的替代疗法，如伊维菌素和羟氯喹（HCQ）。

政府和卫生机构的利益：美国疾病控制与预防中心（CDC）并非完全独立运作，其下属的 CDC 基金会可以合法接受来自大型制药公司的捐赠。这种财务联系引发了外界对公正性的质疑。与此同时，政府通过与这些制药巨头的密切合作，推动全国范围的疫苗接种计划，进一步加深了公众对公共卫生政策“是否中立”的担忧。

2021财年，CDC 基金会收到超过1.74亿美元的捐款，其中包括辉瑞（Pfizer）等药企的资金。美国食品药品监督管理局（FDA）的情况有所不同，其预算约60%（2023财年为36亿美元）来自制药公司缴纳的“用户费用（如药品审批费）”，而非直接捐款，但这同样使得FDA在财务上与行业利益密切相关。

审查：信息发布者是否受到打压？

审查机制往往是信息操控的最重要一环，打压异见、屏蔽不同声音是维持主流叙事的重要手段。正如那句谚语所说：“如果所有其他的声音被打压，只有一种声音出现，那么这种声音就是谎言。”

科里博士和 FLCCC 遭受的打压：科里博士在参议院作证后，不仅被主流媒体攻击，还面临学术界的孤立。他所在的新冠重症护理联盟（FLCCC） 也遭到 YouTube、Twitter 和 Facebook 的封杀，相关视频和信息被大量删除。

关于伊维菌素的审查： 许多支持伊维菌素的医生和研究人员的声音被主流平台屏蔽或标签为“虚假信息”。美国前线医生联盟（America’ s Frontline Doctors， AFLD） 以及全球各地的多位医学专家，包括印度的研究人员、澳大利亚的学者，都曾发表报告或临床试验结果，表明伊维菌素对 COVID-19 治疗具有潜在的效果。AFLD，由 Simone Gold 博士 领导，一直在推广伊维菌素和羟氯喹等早期治疗手段。

南非的疫苗接种专家 Shankara Chetty 博士 也公开支持伊维菌素在 COVID-19 治疗中的使用，并指出主流媒体和卫生组织对这些疗法的压制是“出于利益考虑”。

这些例子表明，主流媒体和政府机构在 COVID-19 信息传播上，存在偏袒和选择性发布的现象。这种模式在历史上也曾多次上演，提醒我们在面对复杂信息时，不应盲信“主流共识”。

结论和实例

通过以上基于 TRAC 模型的四个维度分析可以清晰看出，官方机构如 FDA、CDC 以及大型制药公司，在透明性、历史记录、利益关系与信息审查四个方面，整体表现并不令人信服，信息来源高度依赖内部立场与经济利益，缺乏独立性与公开性。相较之下，虽然科里博士等质疑者也难免有个人立场，但他们的数据来源、临床观察与公开发声，整体在透明度、逻辑自洽性与信息完整性上明显优于官方叙事。

综合四个指标，伊维菌素作为 COVID-19 治疗手段的潜力与可信度，远高于被主流媒体简单污名化的标签。下面是一个真实的故事。

根据多家媒体报道，71岁华裔老人 Sun Ng 于2021年10月14日在伊利诺伊州感染 COVID-19 入院，并于10月18日病情恶化需使用呼吸机，医生评估其存活几率仅10–15%。其女儿坚持为他注射伊维菌素（Ivermectin），但医院两次拒绝；家属遂提起诉讼，并于11月8日获得法官许可，由外部医生在医院进行伊维菌素治疗。Sun Ng 先后接受5天共15針治疗后，情况显著好转，最终在11月27日康复出院。此案例由 Fox 10 Phoenix 等媒体报道，并被很多人称为伊维菌素的“救命奇迹”。

类似的事情也发生在我身上。在2021年前后，笔者看到许多关于伊维菌素治疗 COVID 的报道，基于对时局的判断，笔者通过联系外州的医生为自己和家人备好了伊维菌素。

后来自己不幸感染了 COVID，起初身体极度虚弱，一天卧床不起，咳嗽严重。但在第二天早上确诊后，立即服用了四粒伊维菌素（共12mg）。没想到中午时症状已有明显缓解，精神状态也大有改善，下午甚至可以处理邮件并恢复部分工作。到了晚上，体力和精力基本恢复。

第三天继续服用伊维菌素，状态进一步好转。我顺利上了一天班，甚至还能出去跑步。第四天咳嗽完全消失，虽然口中仍有些干涩与苦味，但生活已恢复正常。

这只是我个人的亲身经历，不能视为医学建议。但根据我看到的多方资料和真实案例，伊维菌素的确在很多患者中发挥了关键作用，挽救了无数生命。

结语

TRAC 模型为我们提供了一个强有力的工具，让我们能够从透明性（Transparency）、记录（Record）、利益（Agenda）、审查（Censorship）等关键角度，深入审查信息的可靠性。

传统的批判性思维模型建立在对权威机构的信任之上，但当这些机构的公信力因为政治、经济和意识形态的渗透而崩塌时，我们必须重新思考什么是真正的批判性思维。 任何剥夺公众信息权和选择权的行为都值得被质疑，因为当信息被操控、言论被压制，自由和正确的选择便成为一种假象。

真正的批判性思维，不是盲目相信主流叙事，而是敢于质疑、勇于探寻、不断追求真相。

10-2
政治智商的三个应用实例

前面，我们一起梳理了很多理论和模型，讲了世界观、原则、知识、逻辑这些政治智商的核心要素。但如果政治智商只是停留在书本和理念里，那它不过是纸上谈兵。真正重要的，是把这些理论用在现实生活中，面对具体的选择、具体的挑战。

所以，这里我挑选了三个实例，带大家一起看看，当政治智商真正派上用场时，它是如何影响我们的健康、家庭和命运的。

一、疫苗，打还是不打——可以救命的政治智商

2021年，疫情进入第二个年头。那时候，铺天盖地的宣传几乎让人相信，新冠疫苗是这场危机的救星。只要打了疫苗，疫情就会结束，生活很快恢复正常。

起初，我也半信半疑，心想："也许，这次疫苗真的能救我们。"然而，没过多久，现实就让我彻底清醒了。

一次偶然的机会，我点开了 VAERS 数据库，全名叫"疫苗不良事件报告系统"，这是美国疾控中心（CDC）设立的官方平台，任何人——医生、护士、患者甚至普通家属——都可以在上面报告接种疫苗后的反应。

我原本只是好奇，结果这一看，心里顿时一沉：三千人。

仅仅几个月时间，全美就有三千例因疫苗副作用死亡的报告！这个数字让我后背发凉。早在1976年，美国政府推出"猪流感疫苗"，结果因为仅有三人死亡，就立刻叫停了接种。而这一次，面对三千条人命，媒体却像被谁封住了嘴巴一样，鸦雀无声。

不仅不报道，很多打完疫苗后因严重副作用而致残的人，也被医院和媒体集体打压，唯一能发声的地方，居然是议员主持的听证会。这让我第一次真正意识到，这背后，已经不只是单纯的“科学”问题，而可能是一场蓄谋已久的公共健康危机。

这种感觉，很快变得更加真实。

有一天，负责我家割草的公司老板安东尼，脸色阴沉地告诉我：“欧贝德走了。”

欧贝德是他的工人，四十来岁，常年在我家帮忙打理花园，干活踏实。我以为他是换工作了，结果安东尼苦笑着说：“他周五打了疫苗，周日感觉不舒服，送医院后去世了。留下两个孩子，才九岁和十一岁。由于他离了婚，现在孩子由他母亲在帮忙照看。”

我一下子愣住了。更让我寒心的是，这么大的事，地方新闻连一条报道都没有。

与此同时，新闻上也不断有人质疑：像羟氯喹、伊维菌素这些早期治疗新冠有效的药物，为什么被打压？很多感染者因此错失治疗机会，眼睁睁从轻症拖成了重症。

我决定，不打疫苗。

但现实很快又把我逼到了悬崖边。

2021年9月9日，拜登政府正式宣布联邦疫苗强制政策，要求所有大型联邦承包商（100名员工以上）和医疗保健机构，强制员工接种新冠疫苗。

11月，我的老板突然发来会议邀请。平时他是个和气随和的人，和我关系一向不错，但那天他的表情格外严肃。

他开门见山地说：“你应该知道了吧？公司从上面接到强制疫苗的通知。我们和政府有很多业务往来，必须严格遵守相关规定。现在，公司要求所有员工接种新冠疫苗并出示疫苗卡。”

他顿了顿，语气中带着理解又无奈："我知道你可能有顾虑，实际上我也理解。但公司的副总裁和管理层态度非常强硬，似乎没有多少回旋余地。如果你不想打疫苗，我可以帮你推荐去另一家公司。"

这突如其来的消息让我愣住了。但庆幸的是，我早就了解"宗教赦免权"，这是受《美国宪法》第一修正案宗教自由保护的。这意味着，个人可以基于宗教信仰申请豁免，包括拒绝强制疫苗接种。

我当即表示："公司应该允许基于宗教信仰申请豁免，我打算试试。"

老板点了点头："可以，你去申请吧。"

我拿到了公司的申请流程，才发现这次的要求格外严格。所有申请宗教豁免的人，都必须接受一家外部咨询公司的面谈审核。很明显，这是公司故意设置的门槛，目的就是不想让太多人走这条路。

我没有退缩。我查阅了大量资料，咨询了律师，了解到宗教豁免权不仅保护佛教、基督教等有组织的宗教，也同样适用于那些无组织的个人信仰，即使你信奉玉皇大帝，也不应该有人来质疑。它的本质，是对个人良心和尊严的保护；任何企业都不得因宗教理由歧视员工，或剥夺其合法权益。

我认真准备了申请材料，详细阐述了自己的基督教信仰、立场，以及相关的法律依据。一周后，我的宗教豁免申请顺利获批，甚至连面试都没有安排。

我还了解到，公司里其他同事的宗教豁免申请，也都顺利通过。

这个亲身经历，再次印证了我们讲的"政治智商模型"：

世界观：身体和生命都是上帝赐予的恩典，个人有责任为自己和家人的健康负责。

原则：权力必然腐败，必须警惕政府、制药公司、CDC的勾结与利益链。

知识：《美国宪法》第一修正案提供了宗教赦免权的法律保障。任何企业都不得因宗教理由歧视员工。

逻辑：保持批判性思维，独立判断主流媒体和所谓“专家”的信息真伪，理性看待疫苗的安全性与风险。

然而，更多人没有我这么幸运。那段时间，仅在我们州，成千上万的公务员、医生、护士、警察，甚至一些怀孕的女性，因为拒绝打疫苗而被迫辞职。

而那些被迫接种疫苗后出现事故的人，更是令人痛心。我身边一些本该正值壮年的朋友和同学，在打完疫苗后，突然因心肌梗塞去世，或者在短时间内查出晚期癌症，结局令人无比悲哀。

这一切让我更加坚信：只有保持清醒的世界观、对权力本质的深刻理解、对信息来源的严格辨别，外加了解法律，勇敢地依法抗争，才能真正守护自己和家人的自由与生命。这正是政治智商可以救命的体现。

二、用脚投票：一家人的“逃离麻州”之路

我有一对美国朋友，迈克和凯伦夫妇（化名），原本住在美国东北部的麻州。麻州曾是他们的家乡、事业的起点，也是孩子出生的地方。但到了2022年，他们做出了一个看似疯狂、但实际上极其清醒的决定：卖掉房子，举家搬迁到佛罗里达州。

在很多人眼里，麻州是教育和科技的重镇，哈佛、MIT等世界名校坐落其中，医疗资源发达，文化氛围浓厚，听起来是精英向往的天堂。然而，真正住在这里的人，却未必这么想，迈克一家正是其中的典型。

沉重的税收枷锁

“你知道我一年光房产税就交了多少吗？”迈克苦笑着对我说，“两万多美元。”

他们家住在波士顿郊区一栋典型的中产阶级独立屋，房产税高得惊人，尤其在那些长期由左派掌控的地区，比如他们住的镇。就拿最近的一个例子来说，为了更换镇上的老年活动中心的供暖和空调系统，原本使用天然气的方案只需约50万美元，却因为要成为全州“绿色能源”政策的示范点，招标时改成了全电系统，花了整整200万美元。这类高昂而理想化的支出，最终都反映在居民的房产税上，年年攀升。

不仅如此，麻州还征收5%的州个人所得税，而佛州完全没有州收入税。迈克是公司销售，凯伦是公司高管，收入不菲，每到报税季，他们都感觉压力巨大。

“辛辛苦苦干一年，结果最后几个月赚的钱全进了政府的口袋。”凯伦无奈地说，“关键是，看着政府把钱花在哪？福利被滥用，养着一群懒人，监管漏洞到处都是；另外非法移民的待遇比我们这些纳税人还好。”

更糟糕的是，麻州的遗产税同样很高，“一旦出点意外，大半财产都得被政府拿走。”迈克叹了口气。

学校里的“思想洗脑”

更让他们无法忍受的，是他们的孩子所在学校的教育环境。麻州的教育系统早已被“觉醒主义”（Wokeism）和极端左翼思潮牢牢掌控。所谓“多元平等”教育，不过是赤裸裸的意识形态灌输。

“老师在课堂上不停潜移默化地宣传和暗示‘白人原罪’、‘系统性种族主义’、‘性别流动性’这些概念，孩子才十岁，就被要求在表格上填写自己认同的性别，”凯伦满脸愤怒地告诉我，“你敢提出异议？立刻被贴上‘极端保守’、‘不包容’的标签，家长的声音根本没法被听见。”

不仅如此，周围的同学大多被洗脑严重，他们的孩子在学校里孤立无援。她曾因为公开表达一些质疑和更传统的立场，被同学排挤，连老师都冷嘲热讽。

被强制的疫苗政策

疫情期间，麻州实行了严苛的强制疫苗政策，上千名护士、警察因此失去工作。迈克夫妇眼睁睁看着那些为社区服务的人被迫离开岗位，只因他们不愿意向政府的医疗霸权低头。

更令他们担心的是，疫情结束后，极左的州议会又开始推动取消宗教赦免权的法案，一旦通过，连孩子的疫苗选择权都可能被彻底剥夺。

“我们实在不敢想象，孩子和将来的孙辈在这样的环境下长大，健康、自由都会变得遥不可及。”凯伦忧心忡忡地说。

“佛州自由”的吸引力

相比之下，佛罗里达州成了他们眼中的“自由之地”。这里不仅没有州收入税，整体税负轻很多，生活成本也更可控。更重要的是，州长德桑蒂斯（Ron DeSantis）带领佛州，在防疫政策、教育政策上，坚决捍卫个人自由和家长权利。

“佛州不强制封锁、不强制口罩、不强制疫苗，更不允许学校搞那些意识形态教育，”迈克说，“我们要的，就是这样的生活环境。”

经过几个月考察与权衡，他们果断卖掉麻州的房子，带着孩子南下佛州。虽然重新安家、适应新环境需要时间，但他们几乎立刻感受到经济压力大幅减轻，精神上也前所未有的轻松。

“我们住的房子比麻州的还大，但只需要付以前三分之一的房产税。”迈克开心地说。

“孩子在新学校，老师专心教书，课本内容正常，同学们也很合得来。”凯伦脸上的笑容，是真正发自内心的轻松。

用脚投票，理性的政治选择

迈克一家选择离开麻州，正是“政治智商”最实际的体现。

他们没有被华丽的包装和表面的繁荣所迷惑，而是清醒看清政策背后对普通家庭的真实影响，做出了理性的选择。他们的选择也印证了我们的“政治智商”模型：

原则：坚守个人自由，拒绝被大政府和极左政策控制，选择有限政府、市场经济的州。

知识：深入了解美国各州的法律、税收与政策，真正搞清楚哪里才适合居住与发展。

逻辑：用批判性思维看待学校教育，不盲目信任专家，敢于为孩子的成长环境做选择。

今天，美国南部诸州，尤其是佛罗里达、德克萨斯、田纳西等等，正在吸引着越来越多像迈克这样的“逃离者”。他们用脚投票，选择了真正尊重自由、尊重家庭、尊重常识的地方。

当然，并不是每个人都有条件迁居他方，也未必人人都能适应南方炎热的气候。面对现实环境，政治智商的最高体现，不在于逃避，而在于承担——那就是公共责任感：勇于参与地方治理，出席听证会、表达立场、监督政策、唤醒沉睡的社区意识。真正的公民，不是局外人，而是行动者。这是我们本章最后一篇文章的内容。

三、小心CIA/FBI的心理战（Psychological Operation）

在介绍批判性思维那一章里面，我们谈到吹哨人信息的重要性，但是我们常常会被一些假吹哨人所迷惑。真正的吹哨人，往往要付出惨痛代价。比如，曝光政府腐败、疫苗黑幕的医生、律师、科学家，很多人因此被打压、被封号，甚至失去工作、面临起诉。但偏偏，总有一批“吹哨人”，不仅安然无恙，反而越混越风生水起。这时候，你就必须提高警惕了。

还记得2020年美国大选后的那段时间吗？当时，质疑大选舞弊的人，几乎都被社交媒体封杀。YouTube、Facebook、Twitter 上，稍微说句不符合“官方口径”的话，立刻被封号、禁言。

可奇怪的是，一些所谓的“爱国者频道”却毫发无损，甚至粉丝暴涨。比如 Simon Parkes、Juan O'Savin 这些人，他们大肆宣扬“白帽子”理论：虽然川普表面上败选了，但其实仍然掌控大局，军方内部有大量隐藏的爱国者（白帽子），一切尽在掌握中，大家只需要“耐心等待”，Q 团队最终会带来奇迹。

这些信息听起来像极了救世主剧本。许多焦虑的保守派、爱国者因为信息渠道受限，别无选择，开始大量关注这些频道，甚至将其视为精神寄托。

什么是 Q?

简单说，Q 是2017年开始活跃在美国网络上的匿名账号，自称“政府内部的爱国者”，掌握最高机密，逐步揭露全球深层政府（Deep State）的阴谋。Q 的信息充满神秘、隐喻和各种未解之谜，配合大量“预言”，一度在保守派圈子引发巨大追捧。然而，几年过去，Q 团队和他们的“代言人”们预言的事情，几乎没有兑现的。

比如，他们声称，白帽子（爱国者阵营）已经掌控了 EBS 系统，也就是紧急广播系统（Emergency Broadcast System）。这套系统是美国政府在特殊情况下使用的全国性紧急广播中断机制，通常只在战争、重大灾难或国家安全威胁时启用。

根据 Q 系阴谋论的说法，一旦“EBS信号”启动，全国范围内的电视、广播、手机都会中断正常节目，统一播放揭露“深层政府”（Deep State）和拜登集团罪行的视频。随后，川普将重新掌权，叛国者集体被捕，国家进入所谓“清洗与复兴”阶段。

除此之外，这些人还反复宣扬一系列“预言”，比如：

- JFK 总统的儿子其实没有死，很快就会公开现身；
- 2021年3月，川普将正式复位执政；
- 拜登是假总统，目前一切只是军事演习……

这些听起来热血沸腾的剧本，现实中却连影子都没出现。越来越多迹象表明，这些“Q 系”频道，很可能本身就是 CIA、FBI 操控的心理战工具。他们的作用，不是唤醒群众，而是麻痹人心——给愤怒、焦虑的保守派打上一针“精神镇定剂”。

听完他们的节目，你是不是觉得：“幕后有人掌控，一切尽在安排”，于是自己就不用出门抗议、不给议员写信、也不需要参加草根组织。只需躺在沙发上，耐心等待 Q 救世主登场，一切自然好转。这，正是心理战最阴险的地方：让你以为自己很清醒，实际上早已被困在虚假的安全感里。

美国人把这种现象称为：“The Patriots' Pacifier”（爱国者的奶嘴）。这些 Q 类频道，看似安抚人心，实际上却让保守派群众自废武功，彻底丧失实际的行动能力。

我曾在地方选举中认识不少本地美国人。有一次，一位沉迷 Q 阴谋论的美国朋友找到我，聊了两个小时。他神秘兮兮地告诉我：“你知道吗？中国的习主席也是白帽子！”我真是哭笑不得。

用 TRAC 模型识破信息陷阱

我们在这一章里介绍过 TRAC 模型，正好可以帮助我们识破这些信息的本质：

T——透明度（Transparency）：这些信息来源模糊、神秘兮兮，动不动就说“内部消息”，却拿不出任何国会听证会记录，或者其他公开、可靠的证据。

R——记录（Record）：他们的预言屡屡落空，像EBS信号、JFK总统的儿子并没有去世、即将现身这些事情，至今没有发生。

A——利益动机（Agenda）：他们确实达到了效果，大批愤怒的爱国者整天沉迷这些节目，忙着等“奇迹”，却忘了草根抗争。

C——审查状况（Censorship）：真正敢于质疑大选、疫苗、政府腐败的频道被社交媒体疯狂封杀，唯独这些“白帽子”理论的节目畅通无阻，甚至被平台主动推荐、推送。

结合美国中央情报局 CIA 和美国联邦调查局 FBI 过去几十年心理战的历史，这些现象实在太熟悉了。别忘了，FBI 探员曾深度介入1月6日事件，CIA 也长期被质疑暗中策划针对川普的政治打击和甚至刺杀阴谋。

可以预见，随着川普这次回归，更多真相会浮出水面。但在那之前，真正的政治智商，是不被虚假的“信息奶嘴”骗得晕头转向，而是保持警惕，保持清醒。

结语：政治智商，决定你的命运

通过前面这三个故事，我们已经可以清楚看到政治智商基本结构的重要性：

清晰的世界观 —— 生命、家庭、信仰，不能妥协；

坚定的原则感 —— 权力必然腐败，必须坚持有限政府；

丰富的知识储备 —— 了解法律、政策、历史，拒绝被洗脑；

冷静的逻辑思维 —— 不盲信媒体和随大流，用行动守护自己。

现实生活中，类似的挑战比比皆是。比如，有人敏锐察觉国内楼市风险，及时套现，避开了房地产的深坑；又比如，在川普贸易战2.0时，准确判断大势，成功完成投资布局。这些，都是政治智商在现实中具体而实用的体现。

愿我们都能用常识、勇气和理性，守住自己的自由、家人的安全，以及未来的命运。

10-3
四剂良药：治愈华人在美种族歧视焦虑症

试想这样一个场景：你在一家美国公司辛勤工作，用并不熟练的第二语言努力完成报告，却在会议中注意到有同事对你的口音露出揶揄的微笑；又或者，在地铁上，一个黑人男子突然以充满敌意的语气喝令你“滚回中国”。虽然这种遭遇属于小概率事件，但它们却往往如同针刺一般，久久萦绕心头，挥之不去。许多华人即便移民美国多年，依然背负着沉重的“种族歧视焦虑症”。

这种焦虑并非出于经济地位的不安——数据显示，华人的平均收入早已超过了白人；也并非因为缺乏政治代表——从市议员到市长，越来越多的华人政客在各级政府中崭露头角。真正让不少华人焦虑的是：“我是不是又被种族歧视了？”

诚然，我们不该玻璃心，但不能否认种族偏见的客观存在。关键是，我们不能让这些伤害来定义自我，控制我们的人生。本文将分析华人在美的“身份焦虑症”形成原因，并提出四剂“良药”，帮助你从内而外地提升情商，从而治愈这困扰无数华人的心理顽疾。

华人在美身份焦虑症的形成

华人移民在美国的历史可追溯至19世纪建设太平洋铁路时期。当年，大批华工远渡重洋，背井离乡，为美国的基础设施建设作出了不可磨灭的贡献。然而，从踏上美国土地的那一刻起，他们就面临着语言、文化乃至制度上的重重障碍，融入主流社会始终是一道难以跨越的门槛。即使到了今天，许多华人仍因英语表达不够流利，在职场或社交场合中感到被忽视、被边缘甚至被歧视。

与此同时，一些传统生活习惯也无意间使华人成为犯罪分子的目标。比如，习惯于携带现金、不使用枪支防卫、家中存放现金与珠宝等行为，在治安恶化的城市中反而使华人成为抢劫的“首选目标”。特别是最近这些年，在“黑命贵”（Black Lives Matter）运动的影响下，司法系统对犯罪行为趋于宽容，许多惯犯被提前释放或根本未被起诉，导致针对亚裔的暴力犯罪明显增加。加州街头多次出现华裔老人无故遭受攻击的事件，媒体的频繁报道进一步加剧了华人社区的不安与恐惧。

现实压力与心理创伤交织在一起，催生了华人群体中的普遍“身份焦虑”。他们一方面渴望融入主流社会，另一方面却因文化差异、种族标签和刻板印象而感到格格不入。“在美国做二等公民”这句在华人社区中流传的自嘲，正反映出这种深层的不安与矛盾。

与此同时，美国左派主流媒体的叙事也无形中加剧了这种焦虑感。这些媒体倾向于将个别事件无限放大，营造出一种美国“系统性歧视少数族裔”的氛围。他们不断强调“白人至上主义”依旧主导美国社会，刻意忽略过去几十年法律与制度层面所取得的巨大进步。在这种媒体叙事的渲染下，许多华人误以为美国仍停留在过去的种族隔离时代，仿佛自己遇到的每一次不顺都可以归因于种族歧视。这种情绪的累积，不仅加剧了少数族裔与主流社会的对立，更让原本能够理性思考、积极融入的移民陷入怨怼与无力感之中。

明确了“焦虑症”的症状与成因后，我们便可以对症下药。以下“四剂良药”，盼望能带给你新的眼界与心态，重新面对人生。

第一剂药：尊严——别在意别人的眼光，你的中国腔是上帝的恩赐

美国被誉为“大熔炉”，不同民族、不同肤色、不同文化背景的人在这里共同生活，但他们拥有一个共同的信念：人人受造平等。注意，不是生而平等。人出生时就存在着各种差异：有人出生在富

裕之家，有人出生在贫寒环境；有人天生聪慧，有人却在体育方面更有天赋。但并不是每一个人都有富裕的父母和好的基因。

美国人所相信的平等，不是建立在肤色、语言、收入或地位之上，而是因为我们在上帝眼中都是祂的儿女。如前文所述，人的尊严并非社会赋予，而是在上帝创造之初就已刻印在我们生命中的形象。作为一个以基督教文化为背景的国家，美国的价值观正是以这样的认知为基础，我们也应当学会入乡随俗，理解并接纳这种观念。

正因如此，我们的文化，我们的口音，不该视作障碍，而是一种恩赐，是上帝赋予我们的独特记号。我们不该轻看自己的声音，因为那正是上帝以特殊方式创造了我们，带着祂美好的旨意与计划。

还记得一次孩子学校举行课外活动，家长们被邀请参与其中。我负责带领一个游戏环节，活动结束后，几个美国孩子跑来对我说："我喜欢你的口音！（I like your accent!）"她们眼神清澈、话语真诚。在那一瞬间我意识到，我的"中国腔"英文并不是缺陷，而是多元文化社区的一道独特的风景，是可以被欣赏的对象。

在美国职场工作的朋友都知道，身边的同事来自五湖四海，有印度口音、韩国口音、法国口音、德国口音，五花八门。事实上，法国人和德国人的英文表达往往还不如中国人，我们实在没有理由感到自卑。而你或许也注意到，最爱嘲笑我们口音的，反而是我们自己的同胞。这其实反映了他们尚未从"自我否定"的文化阴影中走出来，而你不必被这样的评价所束缚。

当然，这并不意味着我们就可以不去提高自己的英文能力。清晰地表达自己、让别人容易理解，是沟通中最基本的尊重，也理应是我们努力的方向。但你要始终记住：语言能力从来不决定你的价值。不要把自我价值和尊严建立在"别人是否接纳你"的基础之上。

下一次，当你与同事、邻居交流时，可以更坦然、更自信地做你自己。因为你明白，你的"中国腔"，本身就是上帝给予你的恩赐与祝福。

第二剂药：反省——美国不是天堂，因为你也是个种族歧视者

许多华人初到美国时，心中怀抱着乌托邦式的期望，以为这里没有偏见、没有歧视，人人都平等相待。然而，地上并没有天堂。美国人相信“人人受造平等”，但同时也坚信“人人都是罪人”。正如一句话所说：“如果地上真的有天堂，当你踏入的那一刻，它就不再是天堂了，因为你的罪会玷污它。”

美国是个多民族融合的国家，各族裔间的文化差异巨大，从饮食、穿着到生活习惯，各方面往往截然不同。这种差异容易形成帮派主义和族群隔离。想要明白这种状况，只需看看今日的欧洲：穆斯林群体自成社区、非洲移民群体独居一地，彼此之间很难真正融合，甚至相互排斥；再想想中国国内，城里人对农村人口的偏见至今根深蒂固。

我们华人也不例外。在华人社区中，广泛存在着对黑人的刻板印象，例如认为他们“懒惰”、“危险”、“犯罪率高”；对印度人则经常使用带有侮辱性的称呼，比如“阿三”。我有一位朋友负责寄宿高中留学生的安排工作，她告诉我，在他们学校里曾经有一位中国留学生坚决拒绝与黑人学生同住一个宿舍。而华人大部分父母也不愿意他们的女儿嫁给一个黑人。

事实上，美国不是天堂，正因为我们每个人内心深处都有歧视的倾向。白人、黑人、华人皆如此。这意味着，我们不该指望种族歧视有一天会彻底消失，因为它不是某一个族群独有的问题，而是整个人类共同的病根。我们既是受害者，也是加害者。只有当我们意识到这一点时，才能以谦卑与同理心去面对并处理种族之间的张力。

而真正让美国与其他国家不同的是，其基督教文化的底蕴促使许多人能够自我反省，向上帝悔改，从而真正活出新的生命。他们的爱跨越了种族和国家。

以领养为例，据美国国务院数据显示，1999年至2018年，美国从中国领养了约8.16万名儿童，其中60%以上为女孩，近年来约80%为有先天疾病或残疾的特殊需求儿童。这些孩子在美国家中获得医疗与教育支持，迎来新的生活机会，甚至不少人长大后取得了令人瞩目的成就。例如，被美国家庭领养的体操运动员摩根·赫尔德（Morgan Hurd），来自中国广西，从小在美国成长，2017年更成为世界体操锦标赛的全能冠军，享誉世界。

这些故事清楚地说明了，美国文化中扎根于基督教的慈爱精神如何切实地改变了个人和社会。正是这样的爱与接纳，使得美国社会在种族融合和跨文化交流方面拥有更深厚的底蕴，凸显出与其他国家不同的文明特质。

第三剂药：感恩——从纵向与横向看，美国都是一个奇迹

人常常容易陷入“当局者迷”的状态，看问题只盯着眼前的不足，却忽略了历史与世界的全景视角。当我们学会以感恩的眼光审视周围环境，就会发现——美国，无论从纵向的历史进程，还是横向的国际比较来看，都是人类文明史上的一个奇迹。

首先，从纵向的历史视角来看，美国如今所实现的种族平等，远远超越了历史上任何时期。

18世纪的美国与当时世界大多数地区一样，普遍实行奴隶制度，黑人被视为“财产”，无基本人权可言。进入19世纪，美国为废除奴隶制付出了极大代价，一场血腥的南北战争夺去了七十万条生命，正是无数白人与黑人并肩作战，才最终结束了这段黑暗历史。

到了20世纪中期，马丁·路德·金博士领导的民权运动，打破了种族隔离的体制壁垒，使法律层面上的平等成为现实。美国通过

立法，明确禁止公共领域和就业中的种族歧视，推动社会逐步走向真正的种族融合。

进入21世纪，从法律制度上，美国已经全面废除了所有形式的系统性种族歧视，并设立严厉的法律机制来保障每个人的权利和平等机会。从奴隶制到民权法案，再到今天多民族和多宗教共融的社会结构，这在短短两百余年的时间里完成了巨大的跃迁，堪称人类历史上的奇迹。

其次，我们也应当进行横向的国际比较。若将目光转向当今世界，便更清楚地看到美国在平等制度上的特殊性与难能可贵之处。在中国，户籍制度至今仍将城乡人口严格区分，不同地区的人享有的教育、医疗、社会保障资源截然不同，形成了明显的制度性不平等；在印度，种姓制度虽然名义上已废除，但仍以传统习俗和社会心理继续固化着阶层分野；而在阿拉伯世界、非洲及中东许多国家，性别、宗教与种族歧视的现象甚至被制度化与常态化，给人们的生活造成极大的伤害与压迫。

相较之下，美国的制度为每一个来到这里的人提供了前所未有的公平机遇。今天华人社区的发展就是最好的证明：华人的平均收入水平甚至超过了白人群体，大部分华人家庭都居住在优质学区，享受着良好的社区环境。

我过去数年参与地方选举，经常走街串巷敲门拜访，亲眼所见的普遍现象是，华人家庭通常拥有比白人家庭更大、更新的房子，更好的汽车，孩子们也普遍进入更好的大学就读。这些事实都值得我们心存感恩——感恩这个国家制度的包容与公平，感恩那些为建设宪政共和体制而奉献心力的先辈们。

你可能确实经历过歧视，或感受到冷漠与偏见，但与此同时，你也拥有法律赋予的自由与权利。你可以通过选票表达自己的意愿，可以借助法律保护自己的尊严，也可以在公共平台自由发声，争取应得的权益。这些自由与权利并不是自然发生的，而是宪政共和制度的宝贵成果。

因此，与其沉浸于对现状的不满或歧视的焦虑，不如更多地心怀感恩，珍惜当下所拥有的一切。感恩能带给我们谦卑与智慧，帮助我们更清晰地看待现实，更积极地参与创造美好的未来。

第四剂药：参与——成为建设者，保护自己与他人

面对种族歧视，我们的态度不能仅仅停留在抱怨上，而应主动参与，成为一个积极建设种族平等环境的人。要成为建设者，需要从以下几个方面付出实际行动：

第一，积极监督与举报。

当你在职场中遇到真实存在的种族歧视，无论是言语上的不尊重，还是晋升过程中的不公平待遇，都应该及时采取行动。大多数公司设有专门的举报热线（Hotline），供员工反映此类问题，并设有制度保障举报者不受打击报复，包括匿名申诉、内部调查流程与法律层面的保护条款。

在正式举报之前，我建议你先尝试与直接主管或相关同事沟通，理清是否存在误解，避免因信息不全或主观判断造成不必要的冲突。

当然，如果你清楚地看到身边的同胞受到明显的不公对待甚至伤害，请不要犹豫，一定要及时记录证据并报告给相关机构。书中前面我提到，有一次我在网上看到华人学生在地铁遭遇歧视攻击的视频后，就立即将视频发送给了当地警察局，采取了必要的行动。

第二，努力提升自我，突破“玻璃天花板”。

在美国科技行业中，“玻璃天花板”现象普遍存在：华裔工程师虽然在技术岗位表现突出，但往往难以晋升到管理层，与此同时，印度裔却能频繁晋升至企业高管职位，形成了知名高科技公司高管多为印度裔的现象。这背后的原因值得我们反思：

同为亚裔，为什么印度裔往往比华人更容易获得晋升机会？语言能力固然是一个因素，但更深层的原因在于文化背景与软技能的差异。印度文化强调合作、分享、主动表达和积极领导，而这些正是职场晋升中不可或缺的软实力。

相比之下，许多华人，尤其是在国内应试教育体系下成长的，更擅长独立完成任务，但在表达、沟通与展示自我方面相对薄弱。从小习惯于通过考试证明能力，成长过程中鲜少受到鼓励去质疑、去分享、去探索，也很少有机会在开放自由的环境中锻炼表达能力。我们被教导的是“听话”，而不是“说话”。

这种文化上的内敛，再叠加语言障碍，使得我们在职场上往往显得被动，晋升之路也因此受限。要真正打破这种“玻璃天花板”，我们华人必须勇敢跳出文化舒适区，主动学习沟通技巧与领导能力，积极参与团队协作，培养影响力。这不仅是一代人的努力，更需要几代人的积累与突破。

当然，最重要的是做最好的自己，不是每个人都适合或者需要成为领导者。生活中，快乐、幽默和知足是不可或缺的。

第三，积极参与社区建设，为家人与下一代创造更公平的环境。

参与地方事务、建设健康社区环境，不仅是为了自身利益，更是为我们的家人和下一代树立榜样。我们应当积极参与地方选举和镇政府的公共事务，发出华人群体理性、成熟的声音。在下一章《10-4 驯服公权力的十个公民责任》中，我将系统介绍十种社区参与的方式，并分享具体可行的经验。

结语：从焦虑者到改变者

尊严、反省、感恩、参与，这“四剂药”并非空泛的理论，而是我们面对种族歧视焦虑的切实解药。我们若想真正摆脱这种焦虑症状，唯有通过行动和信念的结合来实现。

种族歧视无法靠仇恨与怨怼来消除，焦虑与愤怒更无法改变现实。真正能带来改变的，只有来自信仰的自由、源于智慧的公义，以及基于实践的参与。

当我们学会以信仰建立自身的尊严，我们便不再轻易被外界的眼光所左右。当我们学会自我反省与谦卑，我们便能清楚认识到人性的共通缺陷，避免陷入受害者心态。当我们学会感恩，我们就能更客观、更平和地看待自己的处境，从而珍惜并善用眼前的自由与机会。当我们主动参与，我们便从消极的抱怨者转变为积极的建设者，靠制度保障自身与下一代的权益。

今天，你若身处美国，请记住，你仍然处在一个存在偏见与误解的世界里，愿你以智慧、勇气和信心成为美国社会积极而有力的贡献者，成为种族平等与自由的真正推动者。

10-4
驯服公权力的十个公民责任

在美国的华人社区，许多人虽然已在美国生活多年，甚至已经成为公民，却仍然生活在“华人圈子”里，几乎与这个国家的公共事务隔绝。许多华人并不了解自己所在州通过了哪些法律，也从未主动联系过自己的州议员。他们可能按时缴税、工作努力、养育儿女，却从未真正进入公民社会的轨道。这样的人，虽然名义上是“美国人”，却始终只是一个“技术型移民”——在民主社会中生活，却不参与民主制度的建构。

但现实是，正因为有太多像我们这样的“沉默公民”，美国才一步步被推向今天的混乱。我们常常抱怨政府腐败、学校左倾、媒体偏颇、公共安全失序，可我们是否认真想过：如果我们从未参与，又有什么资格埋怨结果？ 美国是一个需要公民参与才能正常运作的国家。

为了帮助华人走出这种“封闭自保”的状态，以下是我总结出的履行公共责任的十件事，由容易到有难度，既是因为自由而带来的责任，更是帮助我们建立政治智商和公共素质。

一、认真履行陪审团义务（Jury Duty）：你参与法治的机会

在美国，成为公民后，每个人都有可能被选中履行陪审团义务。陪审团制度源于英美法系，其核心理念是“由人民判断是非”，而不是完全交由政府或法官决定。在刑事或民事案件中，法官负责主

持庭审、解释法律，但最终是否有罪、是否赔偿，则由一群普通公民组成的陪审团裁定。

我曾经被选中过一次，当天与许多候选陪审员一起在法院等候。后来，由于案件双方达成和解，我们便无需参与审理。

陪审员的职责其实非常重要。他们必须全程聆听庭审内容，包括控辩双方的陈述、证人证词和物证展示。同时，陪审员需遵循法官的法律指引，在庭审期间不得私下讨论案情，更不能自行调查。这要求他们具备纪律、耐心与良知。

在最终的闭门讨论中，陪审员必须集体做出裁决——决定被告是否有罪，或一方是否应承担法律责任。在刑事案件中，这样的裁决甚至可能关乎一个人的自由，乃至生死。

二、与州议员沟通：让你的声音成为影响力

在民主制度下，政治代表并不是高高在上的“官员”，而是由选民选出的“公仆”，本应代表选民利益、回应选民关切。美国的州议会制度正体现了这一点。每个州都有自己的众议院和参议院，议员们分别代表具体的选区，处理州内的重要立法事务。你知道自己所在选区的州众议员和参议员是谁吗？你曾经与他们联系过吗？

事实上，美国的政治系统非常鼓励选民与民意代表保持沟通。许多议员办公室都会认真记录选民的来信、电话或意见反馈。

你可以主动写信给议员，阐明自己对某项法案的支持或反对；可以拨打电话，留下简明有力的意见；也可以和朋友一起组织会面，安排“选民代表团”直接向议员表达关切。在关键议题上，若能发动几百人同时发出明信片、电邮或留言，其产生的政治压力可能远远超出你的想象。议员要连任、要选票，他们必须倾听你的声音。

此外，如果你或家人在签证、移民等事务上遇到困难，也可以向所在选区的议员求助。他们有一套正式的“选区服务”机制，有责任协助居民解决联邦和州政府系统中的实际问题。

三、参与州议会的听证会：站出来，就是影响世界

在美国，任何重要法案在成为法律之前，通常都要经过公开听证会。这是民主制度赋予每一位公民的机会——不仅可以旁听，还可以报名上台发言，表达对某项立法的支持或反对。当你站在麦克风前，面对议员、媒体与公众，亲自阐明你的立场，那就不仅是一场抽象的政治辩论，而是真正地在为你的家庭、信仰与下一代捍卫未来。

我曾多次走进我们州议会的听证会现场。第一次，是为了反对一项无限制堕胎法案，这是一项极端提案，允许在怀孕任何阶段都可以堕胎。那天，大多数发言者都强烈支持该法案，反复强调所谓“妇女生育权利（Women’s reproductive rights）”和“我的身体我做主”。我和几位教会的弟兄姊妹则勇敢站出来，发出了不同的声音：“你们说的不是生育权利，而是‘杀婴孩’的权利，这是在混淆是非。”我们坚定地指出：“胎儿也是生命，也有活下去的权利。”在那个充满张力的现场，我们虽然是少数，却为那些无法为自己发声的胎儿开口说话，为微小但是神圣的生命争取公义。

听证会就是战场。还有一次，为了反对一项“亚裔细分”法案，华人朋友们自发动员，上千人齐聚州议会听证会现场，挤得水泄不通，形成了强大的舆论压力。最终，法案被迫中止。这正是民主制度发挥作用的真实写照——靠的不是后台，不是金钱，而是人民的声音和行动。

四、抗议与诉讼：公民表达正义的工具

在美国，抗议是合法的，诉讼是正当的。这两个工具，正是一个成熟公民社会所赋予人民的声音管道。当政府的政策触犯了基本的自由权利——无论是信仰自由、教育自由，还是家庭权利——和平抗议与法律维权不仅不是“闹事”，恰恰是负责任的公民在行使宪法赋予的权利。

一个真实的例子是2021年麻州疫苗强制令事件。当时州政府推行极端防疫政策，强制要求包括护士、警察在内的公共服务人员必须接种疫苗，否则就要失去工作。就在这时，一个名为 MAHA（Make America Healthy Again） 的民间组织站了出来。他们发起了大规模的抗议游行，在零下20度的严寒中，上千人聚集在波士顿的街头，高举标语、和平游行，向政府表达反对。

更关键的是，MAHA并未止步于街头。他们组织了一组律师团队，将波士顿市长吴弭（Michelle Wu）告上法庭。最终，正是在法律和舆论的双重压力下，市长才被迫撤回了疫苗强制令，恢复了人们的就业和选择自由。

五、发起签名请愿：把人民的声音放上选票

在美国，公民的声音不仅体现在投票箱前，也可以通过签名请愿（petition）的方式直接推动立法。只要达到法定数量的有效签名，就可以将某项议题提交为全民公投选项。这一机制赋予了普通人真正的政治影响力，让“草根”也能参与制度的塑造。

以我们所在的州为例，要将一个议题送上选票，通常需要提交至少7万5千份合法签名。为了预防无效签名带来的风险，实际目标往往设定为10万份。这个数字听起来庞大，实际执行起来也确实艰难，需要长期组织、坚持不懈的努力，以及面对冷漠与拒绝时依然不动摇的勇气。

过去几年，我们成功推动了多个关键议题进入全民公投程序。其中包括反对“男女共厕”法案——我们认为这严重侵犯了儿童和女性的隐私与安全；也包括推动“选民身份证法案”（Voter ID），要求投票时必须出示有效身份证件。

这项法案的逻辑再简单不过了：你去健身房、搭乘飞机，在图书馆借书时，都需要出示身份证；唯独在决定国家命运的投票环节，却有人坚持“不准查ID”，这不仅荒谬，也为选举舞弊敞开了大门。

签名征集的过程从不轻松。我们带着签名板，站在超市门口、商场出入口、社区活动现场，挨个向路人说明情况、邀请签名。有时是朋友、邻居；更多时候是陌生人。我们常常收获鼓励，也常遭遇冷眼、讽刺甚至辱骂。但我们没有退缩，因为这些努力值得——我们是在守护孩子的未来、家庭的安全、国家的根基。

六、参与政党委员会：我和川普在同一张选票上

加入镇上的政党委员会，是公民深度参与地方政治的重要途径。作为委员会成员，个人肩负多项职责，包括参与会议决策、协助传播政治理念、组织竞选活动等，实实在在地影响本地政治生态。

我和太太多年来一直参与我们镇上的共和党委员会。委员会大约有二十名成员，这些年，我们不仅见证了地方政治的运作机制，也亲身参与推动有限政府、捍卫父母权利、维护选举公正、反对大麻合法化等社会议题。

2024年3月，正值马萨诸塞州共和党初选，我和太太有机会正式成为共和党委员会委员。根据规定，必须在初选中获得本镇几千名共和党选民的投票支持，才能取得委员身份。巧合的是，那一年川普正第三次竞选总统，也需通过本州党内初选争取提名。于是，我们的名字——两个普通公民的名字——与川普的名字一起，印在了同一张选票上。

这次经历看似平凡，却令人难忘——它提醒我们，在美国政治制度中，只要你愿意参与，就可以拥有一席之地。

七、支持候选人：捐款、插牌子、敲门、打电话

在美国这个民主制度运作的国家，选举不仅仅是每两年或四年走一次投票站，更是一场全民参与的价值表达。投票当然重要，但如果你发现有候选人真正代表你的信念和道德立场，比如尊重生命、

维护家庭、捍卫信仰自由，那你就不该只在投票那一刻短暂露面，而应成为他们胜选的重要助力。

支持候选人，其实并不复杂。你可以捐款，哪怕只是几十美元，也能为对方的广告、传单和组织工作出一份力；你可以在自家草坪插上一块支持牌子，让邻里看到你的立场；你可以参加电话动员活动，提醒选民按时投票；你还可以加入“敲门行动”，亲自上街与选民交流，推广候选人的理念。这些，都是民主社会中最有力量的公民行动。

不要以为只有候选人才能改变社会。他们的胜败，往往就取决于我们这些普通人是否积极参与。有时候，一场地方选举只差几十票，结果可能就因为几个街区的动员力度不同而发生逆转。

八、投票，并监督选票的公正

投票不仅是一项权利，更是一种责任。除了自己积极参与，我们也应鼓励亲友注册为选民、履行公民义务，并了解本地的选举流程与相关规定。在许多地方，选举还依赖志愿者协助计票、监票，甚至处理选务争议和递交投诉。

投票日通常是最热闹也是最忙碌的时候。我们常常在投票站外为支持的候选人举牌助阵。2024年大选当天，我和太太也报名担任投票站义工，负责核实选民登记、发放选票，并协助使用投票机。中途有空档时，我们还帮忙扫描邮寄选票。从早上七点忙到下午一点，我们才轮换下班。

我记得有一年，我们镇的选票结果差距不到十票，引发争议，我们也参与了随后的重新计票。那次经历让我第一次完整地了解了手工计票的流程——虽然慢，但极为可靠。而相比之下，电子投票机由于牵涉复杂程序与软件运作，外界几乎无法验证其内部逻辑是否公正透明，监督难度极高。

九、成立政治组织或非营利机构：从草根走向影响力

在当前充满挑战的时代，成立政治组织或非营利机构，有助于集中资源、扩大影响，不仅能有力支持候选人，还能对公共政策施加长期影响。例如，“家庭研究委员会”（FRC）多年致力于推动保守立法，在国会游说、发布报告、举办讲座，是捍卫传统价值的重要力量。

在地方层面，我们也可以成立小型草根组织：定期聚会、写信给议员、举办政策讲座、为候选人筹款。点滴行动，累积就是影响。

组织形式大致分三类：**501(c)(3)：慈善型**，适合教育推广，捐款可抵税，但不能涉及候选人或政党；**501(c)(4)：社会福利型**，可从事部分政治活动，捐款不抵税；**PAC（政治行动委员会）**：专为筹款、助选设立，监管较严，必须注册。

一句话总结：501(c)(3) 传播价值，501(c)(4) 影响政策，PAC 赢下选举。

十、成为候选人

成为候选人，无疑是参与社区建设和塑造公共政策最为直接且最具影响力的方式之一。每一年，无论是我们所居住的小镇，还是更广阔的州层面，都有着众多的职位虚位以待，期待着有志之士挺身而出。从直接关乎下一代教育的镇学校董事会委员，到守护居民健康的镇健康委员会成员，再到掌管地方财政的财务委员会委员，直至更高层级的市议员、州议员乃至州政府内阁成员，这些岗位都承载着重要的责任和民众的期许。

成为候选人的影响力是深远而多维度的。首先，候选人可以直接将自己的理念、政策主张和对社区未来的愿景公之于众，通过竞选活动与选民进行深入的交流和沟通，从而凝聚共识，争取支持。其次，一旦成功当选，候选人便拥有了参与决策、制定法律法规的

权力，可以直接推动符合民众利益的政策落地生根，切切实实地改变社区和居民的生活。更重要的是，候选人的参选本身就具有示范意义，能够激励更多的人关注公共事务，激发公民意识和参与热情，为社区的健康发展注入源源不断的活力。

几年前，我曾竞选州议员，向社区传达我的政治主张与保守主义信念。作为我们这个四万人选区两百多年来第一位少数裔（非白人）候选人，我的参选本身就体现了美国式民主的精神：人人都有机会，也人人都有责任。

竞选期间，我走街串户，敲了几千家门。让我印象深刻的是，美国本地居民住的多是祖辈留下的老房子，而华人新移民多从事高收入行业，搬进来的往往是新建的大房子。尽管如此，当地居民对我们这些“后来者”仍然友好包容，毫无敌意。在整个过程中，我感受到的不是歧视，反而是支持。有色人种的身份反而成了我在政治参与中的一项加分，而州共和党委员会也因看见胜选潜力，主动投入资源，为我助选、投放广告。

最让我感动的，是那支由教会、邻里和华人社群组成的义工团队。他们不是雇员，却甘心投入。每一位敲门的姐妹、开车送广告牌的弟兄、带着孩子一起发传单的家长，都是无名却勇敢的“草根共和”英雄。他们唤醒了沉睡的社区，也成为实践公民责任的典范。

虽然我没有赢得那场选举，但这段经历让我更深刻体会到公民责任的重量。自由带来责任，民主自治必须成为一种日常的习惯，而非偶发的激情。驯服公权力，不仅是监督和抗议，更是主动的参与和建设。

这也正呼应了本书的一项核心观点：如法国思想家托克维尔在《论美国的民主》中所言，民主的根基不在于制度本身，而在于“民情”——即一个民族整体的道德与智力状态。当人民普遍将自由与平等视为天赋权利而非政府恩赐，并愿意为之承担责任，民主才不会沦为暴民政治，也才能在时代风浪中持续稳定。

结语：请珍惜来之不易的自然权利

首先，恭喜你走完这趟思想的长征。

在这个信息碎片化、喧嚣浮躁的时代，愿意静下心来，读完一本深入探讨信仰、自由与制度根基的书，已经说明你不是一个随波逐流的人。你正在苏醒，正在脱离盲从、愤怒与冷漠，开始建立自己的政治智商，思考人的尊严、社会的真相，以及如何在这个堕落的世界中成为清醒而坚定的公民。

本书内容虽然广泛，从世界观、政治原则、历史、经济、战争、伦理到批判性思维，看似庞杂，其实都围绕一个核心：自然权利——生命、自由与财产。

这个核心，并非出自任何政党、政府或宪法，而是上帝亲自赋予每一个人的神圣托付。世界观告诉我们，这些权利不可剥夺；政治原则提醒我们，它们必须被守护；宪政民主与市场经济，则是保障它们的制度手段。

文明，正是一个让人民拥有自然权利的社会；剥夺了它的，不叫文明，而是野蛮。历史是文明与野蛮争夺自然权利的争战；伦理是为了捍卫它；批判性思维则帮助我们识破一切试图偷走它的谎言。

请你珍惜这些自然权利。正是它们，让你可以有尊严地、没有恐惧地活着。

它们不是你白白拥有的，而是无数人为之流血牺牲所赢得的。从美国的独立战争，到东欧人民推倒柏林墙——每一个民族都曾为自由付出过惨烈代价。今年我在台湾旅游，参观“台湾言论自由之路”展览，看到郑南榕为捍卫言论自由而自焚殉道的故事，不禁潸然泪下。他用生命点燃了一代人对自由的渴望。

我们正生活在一个集体麻木的时代。大多数人只关心温饱，只想当一个安稳的顺民，却忘了：自由从来不是免费的，更不是永久的。

英国历史学家阿克顿勋爵（Lord Acton）的思想曾被总结为：每一个时代的自由都面临四大致命考验——强人对权力的渴望、穷人对财富不均的怨恨、无知者对乌托邦的幻想、无信仰者将自由与放纵混为一谈。

看看今天的社会，无论富人还是穷人，专家还是政客，全民无一不在这四个陷阱中沉沦——这正是本书所指出的：“全民弱智”。

而你之所以能读完这本书，是因为你内心深处对真理与自由的渴望。

正如我在书中写过的：

“人性犹如一只自出生便被囚于鸡笼中长大的雄鹰，无论如何被灌输服从的理念，它始终梦想着有朝一日能在蔚蓝的天空中自由翱翔。”

愿你，就是那只雄鹰。愿你振翅高飞，越过愚昧、无知和恐惧，在真理与自由中，活出你真正的尊严。

读完这本书不仅是智商的提高，也是灵魂的苏醒。

耶稣曾在登山宝训中说：

“你们要进窄门。因为引到灭亡，那门是宽的，路是大的，进去的人也多；引到永生，那门是窄的，路是小的，找着的人也少。”（马太福音 7:13–14）

自由为我们开启了通向永生的小路和窄门。

来吧，门已经开了。

附录一：政治智商样本测试题与解析

1. 在提升“政治智商”的过程中，理解现代政治文明的目的至关重要。你认为，下面哪三样东西是现代文明中被视为神圣不可侵犯、政治制度存在的最终目的?

A. 国家、边境和主权

B. 政党、政府和人民

C. 宪法、民主和自由

D. 生命、自由和财产

正确答案：D

解释：国家、政党和政府本身并不神圣，它们若缺乏约束，随时可能沦为压迫与奴役人民的工具。真正神圣的，是“人”本身——每一个人因造物主所赋予的平等、尊严与不可侵犯的基本权利。这些基本权利，就是我们常说的“天赋人权”，其核心体现正是生命、自由与财产。这三项自然权利不是政府的恩赐，而是政府存在的根本理由。宪法、制度、政党、主权等政治结构若脱离这一根基，都将失去正当性。理解这一点，正是提升“政治智商”的第一步——看清政治的目的不是统治人民，而是保障人民的自然权利。

2. 你觉得一个政府的主要目的应该是：

A. 让大多数人吃饱

B. 让少数人先富起来

C. 让每个人都可以批评政府

D. 保护国家不受外敌侵略

正确答案：C

解释：一个政府的终极目的，不是喂饱人民，也不是带动经济，更不是保卫疆土——这些都重要，但都只是手段。真正自由社会的政府，其根本职责是：保障人民有批评它的自由。能让你吃饱的政府，也能让你挨饿；能让你“先富”的政策，也能用来扶植特权；能“保家卫国”的军队，也可能被用来镇压异见。只有当公民拥有批评政府的自由——这一被称为“自然权利”的基本自由——政府才会明白，自己不是主子，而是公民的仆人。政治智商的核心，就是看穿这一点：只有在人民监督之下的政府，才有可能真正让人吃饱、富起来，并避免出卖国家利益。

3. 以下哪一项，在20世纪造成的全球死亡人数最多？

A. 两次世界大战

B. 世界各地的共产主义实验

C. 堕胎所造成的未出生婴孩死亡

D. 重大传染病与病毒疫情

正确答案：C

解释：20世纪是科技飞跃的时代，也是人类死亡最多的时代。两次世界大战造成约7000万人死亡；共产主义在苏联、中国、柬埔寨、朝鲜等地造成约1亿人非正常死亡（包括饥荒、清洗、劳改营）；据估计，20世纪全球因传染病死亡约达1.7亿人，包括西班牙流感、艾滋病、结核、疟疾、霍乱等重大疫情。

但最被忽视的，是堕胎。根据 Guttmacher Institute 与 WHO 的数据估算，仅20世纪全球因堕胎终结的胎儿可能超过10亿。这是人类历史上最安静、最冷漠、最制度化的大屠杀。 现代人以为文明的进步等于“更加宽容”，却没意识到，我们的医学与法律，竟成了杀害无辜生命的工具。

4. 一个刚落地美国的中国留学生是否受到美国宪法的保护？

A. 不会，只有美国公民才有宪法保护

B. 只在获得绿卡后才有宪法保障

C. 只在缴税以后才享有部分权利

D. 会，因为美国宪法保障的是人的自然权利

正确答案：D

解释：美国宪法中的绝大多数条款（约70%至90%）适用于所有人（person），包括非公民，因为其立足点是保护“人”本身——因为人是按上帝的形象被造，天生拥有不可剥夺的基本权利。因此，一个刚踏上美国土地的中国留学生，尽管某些专属公民的条款（如选举权）并不适用，但仍受宪法大部分保障条款的保护，包括言论自由、出版自由、集会自由和免于无理搜查的权利等基本保障。特别是在当前中美关系紧张的背景下，留学生更应学会运用法律手段，捍卫自身的正当权益。

5. 一个移民宣誓成为美国公民、庄严承诺要誓死捍卫的，是什么？

A. 美国

B. 民主

C. 自由

D. 宪法

正确答案：D

解释：美国公民宣誓的对象不是一个国家机器，更不是简单的“民主”或“自由”的概念，而是具体而明确的《宪法》。因为宪法才是美国存在的根基，是限制政府、保障个人自由和权利的最高法律。换句话说，真正保卫宪法，才是保卫自由、保卫国家的唯一可靠方式。这正是美国区别于多数国家的政治文明所在。

6. 以下哪两项指标，被认为是最能准确预测一个国家经济走向的早期信号？

A. 国内生产总值（GDP）和消费指数

B. 私有财产权指数和经济自由指数

C. 贫富悬殊指数和社会福利开支占比

D. 失业率和货币供应量 M2

正确答案：B

解释：私有财产权和经济自由，是现代经济繁荣最核心、最基础的制度支柱。一旦这两项指标恶化，通常意味着政府干预在加剧、法治在退步、市场信心在动摇，企业和个人的活力开始被压制，资本也开始外逃——这往往是经济下行最早、最清晰的信号。

相比之下，A 选项中的 GDP 和消费指数属于滞后数据，等它们明显下滑时，危机往往已经深度展开。C 选项中的贫富差距和福利支出，主要反映的是既有制度导致的不平衡，本质上是一种结果变量。D 选项的失业率和 M2 虽然重要，但它们多数也是结果变量，反映的是后果，而不是深层制度原因。

更详细的逻辑分析与数据解读，请参见本书第七章《经济发展的三块基石》。

7. 要有效提升一个国家人民的道德水平，以下哪一项措施最为根本且具有持久影响？

A. 由国家提供全面的免费教育

B. 通过媒体宣传精神文明建设

C. 保障宪法所赋予的宗教自由

D. 严格的法律管制与高压监督

正确答案：C

解释：提升一个国家的道德水平，关键不在于外在的管控，而在于内心的自觉。免费教育（A）固然重要，但可能沦为政府灌输意识形态的工具，例如哈马斯在加沙学校中通过教育灌输仇恨；媒体宣传（B）易流于形式，且常被政党操控为宣传机器；而高压法律（D）虽可约束行为，却无法真正塑造品格。

相比之下，保障宗教自由（C）让个人在没有强迫的环境中自主追求真理、反思善恶、约束欲望，从而形成内发、自觉且持久的道德力量。这正是托克维尔所观察到的现象：传统美国社会的道德根基，并非来自政府权威，而是源于信仰自由所孕育出的宗教文化。唯有自由之下的信仰，才能塑造出支撑自由的品格。

8. 很多人常说："天下乌鸦一般黑，美国也腐败，中国也腐败，民主国家也打仗，专制国家也打仗，反正哪里都一样，别装了，谁上台都一样。" 这种观点是典型的犬儒主义（Cynicism）。下面哪一条对犬儒主义的评价最有道理？

A. 他们看清了现实，选择不参与任何阵营。

B. 他们认为所有政府都是败坏的，所以无需为任何制度辩护。

C. 他们缺乏原则判断，把人性堕落与制度优劣混为一谈。

D. 他们善于揭露阴谋，因此他们比普通人更有政治智商。

正确答案：C

解释：犬儒主义表面上看似“清醒”，实际上是一种片面的悲观主义思维。它缺乏基本的原则判断，把“人性的堕落”当作否定一切制度的理由，从而模糊了制度设计与人性约束之间的本质差异。它看不到制度的目的正是为限制人性中的邪恶，因而也否认了民主制度中存在的自我修正机制——如舆论监督、司法独立、权力制衡与选举更替等。

这种思维让人陷入“反正哪里都一样”的虚无陷阱，既看不见希望，也失去了行动的方向。最终，反而助长了专制与腐败。而真正的政治智商，恰恰要求我们在看清人性的同时，也要看懂制度的差异，更要有勇气推动改变，守护自由。

9. 哈马斯对以色列发动恐怖袭击后，美国多所大学爆发了支持巴勒斯坦的示威潮。美国左派与伊斯兰恐怖组织之间存在紧密关系。以下哪个原因最能合理解释这一现象？

A. 左派天生喜欢暴力，因此与恐怖组织天然合得来。

B. 两者在颠覆西方传统价值观的目的上，存在“敌人的敌人就是朋友”的策略性合作。

C. 伊斯兰恐怖组织制造的难民潮，成为美国左派争取募捐和政府援助的摇钱树。

D. 美国误把恐怖组织当作普通宗教团体支持。

正确答案：B

解释：表面上看，左派强调“自由、平等、多元文化”，而伊斯兰极端势力奉行保守、宗教专制，二者理念水火不容。但在现实政治中，他们有一个共同敌人——美国传统、基督教文化和保守主义。左派为了削弱这些主流价值，愿意与一切反美、反西方传统的力量合作，伊斯兰恐怖组织则正好利用这一点渗透西方。因此，双方形成了典型的“敌人的敌人就是朋友”的策略性联盟。这不是出于理念认同，而是出于共同的破坏性政治目的。

10. 根据近代世界各国民主政治的历史经验，以下哪一项最根本地决定了一个民主社会能否成功建立并长期维持自由与文明?

A. 一群受过精英教育的领袖

B. 制度完善的三权分立体系

C. 左右平衡的两党竞争格局

D. 相信天赋人权的民情秩序

正确答案：D

解释：法国思想家托克维尔在《论美国的民主》中深刻指出，民主的根基在于“民情”——即“一个民族整体的道德与智力状态”。这是一种民众的内在共识，将自由与平等被视为天赋权利而非政府施予，从而有力抵御多数暴政与社会动荡。

相比之下，一群受过精英教育的领袖（A）常常在权力的诱惑中腐败；三权分立的制度设计（B）虽为必要框架，却无法阻止“猪队友”政客们将其搞坏；而左右摇摆的两党竞争（C）有助于权力制衡，但两党可能同时腐败，如今日美国的“华盛顿沼泽”的现实便是一个例子。

唯有当一个社会的多数人真正相信自由来自造物主而非政府，认同人人皆有不可剥夺的尊严与权利，民主制度才能落地生根、长久维系，这正是“民情秩序”的决定性力量。

附录二：图表目录

参考文献

第一章 什么是政治智商?

1. U.S. Department of Health and Human Services. Vaccine Adverse Event Reporting System (VAERS) Data. https://vaers.hhs.gov/ （美国疫苗不良反应官方数据库）
2. Public Policy Institute of California (PPIC). Business Exodus from California: Trends and Implications. 2023. （加州企业外迁趋势报告）
3. International Monetary Fund (IMF). Venezuela: Economic Collapse and Hyperinflation. 2019. （委内瑞拉经济危机分析）
4. World Health Organization (WHO). The Role of Media During Public Health Emergencies. 2021. （媒体在公共健康危机中的角色）
5. Patrick, John J. The Civic Mission of Schools. Carnegie Corporation & CIRCLE, 2003. （《学校的公民使命》，公民教育研究）
6. Zacharias, Ravi. The Logic of God: 52 Christian Essentials for the Heart and Mind. Zondervan, 2019. （《信仰的逻辑》，探讨理性与信仰关系）
7. Friedman, Milton. Capitalism and Freedom. University of Chicago Press, 2002. （《资本主义与自由》，自由市场经济经典著作）

第二章 全民弱智的八个症状

1. California Budget & Policy Center. California State Budget Overview 2023-2024. 2023. （加州预算与政策中心关于福利支出概况）
2. Bureau of Labor Statistics (BLS). Labor Force Participation Rate by State. 2022. （美国劳工统计局各州劳动参与率数据）
3. National Institute on Drug Abuse (NIDA). 2022 National Survey on Drug Use and Health. 2022. （美国国家药物滥用研究所关于加州毒品问题的数据）
4. Pfizer Inc. Leaked Vaccine Contracts with Governments. Reported by Politico and Reuters, 2022. （辉瑞与各国政府疫苗合同条款，政治与路透社相关报道）
5. U.S. Census Bureau. Income in the United States: 2023. https://census.gov （美国人口普查局关于亚裔家庭收入数据）
6. Massachusetts Executive Office for Administration and Finance. Shelter Program Budget Reports. 2023. （马萨诸塞州庇护系统财政支出官方报告）
7. New York City Office of the Comptroller. Costs of the Asylum Seeker Crisis. 2024. （纽约市审计署关于庇护移民危机的财政开支分析）

8. U.S. Immigration and Customs Enforcement (ICE). Enforcement and Removal Operations Reports. 2023. （美国移民与海关执法局关于非法移民犯罪数据）
9. European Union Agency for Fundamental Rights (FRA). Migrant Crime and Public Safety in Europe. 2023. （欧盟基本权利机构关于欧洲移民犯罪与治安问题的报告）
10. United Nations Office on Drugs and Crime (UNODC). Global Report on Trafficking in Persons. 2022. （联合国毒品与犯罪办公室关于全球人口贩运的报告）
11. Elica Le Bon. The Dangerous Alliance: How Western Progressives Enable Terrorism. Wall Street Journal, 2023. （伊丽卡·勒邦关于西方左派与恐怖主义关系的专栏文章）

第三章 全民弱智的病因：对人性的双重误判

1. Zacharias, Ravi. The End of Reason: A Response to the New Atheists. Zondervan, 2008.（拉维·撒迦利亚《理性的终结》）
2. Meyer, Stephen C. Darwin's Doubt: The Explosive Origin of Animal Life and the Case for Intelligent Design. HarperOne, 2013.（斯蒂芬·迈耶《达尔文的疑问》，关于化石记录与智能设计理论的系统性分析）
3. Behe, Michael J. Darwin Devolves: The New Science About DNA That Challenges Evolution. HarperOne, 2019.（迈克尔·贝希《达尔文的退化》，基因科学对进化论的新挑战）
4. National Center for Science Education (NCSE). Teaching Evolution in U.S. Schools: Historical and Legal Perspectives, 2020.（美国国家科学教育中心关于进化论在教育体系中的历史与法律分析）
5. Pew Research Center. Nones on the Rise: Religion and the Unaffiliated in the U.S., 2022.（皮尤研究中心关于美国“不信派”群体增长的趋势报告）
6. Murray, Douglas. The Madness of Crowds: Gender, Race and Identity. Bloomsbury Continuum, 2019.（道格拉斯·默里《群众的疯狂》，深入批判身份政治与多元主义的畅销作品）
7. Hunter, James Davison. Culture Wars: The Struggle to Define America. Basic Books, 1991.（詹姆斯·亨特《文化战争》，探讨美国社会价值冲突的经典学术著作）

第四章 世界观：政治智商的根基

1. Behe, Michael J. Darwin's Black Box: The Biochemical Challenge to Evolution. Free Press, 1996.（迈克尔·贝希《达尔文的黑匣子》，提出“不可简约的复杂性”概念）
2. Sarfati, Jonathan. Refuting Evolution. Master Books, 1999.（乔纳森·萨尔法提《驳斥进化论》，面向普通大众系统反驳进化论核心假设的畅销读物）
3. Hovind, Kent. 100 Reasons Why Evolution Is Stupid!. YouTube视频系列, 2010起.（肯特·霍文德《进化论为何愚蠢的100个理由》）

4. Madison, James. The Federalist Papers. Penguin Classics, 1987.（詹姆斯・麦迪逊《联邦党人文集》，奠定美国宪政制度与三权分立理念的政治经典）
5. Locke, John. Two Treatises of Government. Cambridge University Press, 1988.（约翰・洛克《政府论二篇》）
6. Alves, José Augusto Guilhon. The South American Nations and the Democratization Process. University of Miami Press, 1993.（阿尔维斯《南美国家与民主化进程》，分析南美在天主教背景下难以孕育出天赋人权和民主制度的历史困境）
7. D'Souza, Dinesh. What's So Great About Christianity. Tyndale House Publishers, 2007.（丹尼什・德苏萨《基督教到底伟大在哪里》，对比基督教与其他宗教，揭示天赋人权的独特来源）
8. Schmidt, Alvin J. How Christianity Changed the World. Zondervan, 2004.（阿尔文・施密特《基督教如何改变世界》，系统梳理基督教如何孕育个人主义、天赋人权与现代文明）

第五章 美国政治文明的四项基本原则

1. Skousen, W. Cleon. The 5000 Year Leap: A Miracle That Changed the World. National Center for Constitutional Studies, 2009.（W・克里昂・斯考森《美国的五千年飞跃》，保守主义经典著作，系统总结美国建国基于自然法与宪政共和的政治原则。）
2. Tocqueville, Alexis de. Democracy in America. Penguin Classics, 2003.（亚历克西・托克维尔《论美国的民主》）
3. Jefferson, Thomas. The Papers of Thomas Jefferson. Princeton University Press, 1950–.（托马斯・杰斐逊《杰斐逊文集》，美国开国元勋、第三任总统。）
4. Paine, Thomas. Common Sense. Penguin Classics, 2004.（托马斯・潘恩《常识》，影响美国独立的重要小册子，强调政府是“必要之恶”。）
5. Hayek, F. A. The Road to Serfdom. University of Chicago Press, 1944.（弗里德里希・哈耶克《通往奴役之路》，奥地利学派经济学家。）
6. Smith, Adam. The Wealth of Nations. Penguin Classics, 2003.（亚当・斯密《国富论》，现代市场经济学的奠基之作，提出“看不见的手”与自由市场的重要性。）
7. Burke, Edmund. Reflections on the Revolution in France. Oxford University Press, 1993.（埃德蒙・伯克《法国革命之反思》，保守主义经典著作。）
8. Calvin, John. Institutes of the Christian Religion. Westminster John Knox Press, 1960.（约翰・加尔文《基督教要义》，改革宗神学经典，强调人性堕落与上帝主权。）

第六章 重审美国历史

1. McPherson, James M. Battle Cry of Freedom: The Civil War Era. Oxford University Press, 1988.（《自由的战斗呐喊》，美国内战权威著作。）
2. Foner, Eric. The Fiery Trial: Abraham Lincoln and American Slavery. W. W. Norton & Company, 2011.（《烈火试炼》，深度探讨林肯与奴隶制度的斗争。）

3. Johnson, Paul. A History of the American People. Harper Perennial, 1999.（《美国人民的历史》，从保守主义角度梳理美国建国与政治发展。）
4. Shlaes, Amity. The Forgotten Man: A New History of the Great Depression. HarperCollins, 2007.（《被遗忘的人》，对罗斯福新政的批判性重评。）
5. Gilder, George. Wealth and Poverty. Regnery Publishing, 2012.（《财富与贫困》，保守主义经典经济著作，强调自由市场与个人责任。）
6. Hayek, F. A. The Constitution of Liberty. University of Chicago Press, 1960.（《自由秩序原理》，系统阐述自由、法治与小政府理念。）
7. Horowitz, David. Big Government and the Decline of America. Encounter Books, 2022.（《大政府与美国衰退》，揭示百年大政府扩张对自由与社会的侵蚀。）
8. Carlson, Tucker. Ship of Fools: How a Selfish Ruling Class Is Bringing America to the Brink of Revolution. Free Press, 2018.（《蠢货之船》。）
9. Williams, Thomas Sowell. Discrimination and Disparities. Basic Books, 2019.（托马斯・索维尔，《歧视与差距》，系统批判"平权法案"与身份政治。）
10. Schweizer, Peter. Secret Empires: How the American Political Class Hides Corruption and Enriches Family and Friends. Harper, 2018.（《隐秘帝国》。）
11. Levin, Mark R. American Marxism. Threshold Editions, 2021.（《美国马克思主义》，保守派剖析当代美国深层政府与左翼议程的渗透。）
12. Carter, Sara. The Rise of the Deep State. RealClearInvestigations, 2022.（《深层政府的崛起》，系列调查报道，聚焦建制派操控联邦机构的机制。）
13. Hanson, Victor Davis. The Case for Trump. Basic Books, 2019.（《为川普辩护》）
14. O'Keefe, James. American Muckraker: Rethinking Journalism for the 21st Century. Muckraker.com, 2022.（《美国揭黑者》，揭黑记者讲述揭露深层政府与选举舞弊。）

第七章 经济发展的三块基石

1. Weber, Max. The Protestant Ethic and the Spirit of Capitalism. Routledge, 1930.（韦伯《新教伦理与资本主义精神》，探讨信仰文化对现代经济的深刻影响。）
2. Bradford, William. Of Plymouth Plantation: 1620-1647. Wright & Potter, 1898.（普利茅斯总督布拉福德回忆录，详细记录清教徒私有财产权实践与经济转型过程。）
3. Wilberforce, William. A Practical View of the Prevailing Religious System of Professed Christians. T. Cadell, 1797.（威廉・威伯福斯《基督徒信仰的实用观》）
4. Property Rights Alliance. International Property Rights Index 2023. Property Rights Alliance, 2023.（国际产权联盟发布的全球财产权指数。）
5. North, Douglass C. Institutions, Institutional Change and Economic Performance. Cambridge University Press, 1990.（诺斯《制度、制度变迁与经济绩效》
6. Heritage Foundation & Wall Street Journal. 2024 Index of Economic Freedom. Heritage Foundation, 2024.（美国传统基金会与《华尔街日报》联合发布的《2024年经济自由指数》，全球权威经济自由排名与分析报告。）

7. Fraser Institute. Economic Freedom of the World: 2023 Annual Report. Fraser Institute, 2023.（加拿大弗雷泽研究所发布的《世界经济自由度年度报告》）
8. Gwartney, James, Robert Lawson, and Joshua Hall. Economic Freedom of the World: 2023 Annual Report. Fraser Institute, 2023.（詹姆斯・瓜特尼等人撰写的《世界经济自由度年度报告》，详细解析经济自由与经济发展之间的关系。）
9. Bastiat, Frédéric. The Law. 1850.（巴斯夏《法律》，揭示政府干预如何侵蚀个人自由与私有财产权。）
10. World Economic Forum. Global Competitiveness Report 2023. World Economic Forum, 2023.（世界经济论坛发布的《2023年全球竞争力报告》，间接反映各国经济自由环境对创新与竞争力的影响。）
11. OECD. Economic Policy Reforms: Going for Growth 2023. OECD Publishing, 2023.（经济合作与发展组织发布的《2023年结构性经济改革报告》）

第八章 战争与外交

1. Cicero, Marcus Tullius. On Duties. Cambridge University Press, 1991.（西塞罗《论义务》，提出早期正义战争与国家责任的道德框架。）
2. Augustine. City of God. Penguin Classics, 2003.（奥古斯丁《上帝之城》，系统阐述基督教视角下正义战争的道德依据。）
3. Aquinas, Thomas. Summa Theologica. Christian Classics, 1981.（托马斯・阿奎那《神学大全》，提出现代正义战争理论的系统化原则。）
4. Walzer, Michael. Just and Unjust Wars: A Moral Argument with Historical Illustrations. Basic Books, 2015.（沃尔泽《正义与非正义的战争》）
5. Brunstetter, Daniel R., and Cian O’Driscoll, eds. Just War Thinkers: From Cicero to the 21st Century. Routledge, 2017.（《正义战争思想家》）
6. Orend, Brian. The Ethics of War: Theory and Practice. Broadview Press, 2006.（奥伦德《战争伦理：理论与实践》，探讨正义战争理论在现实战争中的应用。）
7. Huntington, Samuel P. The Clash of Civilizations and the Remaking of World Order. Simon & Schuster, 1996.（亨廷顿《文明的冲突与世界秩序的重建》）
8. Kristol, Irving. Neoconservatism: The Autobiography of an Idea. Free Press, 1995.（欧文・克里斯托《新保守主义：一种理念的自传》）
9. Project for the New American Century (PNAC). Rebuilding America's Defenses: Strategy, Forces and Resources for a New Century. PNAC, 2000.（新美国世纪计划《重建美国防御》，新保守主义推动军事干预与全球霸权的政策纲领。）
10. Halper, Stefan, and Jonathan Clarke. America Alone: The Neo-Conservatives and the Global Order. Cambridge University Press, 2004.（哈尔珀与克拉克《孤独的美国：新保守主义与全球秩序》，批判新保守主义外交路线的后果。）

11. Lewis, Bernard. What Went Wrong? The Clash Between Islam and Modernity in the Middle East. Harper Perennial, 2003.（伯纳德・刘易斯《哪里出了问题？伊斯兰与现代性的冲突》，探讨中东动荡的历史、宗教与制度根源。）
12. Berman, Paul. Terror and Liberalism. W. W. Norton & Company, 2004.（保罗・伯曼《恐怖与自由主义》，探讨伊斯兰极端主义兴起与西方内部自由主义危机的关系。）
13. Kepel, Gilles. Jihad: The Trail of Political Islam. Harvard University Press, 2002.（吉勒斯・凯佩尔《圣战：政治伊斯兰的足迹》，系统梳理伊斯兰极端主义的发展。）
14. Lewis, Bernard. The Crisis of Islam: Holy War and Unholy Terror. Modern Library, 2003.（伯纳德・刘易斯《伊斯兰的危机：圣战与恐怖主义》。）
15. Kagan, Robert. The Return of History and the End of Dreams. Vintage, 2009.（卡根《历史的回归与梦想的终结》，反思亨廷顿等乐观主义假设，提出权力与制度更决定国际关系。）

第九章 伦理学和社会议题

1. Lewis, C. S. The Abolition of Man. HarperOne, 2001.（C.S.刘易斯《人的废除》，强调若社会丧失客观道德标准，“进步”将沦为空谈。）
2. Kant, Immanuel. Groundwork of the Metaphysics of Morals. Cambridge University Press, 1997.（康德《道德形而上学基础》，奠定原则主义伦理观。）
3. Kant, Immanuel. Critique of Practical Reason. Cambridge University Press, 2015.（康德《实践理性批判》，通过“星空与道德律”表达对上帝与道德秩序的敬畏。）
4. Weber, Max. Politics as a Vocation. Fortress Press, 1965.（马克斯・韦伯《以政治为志业》，首次系统提出“责任伦理”，强调道德与结果的平衡。）
5. Center for Medical Progress. Planned Parenthood Undercover Videos, 2015.（医学进步中心《计划生育协会暗访录像》，曝光该机构涉及贩卖胎儿器官的丑闻。）
6. Guttmacher Institute. Induced Abortion in the United States. 2023.（古特马赫研究所《美国堕胎现状报告》，提供美国堕胎数据，揭示行业规模与趋势。）
7. American College of Obstetricians and Gynecologists. ACOG Committee Opinion: Induced Abortion and Maternal Health, 2022.（美国妇产科医师协会《堕胎与母体健康意见书》，统计显示绝大多数堕胎与母体生命危险无关。）
8. Federation for American Immigration Reform (FAIR). The Fiscal Burden of Illegal Immigration on United States Taxpayers. 2023.（美国移民改革联合会《非法移民对美国纳税人的财政负担》，提供关于非法移民带来的经济成本数据。）
9. U.S. Department of Homeland Security (DHS). Combatting Human Trafficking. 2023.（美国国土安全部《打击人口贩卖报告》，揭示了非法移民与人口贩卖的关联。）
10. U.S. Drug Enforcement Administration (DEA). Fentanyl: The Deadliest Opioid Threat Facing the United States. 2023.（美国缉毒局《芬太尼：美国面临的最致命毒品威胁》，指出芬太尼毒品走私的严重后果与来源。）

11. Texas Department of Public Safety (DPS). Criminal Illegal Alien Arrest Data. 2023.（德克萨斯州公共安全部《非法移民犯罪数据报告》，提供非法移民犯罪率统计。）
12. Judicial Watch. Election Integrity Investigations and Litigation. 2023.（美国司法监督组织《选举诚信调查与诉讼》，揭示各州选民名单管理混乱及潜在舞弊问题。）
13. Pew Research Center. Unauthorized Immigrant Population Trends. 2023.（皮尤研究中心《非法移民人口趋势报告》，提供非法移民总量与分布数据。）
14. The Heritage Foundation. Voter Fraud Database. 2023.（传统基金会《选民欺诈数据库》，记录美国历年来选举舞弊的具体案例。））
15. National Bureau of Economic Research (NBER). Affirmative Action and College Admissions. 2023.（美国国家经济研究局《平权政策与大学录取》，揭示亚裔在招生中的系统性不公。）
16. Espenshade, Thomas J., and Radford, Alexandria W. No Longer Separate, Not Yet Equal. Princeton University Press, 2009.（托马斯・埃斯彭谢德《不再隔离，尚未平等》，早期研究亚裔在高等教育录取中的劣势。）
17. Thomas Sowell. The Vision of the Anointed: Self-Congratulation as a Basis for Social Policy. Basic Books, 1996.（托马斯・索威尔《自诩的恩人》，批判福利制度对家庭结构与社会的破坏性影响。）
18. Pew Research Center. Asian American Voter Turnout in the 2020 Election. 2021.（皮尤研究中心《2020年亚裔选民投票率》，反映亚裔政治参与现状。）

第十章 批判性思维和应用

1. Paul, R., & Elder, L. (2019). Critical Thinking: Tools for Taking Charge of Your Learning and Your Life.（保罗与埃尔德《批判性思维：掌控学习与人生的工具》）
2. Stanovich, K. (2010). How to Think Straight About Psychology.（斯塔诺维奇《如何理性看待心理学》，探讨批判性思维在社会科学中的应用。）
3. The New York Post. (2020). Hunter Biden Laptop Report.（《纽约邮报》2020年《亨特・拜登笔记本事件报道》，揭示社交平台封锁新闻的例子。）
4. Kory, P., et al. (2021). Review of the Emerging Evidence Supporting the Use of Ivermectin in the Prophylaxis and Treatment of COVID-19.（科里博士《伊维菌素用于COVID-19预防和治疗的证据综述》，反映信息压制背景下的独立研究。）
5. New York Times. “A Rise in Anti-Asian Hate Crimes.” https://www.nytimes.com/2021/03/05/us/asian-americans-hate-crimes.html（探讨近年亚裔被攻击事件及媒体报道的影响）
6. Wu, Ellen D. The Color of Success: Asian Americans and the Origins of the Model Minority. Princeton University Press, 2014.（吴爱伦，《成功的肤色》，分析“模范少数族裔”标签背后的种族压力）

7. Keller, Timothy. *The Reason for God: Belief in an Age of Skepticism.* Penguin Books, 2008.（提摩太・凯勒，《信仰的理由》，讲解基督教对人性、尊严与平等的理解）

www.ingramcontent.com/pod-product-compliance
Ingram Content Group UK Ltd.
Pitfield, Milton Keynes, MK11 3LW, UK
UKHW041859190726
13854UKWH00002B/985

9 798992 922400